누이여 천국에서 만나자

노순자 지음

Sister, Let's Meet in the Heaven

No Sun-Ja

Copyright © 1991 by No Sun-Ja
Published by ST PAULS, Seoul, Korea

ST PAULS
103-36 Songjung-dong Gangbuk-gu 142-806 Seoul Korea
Tel 02-9448-300, 02-986-1361 Fax 02-986-1365

국립중앙도서관 출판시도서목록(CIP)

누이여 천국에서 만나자 : 동정부부 유 요한과 이 루갈다의 순교
소설 / 노순자 지음. -- 서울 : 성바오로, 2003
　p. ;　cm

참고문헌수록
ISBN 978-89-8015-092-2 03230 : \9500
ISBN 89-8015-092-X

813.6-KDC4
895.734-DDC21　　　　　　CIP2003000441

저자의 노고에 위로가 되길 바라며…

 지난 오륙 년 동안 국내외의 성지를 순례할 기회가 여러 번 있었다. 그 중에서도 전주의 치명자산과 초남리, 숲정이 형장터 등은 경치가 빼어나지도, 유품이나 유적이 잘 보존돼 있는 것도 아니건만 나에게 가장 잊을 수 없는 성지로 남아 있다. 특히 그 지방에서 손꼽히는 부농이었던 유항검 일가가 순교로 멸족하고 살던 집터마저 연못을 만들어 버렸다는 초남리는 연못이 다시 편지가 되어 아무 데도 그들이 살다 간 자취가 남아 있지 않음이 오히려 전율스럽도록 강하게 마음에 스몄다. 평범하고 허허로운 가을 농촌에 이렇듯 강한 영감을 불어넣은 것은 동행한 노순자였다. 나는 그 전부터 노순자가 유항검의 아들 유중철에게 시집와서 초남리에서 사 년 동안 동정부부로 살다가 순교한 이순이 루갈다에게 깊이 몰입해 거의 헤어나지 못하고 있다는 걸 알고 있었다. 그때 그는 건강이 아주 나빠 맨날 골골할 때였다. 그런 주제에 루갈다 전기만은 꼭 자기가 써야 할 것처럼 욕심을 부리는 걸 보면 걱정도 되었고, 저런 사명감이 혹시 보이지 않는 분의 부르심이 아닐까 하는 생각도 들었다. 때로는 루갈다가 그에게 씌웠나 하는 객적은 생각도 했다.
 나는 아직도 순교의 경지를 잘 이해하지 못하지만 그때는 더했다. 경외감이라기 보다는 공포감을 갖고 있었고 무지에서 비롯된 맹신의 비극이라고까지 생각한 적도 있다. 나도 신앙을 갖게 되고 그 갖게 된 시초에서 말로는 잘 설명할 수 없는 부르심 같은 걸 어렴풋이 느끼면서 그런 생각도 달라질 수밖에 없었지만, 동정부부는 암만 해도 이해할 수 있을것 같지가 않았다. 그래서 하필 루갈다에 빠져 있는 노순자가 더 딱해 보였던 것 같다. 초남리의 자연은 순하고 무심했다. 그 일대의 기름진 농토가 온통 유항검의 땅이어서 몇십 리를 자기 땅만 밟고 살 수 있었다고 한다. 부와 인덕과 자식복을 고루 갖추어 평생 존경과 사랑을 받으며 편안히 살 수 있는 유항검에게 천주학은 도대체 무엇이었기에, 대를 이을 맏아들 유중철이 동정부부로 살고 싶다는 불효막심한 소청을 기꺼이 들어 주지를 않나, 마침내는 끔찍한 멸문의 화까지 자초하지를 않나. 더 신비로운 것은, 혼인은 피할 수 없으되 주님에게 동정을 봉헌하고 싶은 순결한 열정만은 관철하고 말겠다는 조선 천지에 딱 두 쌍밖에 없음이 분명한 별종 남녀가 어떻게 맺어질 수 있었나 하는 것이다. 이순이 집은 서울이고 유중철 집은 머나먼 전주일 뿐 아니라 양가의 지체도 다르다.

　인상적인 전주 여행 후 노순자는 드디어「누이여 천국에서 만나자」라는 아름다운 제목으로 루갈다 순교 소설을 내놓았다. 진리가 처음 전파됐을 때 얼마나 눈부시고 황홀했으면 부나 지위는 물론 목숨까지 봉헌하고 싶은 치열한 열정에 사로잡혔을까? 얼마나 더 값진 것으로 드리고 싶었으면 동정부부를 맹서했을까? 박해시대의 순교자들을 공경과 애정을 다하여 그리고 있다. 특히 루갈다가 옥중에서 남긴 두 통의 편지는 비단결처럼 고우면서도 육신을 갖춘 인간적인 면이 여실해 애달프고 애절하다.

　이 책에 대한 노순자의 애정이 유별난 만큼 초판의 미비한 점을 두고두고 마음 걸려하더니 그렇게 개정판이 나오게 되어 얼마나 기쁜지 모르겠다. 그의 노고에 위로와 격려가 되길 바라는 마음에서 이 글을 붙인다.

박 완 서

차 례

저자의 노고에 위로가 되길 바라며 · 3
1 첫 만남 · 7
2 짧은 이별 · 55
3 초남 마을 · 87
4 나의 사람 그리고 나의 하느님 · 119
5 폭풍 · 157
6 봉숭아 꽃물 · 199
7 애절한 봉헌 · 245

■ 부록 · 287
▫ 루갈다의 편지 · 289
▫ 가를로의 편지 · 291
▫ 루갈다의 마지막 편지 · 293
▫ 참고 연표 · 302
▫ 참고 문헌 · 305
책 뒤에 · 307
저자 연보 · 310

1
첫 만남

달빛이 문 창호지로 은은히 젖어들고 있었다. 바람은 소슬했다.
 청명하던 하늘은 해가 진 후에도 여전하여 달빛 속의 맑은 공기로 세상을 채우고 있었다.
 어둠은 소리없이 스미어 세상 만물을 잠재우듯 모든 사물의 윤곽이 밤공기 입자에 형상을 지우며 잠들고 있는 듯했다.
 밤이 이슥하도록 잔칫날의 생기가 감돌던 한림동 고옥의 종가댁에도 소음이 가라앉고 하나씩 둘씩 호롱불이 꺼져 가고 있었다.
 신방 주변에 떠돌던 은밀한 속삭임과 장난스러운 웃음과 옷 스치는 인기척도 그림자가 사라지면서 나직한 발소리와 함께 차츰 멀어져 갔다.
 새로 바른 문종이와 도배지의 풋풋한 냄새 속에 풀벌레 우는 소리가 가냘프게 들려오고 있었다.
 후원으로 향한 뒷문의 윗부분에는 달빛을 받은 나뭇잎의 그림자가 미세한 바람결을 전하듯 보일 듯 말 듯 움직거렸다. 아(亞)자 무늬 문살은 가운데로 초점을 모아보면 커다란 십자 형상이었다. 문이 두 짝이므로 문짝 복판의 큰 십자 모양도 둘이었다.
 덧문을 열어 제껴둔 채로인 미닫이 문은 달빛의 얼룩 속에 명료한 십자형상을 드러내고 있었다. 볼 줄 아는 눈만이 찾아볼 수 있는 형상이었다.
　고즈넉한 밤이었다. 상큼하게 맑은 공기도, 투명한 달빛도, 풀벌레의 애잔한 울음도 세상 만물을 지어 그것들에게 생명을 주고 그 생명들이 자유로이 살아가도록 섭리하시는 분의 숨결을 잔잔히 찬미하는 듯했다.
　중철은 눈을 감았다.
　감은 눈 속으로 영상이 떠오른다. 무어라 말할 수 없이 귀하고 깨끗하고 고운 영상. 도무지 이 세상에 존재하는 모습이 아닌 듯한 천상적인 아름다움. 그 영상은 초례청에서 무심히 눈을 들었을 때 가슴 가운데로 곧장 날아와 담긴 것이었다. 중철은 순간적으로 마음 깊이 안도했고 하느님의 보물을 선물받게 된 듯 두려운 기쁨에 숨을 멈추었었다. 그것은 은밀한 설레임이었다. 아주 짧은 사이 슬쩍 본 모습이었지만 원삼 쪽두리로 성장한 신부와 교배례를 나누면서 힐끗 본 얼굴은 그때까지의 모든 불안을 지우기에 충분한 고결함이 있었다. 성스럽게까지 느껴지는 애잔한 모습이었다.
　사실 소녀의 존재는 혼사말이 나올 때부터 중철에게 예사로울 수가 없었다. 그것은 단순한 생김새나 가문 운운의 신분에 대한 궁금증이 아니었다. 사람 자체에 대한 인간 품성에 있어서의 관심이었다.
　이 기묘한 혼배를 주관하신 야고버(주문모) 신부님은
　"참으로 보기 드문 아리따운 규수요. 훌륭한 자질이 올바르게 교육받은 본보기라 할까, 한눈에 주님의 사람이구나 알아볼 수 있는 소녀였오."
　그렇게 알쏭달쏭한 말씀을 하셨다.
　어떻든 집안에서는 중철의 혼배에 대하여 별 불만이 없었다. 오히려 과람해 하였다. 중철 역시 불만은 없었으나 예사혼배가 아닌 믿음의 배필을 맞이하는 일이었으므로 집안 어르신네들처럼 단순하게 여길 수는 없었다.

혼인거부의 불효죄를 피하면서도 자기 전부를 봉헌하는 구도적 삶의 길을 갈 수 있다는 신부님 권유에 따른 것뿐이었다. 그러나 과연 동정혼배의 길이 최선의 방법인지, 본인들의 독특한 묵약만으로 감히 요셉 성인과 성모님께서 걸으신 발자취를 따를 수 있을 것인지 두려웠다.

다른 방법이 없으므로 이것은 섭리의 길이구나, 이끄시는 대로 모든 것을 다해 순종하리라 각오를 다지지만 과연 자신의 원의가, 이겨낼 만한 방해만 받을 것인지 때때로 불안해지곤 했던 것이다.

처음 야고버 신부님의 제의를 들었을 땐 어리둥절한 중에도 꽤나 솔깃했었다. 조선사회에서의 동정서원이란 얼마나 기막힌 어려움인가 염려하시던 신부님께서 이런 방법이라면 가능하지 않겠는가 소망스러워 하셨던 것이다.

"신앙도 죄가 되는 형편에 독신의 수도적 삶이란 몹시 어려운 일이오. 그렇다고 동정혼배의 길이 쉽다는 뜻은 아니지요. 다만 두 사람 모두 천주의 정배되기를 원하는 만큼 항상 성가정을 묵상하면서 성요셉과 마리아께 도움을 청한다면 능히 성가정을 이룰 수 있으리라는 것이 나의 생각이오. 두 사람 모두 그럴 만한 자질과 신덕을 겸비한 줄로 나는 믿어요. 각기 세속의 비난과 수도의 어려움을 감당하기보다는 혼배로써 세속의 비난을 막아 두고, 서로 격려하며 수도에 힘쓰는 편이 나을 수도 있다는 말이지요."

중철은 신부님의 말씀에 마음이 기울었다. 정말로 그럴 수 있으려니 싶었다.

하느님의 정배가 되고자 하는 사람끼리 배필이 되어 오로지 그분만을 향한 길을 간다면 혼자 가시밭길을 헤쳐 가기보다 든든하고 안전하리라 마음이 끌렸다.

그 좋으신 하느님께로만 불붙는 신앙의 열정도 두 사람 몫을 합해 갑절이 될 수 있지 않을까 낙관되었다.

그러나 막상 혼담이 진행되어 혼인을 청하는 서찰이 사주단자와 함께 신부집으로 보내어지고, 수락의 답서인 택일단자가 홍보에 싸여 신랑집으로 오면서 정혼이 되자 조금씩 불안이 싹트기 시작했다. 쉬임도 멈춤도 없는 시간의 흐름에 따라 청홍보에 싸인 혼서지와 납폐를 보내는 순서를 치르면서는 슬그머니 방해가 되면 어쩌나 하는 걱정이 마음을 무겁게 눌렀다.

격려가 되기보다 방해가 될 수도 있는 일이 아닐까 미처 생각 못 했던 의구심이 고개를 드는 것이었다.

중철은 여성이 싫어서 독신의 수도적 삶을 원한 것은 아니었다. 여성에 대하여 그는 아무것도 생각해 본 적이 없었다. 알고 싶어하지도 않았고 특별히 생각해 볼 만한 겨를도 없었다. 그는 그리스도의 생각만으로 온 정신이 가득 차 있었던 것이다. 그분을 늘 생각하며 그분의 정신대로 그분의 발자국을 따라 살고픈 열망이 다른 것을 생각할 틈을 주지 않았다.

혼배를 앞두고 비로소 여성에 대해 좀 생각해 보려 해도 어머니나 누이와 같은, 어떻게 뭘 좀 해 주고 싶으면서도 방법을 알 수 없는 연민의 대상이라는 느낌에서 한발짝도 앞으로 나가지 않았다. 여성도 남성이나 같은 사람일진대, 조선 백성이 하느님 자녀됨을 알지 못하듯 조선 여성은 남성과 같은 사람이라는 것조차 인정받지 못하는 게 아닌가 막연히 분별될 뿐이었다. 이성으로서의 여성이란 더욱 막막한 미지였다.

이러한 처지에 소녀가 재색을 겸비했다는 풍문은 더욱 반갑지 않았다.

언젠가 서울에 다녀왔다는 방물장수 여시댁조차 도련님의 정혼자를 만나고 왔노라면서 감탄했었다.

"하늘에서 하강한 선녀가 그리 이쁠랑가, 시상에 사램이 어찌 그렇고롬 곱것소잉, 참말로 선녀드랑게, 그냥 보기만 혀도 맘 속이 환해짐시롱 제절로 좋은 맴이 되는 것이, 아이고 목소리는 또 어찌 그리 나긋나긋하고 예의범절은 그리도 깍듯하것소, 보면 볼수록 자꼬 보고자퍼지는 귀공녀시요, 참말로 그렇고롬 참하고 고운 귀공녀는 처음 봤고만이라우."

주름진 얼굴에 홍조까지 띄우던 여시댁의 모습은 진심으로 탄복한 경탄스러움이 그대로 드러나 있었다.

중철은 그 모든 것들이 마음에 걸렸다. 몹시 아리따운 소녀라면 자칫 그 아리따움이 유혹이 될 수도 있지 않을까, 믿음의 배필로서 서로의 신앙을 격려해야 할 반려라면 미모보다는 심덕이 중요한 일일 것을…. 잡념이 무성해지는 것이었다.

그런데 초례청에서 순간적으로 본 모습은 세상에서 일컫는 미색과는 거리를 가진 청초한 아름다움이었다. 그러한 청순함은 깨끗한 영혼과 깊은 심덕에서만 우러나올 수 있는 차꽃 향기의 은은함같은 것이었다.

중철은 마음 놓이는 안심과 순백의 영혼을 만난 듯한 감동 속에서 초례를 치르었다.

어렸을 적부터 진중하다는 소리를 귀가 솖도록 들어온 그였으나 소녀를 본 이후로는 기쁨의 설레임을 감추기 어려웠다. 날씨는 또 어찌 그리도 맑은지 그는 틈틈이 푸르름이 무진장의 은총처럼 쏟아져 내리는 해맑은 하늘을 우러렀고 순간 순간 감사의 화살기도로 마음을 들어 올리곤 했다.

그리고 그 번거롭고 말 많고 복잡한 혼인절차가 허례만은 아닌, 나름대로의 의미있는 전통이구나 깨달아질 무렵 발을 달리는 동상례를 치르게 되었다.

신부를 훔쳐가는 도둑이란 누명을 씌워 발목을 묶고 한 사람이 그 끈을 어깨에 둘러메면 신랑은 버선발을 공중에 달린 채 꼴불견의 모양으로 끌려가게 되는데 다른 친척들이 차례로 발바닥을 회초리로 치며 풍자와 익살의 문초를 하는 것이었다. 좀 난폭하긴 하지만 신랑을 달아매서 곤경 속에 몰아넣고 남의 집 귀한 여식을 데려다 어떻게 할 것인가, 갖은 협박과 공갈로 봉변을 치르게 하면서 신랑으로 하여금 귀하게 대우하겠노라는 확약을 하게 하는 풍습 역시 고약한 형태 속에 선의를 담고 있었다.
 그러나 심술궂고 익살스러운 악습은 거기서 그치지 않았다. 신방을 몰래 엿보는 야릇한 풍속이 남아 있었다. 두 사람은 그것도 견디어야 했다.
 그리고 이제 초롓날의 그 모든 절차를 마치고 두 사람만 남은 채 세상은 잠들어가고 있는 것이었다. 사위가 고요하다 못해 적막했다.
 중철은 감았던 눈을 살며시 떴다.
 달빛은 여전히 새로 바른 문종이를 훤하게 물들이고 있었고 나뭇잎의 그림자는 움직일 듯 말 듯 얼룩을 만들고 있었다.
 콩비지가 장판에 스미면서 만들어냈을 장판 바닥의 배릿한 풋내 속에 풀벌레 소리가 끊길 듯 끊길 듯 이어지고 있었다.
 다시 문살의 십자 형상이 눈에 들어온다. 문살에서 십자 형상을 맞추어 보는 것은 어릴 때부터의 버릇이었다. 대여섯 살 무렵 언문 닿소리를 찾아보던 장난이 그리 된 것이었다.
 어린 중철이 천자문이나 동몽선습보다 언문 얘기책을 좋아하던 시절, 스다니슬라오 훈장은 세종 임금 얘길 해 주었던 것이다.
 "언문은 정확한 글자다. 한문은 간결한 문장 속에 많은 뜻을 담을 수 있지만 해석에 오류가 따를 위험이 크지, 허지만 언문은 해석을 잘못할 여지가 전혀 없어, 선비나 학자들이 언문을 암글이네 뭐네 업신여기는 것은 진주를 몰라보는 돼지의 눈과 다를 게 없어, 언문이 얼마나 정확한 글인지 알아보려고 하지도 않고 천시한단 말이야. 언젠가는 쉽고 정확한 언문이 한문보다 귀히 여겨지는 세상이 올게다. 저 문의 문살을 보렴, 기억 니은 디귿…. 문살 속에 다 들어 있지? 옛날 세종 임금이 문살을 보면서 닿소리 홀소리의 훈민정음을 창제했느니라. 물론 수차 학자들을 중국에 보내 자문을 구하고 연구를 거듭해 글자로 만들었지."

훈장의 그러한 얘기를 들은 뒤 문살에서 글자를 찾아보던 버릇이 천주님을 알아뵙게 되고부터 자신도 모르는 사이 십자형상을 찾는 습관으로 굳어진 것이었다.

눈여겨 보노라면 어떤 무늬의 문이건 문살들은 대개 십자로 이루어져 있고 작은 십자모양은 그만 두더라도 보기에 따라서는 아주 크고 반듯한 모양, 또는 입체적 조형을 찾을 수 있었다. 어떻든 그것을 맞추어 찾는 시간은 무심결에 마음을 차분하게 정돈시켜 주는 내밀한 기쁨을 알게 했다. 그저 시선으로 이렇게 저렇게 십자표지를 이루어보는 단순한 행위가 때로는 하늘에 계신 압바의 기척이라도 듣는 듯 안온한 마음을 만들어 주기도 하였고 때로는 십자가를 지고 넘어지시는 그리스도의 수난을 곰곰 생각하게도 하는 것이었다.

중철은 덧문을 닫지 않은 홑 미닫이 문살에서 달빛이 얼룩진 창호지의 십자모양을 물끄러미 보다가 이윽고 가벼운 기침 소리를 냈다. 이제는 기척을 낼 때가 되었으리라 여겨졌다.

세상이 다 잠든 고요함 속에 그의 기침 소리는 손에 잡힐 듯 낮았다. 그 나직한 소리는 오로지 새색시에게로만 스밀 듯싶었다. 그는 되도록 부드럽게

"루갈다."

신부의 세례명을 불렀다.

이제 둘만의 속내 얘기를 나누더라도 밤쥐조차 엿듣기를 포기했으리라 여겨질 만큼 밤은 깊고 사위는 적막했다.

순이 루갈다는 목 언저리의 이불 깃을 살풋 들었다 놓음으로써 대답을 대신하였다. 첫날밤의 신부가 대답을 한다거나 조심성없는 언사를 행하지 않는 것이 부도라는 것을 두 사람 모두 알고 있었다.

여성은 오로지 남성의 필요에 따라 사용되는 종속적 존재인만큼 삼가야 할 언행이 많았던 것이다.

중철은 혼례절차를 치르면서 예의니, 법도니, 체통이니 하는 허례들이 불편을 주는 것은 둘째이고 얼마나 여성을 억압하는 비인간적 인습인가 새삼스러이 실감한 터였다.

그는 천천히 몸을 일으켰다. 진솔의 비단 이불과 푸새가 바삭한 진솔 호청의 버석거리는 소리가 새이불의 청정한 냄새와 함께 잠시 방안을 채웠다.

잠시 후 자리 한쪽 끝머리의 순이도 일어나 앉는 것이 어슴프레한 달빛 속에 정결하게 솟아난 흰 형상처럼 구별되었다. 흰속적삼과 속치마의 단정한 잠자리 매무새인 순이는 비녀를 뽑은 긴 머리채를 목 앞으로 쓸어내렸다.

"루갈다, 이제 비로소 우리만의 자유로운 시간이 되었어요. 오늘은 고생이 많았지요?"

순이는 잠자코 있었다.

성가정을 표적 삼는 독특한 혼배라 해도 지아비를 섬기는 아낙이 되는 것은 남다를 게 없는 일이었다. 무엇보다도 어머니는 그 점을 누누이 일러 주셨다. 어머니 권부인은 지아비를 섬기는 방법만이 보통 아낙과 다를 뿐 너는 이제 출가외인으로 유씨댁의 새식구가 되는 것이니 신덕과 마찬가지로 부덕을 쌓아야 한다고 거듭 강조하셨다. 하느님 여식으로 키우는 것에 정신이 팔려 부덕의 가르침을 소홀히 한 것이 마음에 걸리신다는 것이었다.

어머니는 지나칠 정도로 소소한 잔 일상까지 자상하게 지적하며 타일러 주셨다. 순이의 원의를 마음 깊이 대견해 하고 소중해 하셨으므로 혼배에 대한 어머니의 마음쓰임 역시 각별하였다.

"루갈다. 철없게도 난 아직 꿈을 꾸고 있는 기분이오. 생시로 받아들이기엔 지나치게 신기한 일이어서요. 처음 얘기를 들었을 때부터 정말 이 세상에 나하고 같은 생각을 가진 사람이 있는지 믿어지지 않았어요. 어떻게 이 넓은 세상에, 이 많고 많은 사람 중에 나하고 꼭같은 생각, 꼭같은 원의를 품은 사람이 있는지 정말같지 않았어요."

중철은 잠시 말을 쉬었다. 아마도 그때의 신기했던 감정이 되살아나는 모양이었다.

순이는 반듯이 앉아 단정한 옆얼굴과 흰저고리의 동그스름한 어깨 윤곽을 중철 쪽으로 보이며 말이 계속되기를 기다리고 있었다. 중철이 반가의 자제답게 순이의 대답을 필요로 하는 질문을 하지 않고 우선 자기의 얘기부터 차근차근 꺼내고 있으므로 궁금했던 그의 심중을 다소곳이 듣기만 하면 되는 것이었다.

"야고버 신부님께 제 원의를 말씀드린 것이 재작년인 을묘(1795) 봄, 윤바오로(윤유일)[1] 어른께서 순교하시기 직전 첫 전교여행을 모시고 오셨을 때였습니다.

신부님께선 언제부터, 왜 그런 원의를 품게 됐는가 물으셨어요, 왜 그러고 싶은지는 생각해봐도 잘 모르겠고, 원의를 품기 시작한 것은 애매한 대로 일곱 여덟 살 무렵이었죠.

십년도 더 전인데 그때 가친께서 첨례주례[2]를 하셨습니다. 자격 없이 거룩한 일을 해도 되는지 모르겠다고 괴로워하시다가 결국 중지하셨지만요, 아마 순이는 너무 어렸을 때라 기억하지 못해도 장모님께선 아실겁니다. 어쩌면 가를로 형님도 어렴풋이 기억하실지 모르겠어요. 아참, 그때 루갈다의 외숙이신 이암(移庵·권일신)[3] 선생도 양근지방에서 그리하셨다고 들었습니다. 가친께서 성직수행의 자격에 대해 의문을 제기하셨을 때 그걸 문의하는 북경 주교님께의 서찰도 이암 선생께서 쓰신 걸로 알고 있어요….

아무튼 어려서였는지 그때 첨례의 기억을 잊을 수 없었습니다. 우리 마음이 천주님께로 들어 올려져서 합치된다는 그 엄숙하고 거룩한 순간이란 저에게 살아 있음의 절정같은 것이었습니다. 그 마음은 지금도 같아요. 육신을 가진 우리가 유일하게 그리스도와 일치하는 시간, 진정 그분은 머리이고 우리는 그분의 몸이 되는 우리 신앙의 절정의 시간이 미사가 아니겠습니까, 그리스도를 확실하게 실감할 수 있고 영생의 양식으로 감히 성체를 모시고.

전 아무것도 모르던 그때부터 그냥 무작정 첨례가 좋고, 주님이 좋고, 주님대전에만 있고 싶고, 철들면서는 바오로 성인 말씀따라 배우자에게 마음 쪼개는 일 없이 온전한 마음 전부로 주님만 섬기고 싶은 원의가 굳어졌습니다.

그대도 알겠지만 주님만의 정배가 되고 싶다는 열망이 어디 사람의 감정이나 의지로 되는 것이던가요? 눈을 뜨는 순간부터 잠드는 순간까지 오로지 마음은 그분께만 가 있지 않습니까. 그리고 그 좋은 분께 나를, 천주께서 주신 그대로, 되도록이면 흠내지 않고 순전하게 전부 봉헌함으로써 그리스도와 일치하고 싶다는 소망은 내 경우 나이와 함께 키가 자라듯 커지면서 점점 절실해졌습니다. 어떻게 하는 것이 천주님을 기쁘시게 해드리는 일인가, 어떻게 하는 것이 그분의 무한한 사랑과 자비를 실현하는 것인가, 어떻게 해야 좀더 그분 가까이 다가갈 수 있을까 그런 생각에만 골똘하게 된 것이죠. 저는 그러한 마음을 신부님께 말씀드렸고 신부님께선 기도하자고, 기도로서 어떤 길이 열리게 되는지 기다려 보자고 하시더군요. 그리스도께선 기도 속의 기다림 안에 오신다고.

그리고 두 번째 전교여행을 오신 올봄에 같은 원의를 가진 규수와 성가정을 이루어 보는 것이 어떻겠느냐고, 서울 규수 얘기를 하셨습니다. 신부님을 모시고 오셨던 골롬바(강완숙) 회장님도 천상배필이 분명하니 지체없이 매파를 보내라 권하시고, 얘기를 들으신 가친은 순교하신 이암 선생의 생질이라면 황감한 일이라고 놀라셨습니다. 이암 선생은 부친께 교리를 가르쳐 주신 스승이시라구요. 순이 아버님도 선종하시기 전 몇 차례 뵌 일이 있다고, 우리에게는 지나치게 과람한 명문가의 규수지만 그댁에서만 뜻을 같이 하신다면 망서릴 일이 아니라고 그길로 신부님 일행을 따라 상경하셨습니다. 그리고 일이 이렇게 성사된 것이지요.

    그런데 그 길고 복잡한 절차를 거쳐 엄연히 혼배성사를 받고 초례까지 치르었건만 아직도 나는 철부지 아이처럼 꿈을 꾸는 게 아닌가 싶어요.

    인간이 생각 못할 섭리의 은총이 다른 누가 아닌 바로 나에게 작용하고 있다는 것이 송구스럽기만 하고 실감이 나지를 않습니다."

차분하게 털어 놓는 중철의 나직한 목소리에는 진실의 무게가 담겨 있었다. 한마디 한마디의 가식없는 언어는 바로 그의 마음인 듯했다. 또한 그것은 그대로 순이의 마음이기도 했다. 중철의 얘기 모두를 공감할 수 있었다.

    순이 역시 그러했었다. 신부님께 중철의 얘기를 처음 들었을 때 마음이 설레이고 정말같지 않았었다. 같은 생각과 같은 원의를 가진 사람이 남녘 땅 초남이란 낯선 곳에 살고 있다는 말이 믿기지 않았던 것이다. 어찌 그렇게 신기한 일이 있을꼬 싶었다.

    그 미지의 곳에 사는 미지의 사람과 배필이 되면 불효죄녀라는 손가락질을 받지 않고도 천주님의 정배가 될 수 있다니 과연 그런 꿈같은 일이 생시에서 이루어질 수 있을까 의문스러웠다.

    머리가 크면 짝을 지어 자손을 두는 것만이 낳아 주신 부모에게 마땅히 드려야 할 도리라고 단단히 믿던 그 시절에는 나이차도록 머리꼬리 늘인 아이로 지내는 것을 불효라 질시했고 혼인 거절은 불충죄 다음 가는 불효죄로 여기고 있었다. 극형을 받아 마땅하다는 십악법(十惡法)[4] 중 한 가지가 불효범죄였던 것이다. 더욱이 천주님을 온전히 섬기고자 혼인을 아니한다는 것은 임금도 모르고 어버이도 모르는 금수의 무리같은 천주학쟁이라 그러하다 하였다.
　자신의 모든 것을 비우고 오로지 주님만으로 자기 존재를 채워서 종당에는 그리스도께 일치하고자 하는 원의는, 인류의 어버이조차 알아보려고 하지 않는 유림들에겐 알아들을 수 있는 소리가 아니었다. 그저 그들에겐 육신의 어버이와 나랏님에 대한 일방적인 충효만이 절대의 덕목이었다. 어버이와 조상이 육신을 주었으니 어버이와 조상숭배만을 위해 살아야 한다고 믿던 시절이었다.
　그러한 사회인즉 색다른 한 가지의 원의를 가진 두 젊은이가 혼배를 맺어 서로 격려하면서 은밀하게 수도의 길을 간다면 그것은 아무도 뭐라 할 수 없는 완전히 새로운 신앙의 길이었다. 감히 바라거나 상상도 해볼 수 없었던, 성모님의 뒤를 따르는 새로운 길이 열리는 셈이었다. 나의 길은 너희의 길과 같지 않다고 말씀하시는 전지전능의 천주께서만 예비하실 수 있는 오묘한 섭리의 길이 아닐 수 없었다.
　그러나 순이 역시 불안이 있었다. 그것은 중철과는 다른 종류의 근심이었다. 순이는 신부님께서 주선하시는 일이고 배필될 사람이 자기와 같은 원의를 가지고 있다는 사실만으로 유씨댁을 믿었다. 특히 외숙들과 막역하신 처지의 교회 지도자 댁이라니 말할 나위가 없었다.
　불안한 것은 문중의 간섭이었다. 그러지 않아도 걸핏하면 혼담을 가지고 와서 설교를 일삼던 어른들이 혼배가 맺어지도록 보고만 있을런지 심히 우려되었다.
　신분제도가 사람의 평생을 좌우하는만큼 종중의 세력은 절대적이라 할 만큼 막강하고 대단하였다.
　파적(罷籍)이라도 당하면 하루아침에 반가의 신분이 상민으로 떨어지면서 즉시 살아갈 방도를 잃어버리는 것이었다. 이를테면 삶의 터전을 송두리째 빼앗기게 되는 것이 족보에서 삭제되는 파적이며 그것을 결정하는 것이 종중회의였다. 그 막강한 세력을 가지고 그러지 않아도 사사건건 트집을 일삼는 문중에서 순이의 혼인을 쉽게 묵인할 리 없었다.

아니나 다를까. 문중에서는 낙혼도 정도가 있지 좋은 혼담 다 마다하고 하필이면 시골 무지렁이 반가인가, 이것은 가문의 수치이며 모독이다 절대로 안 된다며 소란을 부리고 선조를 들먹였다.

까마득하게 거슬러 올라가면 그네의 조상은 태종의 왕자 경녕군에 이른다. 효빈 김씨에게서 출생한 경녕군은 후궁 소생으로는 첫아들로 제간공의 시호를 받았다. 가깝게는 지봉 이수광이 순이의 9대조 할아버지로 부친 윤하 마태오 공은 태종지파 지봉 종손가에 양자로 입적해 지봉의 7대 종손인 극성(克誠)옹을 부친으로 성호(星湖) 이익(李瀷)의 여식인 여주 이씨를 모친으로 섬기는 8대 종손이었다.

그러므로 종중 어른들은 왕손이며 지봉 종손의 명문가에서 초개같은 시골 반가와 자식을 나누는 인륜대사를 맺을 수는 없으니 파적을 할 각오라면 몰라도 가문에 먹칠하는 짓은 말라는 것이었다.

이미 종중과는 적지 않은 우여곡절의 풍파를 겪어 온 터였다.

가장 소란스러웠던 것이 윤하 공이 을사추조적발[5]에 연루되었을 무렵이었다. 윤하 공은 몇 번이나 불리어가 경을 치고 수모를 당하고 양자를 파하겠다는 위협 속에 해명을 해야 했다. 결국 이암과 함께 천주교 신앙의 일선에서 적극적으로 활동하던 윤하 공은 이암의 그늘로 물러앉고 말았다. 열정적이고 활달하지만 심성이 온유했던 윤하 공은 종중과의 극단적인 대립을 피했던 것이다.

그러나 신해(1791)년의 진산사건으로 이암이 순교하자 정적과 문중의 비난으로 고초에 시달리던 그는 이암의 뒤를 따르기라도 하듯 일년 만에 맥없이 눈을 감았다. 종중의 성화에 못이겨 열네 살의 장남 가를로 경도에게 짝을 채워 준 지 석 달 만이었다.

눈을 감기 전 그는

"천주 도리에 맞게, 천주님께 갈 수 있도록 나를 묻어 주오. 좀더 열심하지 못했던 것이 후회되오. 쟁기를 잡고 뒤를 돌아보는 것이 아닌 것을, 오직 그분만을 따라야 할 것을. 가를로, 천주님만을 따르거라. 세상과 주님을 함께 섬길 수는 없다. 너희들일랑 쟁기를 잡고 뒤를 돌아보는 일 없이 부디 그리스도와 함께 살도록 해라. 부인, 아이들에게도 오로지 천주님만을 따르도록…. 천주님만 의탁하도록…."
가까스로 그러한 유언을 남겼다.
열네 살의 상주와 권부인은 그대로 했다.
종중 어른들의 분개가 대단했으나 가장을 잃은 부인과 어린 상주는 두려움을 몰랐다. 파적도 파양도 아버지를 여읜 슬픔, 남편을 앞세우고 혼잣손에 어린 자식들만 소복하게 남은 부인의 막막한 서러움 앞에서는 아무것도 아니었다.
문중에서는 더 이상 지봉 종손가를 천주학쟁이 손에 맡겨 둘 수 없다는 소리와 「천주실의」를 소개한 분이 지봉 할아버지이신데 그리 심히 할 게 무어냐는 의견이 엇갈리다가 종가 장손 경도의 나이 겨우 열넷이니 두고 볼 일이 아니냐 하였다. 그것이 중론이 되어 경도가 성년이 될 때까지 종중 제사를 문중에서 받들 것이며 그 동안은 위토(位土)와 종중 경작지도 문중에서 관리하기로 무마되었다. 그러한 형편에 어른들이 권하던 세도좋은 집안과의 혼담은 마다하고 시골로 출가시킨다는 것은 또 한번 벌집을 쑤셔 놓는 셈이었다.
그러나 권부인은 문벌보다는 재물을 택하겠다는 선언으로 문중의 비난을 묵살하였다. 위토와 경작지를 내놓은 후의 어려운 가세 형편을 아는 노인들도 뒤에서는 수군댈지언정 내놓고 뭐라 하진 못했다.
열네 살 어린 나이에 신랑이 되고 상주가 되어 애처롭도록 어려움을 겪은 장남 경도도 이제는 열일곱의 어엿한 가장이 되어 어머니를 도왔다.

순이는 조마조마한 마음으로 기도하고 성모님께 도움을 청하고 자신의 주보성녀에게 자주 전구를 빌었다. 순이가 자신의 주보성녀 전기를 읽은 것은 부친이 돌아가신 후였다.

아버지의 돌연한 죽음은 순이에게 있어 찬란하던 빛의 세상이 한순간에 어둑신한 회색의 천지로 변해 버린 충격이었다.

열두 살 때였다. 죽음이 뭔지도 모르면서 아버지가 돌아가셨다는 것이 그리 허무하고 속절없을 수가 없었다. 맹랑한 노릇이지만 열두 살의 순이는 그때 분명 그럴 수 없이 허무했었다. 슬프기보다 허무하고 야속했다. 산다는 게 무엇일꼬 싶었다. 천륜이라는 부모 자식 간의 정리가 무엇일꼬 싶었다. 왜 사는지 알 수 없었다.

비록 아버지가 하느님 대전으로 가셨다 하더라도 어찌 자기들만 남겨 두고 혼자 가실 수 있었는지 이해되지 않았다.

아버지는 체통이나 법도만을 고집하는 따분한 어른이 아니었다. 할아버지에게 물려받고 가르침 받은 천주신앙의 가슴 속에서 그리스도의 사랑을 묵묵히 따르며 살고자 은밀히 애쓰신 분이었다.

그 아버지가 저녁상을 물리신 후 왜 이렇게 어지러우냐고 하시더니 그 밤을 넘기지 못하셨던 것이다.

은행잎이 노릇노릇해지던 가을날이었다. 그날은 나뭇잎도 가을꽃도 하늘도 연못 물도 눈물을 머금고 있는 듯 보였었다.

순이는 아버지 잃은 허전함을 견딜 수 없었다. 아버지 안 계신 세상을 무엇하러 살아야 하는지 알 수 없었다. 아버지 없이 살 수 있을 것 같지가 않았다. 사랑방에 아버지가 계시지 않다는 것은 순이에게 있어 온 세상이 다 비어 버린 것과 한가지였다.

아버지가 영혼과 육신으로 나뉘어서 숨쉬는 영혼은 하느님 나라에 가고 숨이 없어진 육신은 선산의 동그란 봉분 속에 묻히셨다는 것이 아무리 아무리 생각해도 왜 그래야 하는지 알 수 없었다.

특히 참을 수 없는 것은 아버지가 보고 싶은 마음이었다. 아버지의 웃으시는 얼굴이 보고 싶었다. 목소리가 듣고 싶었다. 금방이라도 아버지 기침소리가 들려올 것 같고 순이야 부르실 것 같았다. 너무나 보고 싶을 땐 어떻게도 할 수가 없었다.
"오라버닌 아버지 보고 싶은 거 어떻게 참아요?"
정말로 참을 수 없도록 아버지가 보고 싶을 때면 순이는 안사랑으로 경도를 찾아갔다.
경도는 대개 누워 있었다. 누운 채 누렇게 뜬 얼굴로 순이를 물끄러미 보곤 했다.
"하느님 나라를 생각하지. 하느님 나라에서 아버지는 우리를 보고 계실거야. 우리 예수님과 성모님과 사도들과 성인 성녀들과 함께 세상 되어가는 걸 보고 계시겠지."
"하느님 나라에 가면 예수님과 성모님과 사도들과 성인 성녀들이 함께 세상을 보나요?"
"루갈다 생각엔 어때? 그럴 것 같지 않아?"
"그렇기는 하겠지만 아버지는 우리들을 다 놔두고 어떻게 혼자서만 가실 수가 있죠?"
"그건 아무도 어쩔 수가 없어. 누구나 하느님 나라엔 혼자 가는 것이니까."
"왜 혼자 가요?"
"혼자 태어나니까."
"왜 혼자 태어나고 혼자 하느님 나라에 가나요?"
"알 수 없지."
"왜 알 수 없나요?"
"글쎄, 그건 어쩌면 하느님 나라에 가서 하느님을 뵙게 되면 그때 알 수 있게 되는지도 모르겠어, 어떻든 분명한 것은 하늘나라에서 아버지가 우리를 보고 계시다는 것이야. 지금도 보고 계시겠지."
"지금도? 그럼 내가 아버지 보구 싶어하는 것두 아시구 어머니가 매일 재 지키시는 것, 오라버니 이렇게 많이 아픈 것 다 아실까요? 그렇게 보시지만 말구 도루 오실 순 없나요?"
"루갈다가 매일 슬퍼하기만 하면 아버진 걱정하시지 않을까. 루갈다의 웃는 얼굴이 보고 싶다 잘 지내는 걸 보구 싶다 그러시지 않겠어?"
"도루 오실 순 없나요 오라버니?"
"언젠가는 우리도 하늘나라로 가야 하니까 기다리시겠지, 그리구 아버진 우리가 씩씩하게 기쁘게 지내는 걸 보고 싶으실거야. 또 열심히 기도하고, 온 마음 온 정성 온 힘 다해 천주님 봉행하는 걸 보구 싶어하실거야. 아버진 언제든지 그렇게 일러 주셨잖아. 씩씩하게 기쁘게 온 마음 온 정성 온 힘으로 천주님 섬길 것. 루갈다, 아버지가 우리들을 걱정하시는 대신 우리를 믿고 안심하시면서 좋아하시도록 해 드리고 싶지 않아?"
"그러고 싶지만, 아버지 생각만 해도 눈물이 나오구, 너무 보구 싶어서 참을 수가 없는 걸요. 그렇지만 눈물 참구 보구 싶은 거 참구, 아버지가 걱정 안 하시게 할거야. 열심히 기도하구 씩씩하고 기쁘게 온 마음 온 정성 온 힘으로 천주님 봉행할 거야."
눈물이 펑펑 쏟아졌다. 하지만 보구 싶어서 참을 수 없는 아버지가 하늘나라에서 보고 계시다면 아버지가 걱정하시게 해서는 안 되었다. 아버지가 걱정하시지 않도록, 안심하시도록 하고 싶었다. 참을 수 없이 슬프고 허전하지만 그 슬픔이 아버지 마음을 언짢게 해 드리는 것이라면 참아야 할 것이었다.
"우리 모두의 아버지이신 천주님께서도 우리가 슬퍼하는 것보다는 슬픔을 이겨 내는 걸 좋아하실 거야. 천주님은 우리의 압바이고 아버지의 압바이고 하느님 백성 모두의 압바시니까.
루갈다, 아버진 세상에서 없어지신 게 아니야. 아버진 하느님 나라에 우리 예수님과 함께 살고 계셔, 육신만이 흙에서 났으니

흙으로 돌아가리라는 말씀 따라 선산에 묻히신 거야."

순이는 고작 두 살 위의 오라버니로부터 그렇게 슬픔을 배웠다. 울고 싶은 마음과 눈물을 모두 주님께 드리고 살아 있는 모든 것이 언젠가는 홀로 죽어야 하지만 사는 동안은 무엇과도 바꿀 수 없고 어디에도 견줄 수 없는 소중한 생명이라는 것을 배웠다. 또한 세상에서 없어지는 것이 아니고 영혼과 몸으로 나뉘어서 몸은 흙이 되고 영혼은 하느님 나라에 가는 것이 죽음이라는 것도 마음에 새겼다.

무서운 일은 몸과 갈라진 영혼이 모두 하느님 나라에 가는 것이 아니고 살았을 때의 죄에 따라 영원히 벌받는 죽음의 나락으로 떨어질 수도 있다는 것이었다.

순이는 아버지를 잃음으로써 모든 관심이 영성으로 기울게 되었다. 전에는 재미 적게만 느껴지던 어머니가 하느님의 사람으로 보이기 시작했다. 어머니는 오로지 주님만을 향해 묵묵히 사는 분이었고 그 재미 적은 엄격함은 절덕이었던 것이다. 혈육의 육정을 다스릴 수 있을 때만 하느님을 향해 바르게 갈 수 있다는 믿음을 실천하며 사시는 것이었다.

순이는 어머니를 따라 자주 재를 지키게 되었고 어머니처럼 말도 웃음도 슬픔도 분노도 먼저 주님께 여쭈어 본 후 사람에게 나타내려 애썼다. 그것은 어렵고 재미적은 일이었다. 자칫 하루하루의 일상이 따분하고 지루하게 여겨지려 하였다. 그러나 그것은 성령의 맛을 모르고 인간의 육정만을 따르고자 할 때의 세상적 판단이었다. 감정은 정직하고 중요한 것이지만 육정의 일부인 것이다.

육정만을 따라 재미만 찾으며 사는 길은 결코 그리스도에게로만 가는 길이 아닌 것이다. 인류의 어버이를 알아보려고도 하지 않는 눈먼 사람들만이 순간적이며 말초적인 감정의 쾌락을 찾고 육정에 집착하며 강렬한 재미를 탐내는 것이다.

적어도 압바를 알아듣고 알아보며 섬기는 압바의 자녀들은 성령의 길을 배워야 한다. 따분하고 지루하게 보이지만 일단 맛들이면 그 은은하고 한결같은 진정한 기쁨의 참된 맛을 분별할 줄 알게 된다. 육정에 거슬리는 성령을 따라 살게 되는 것이다.

성령을 따라 사는 맛은 결코 자극적이거나 강렬하지 않다. 희미하며 점진적이다. 말초적이 아니고 정신적이며 순간적이 아니고 영속적이며 쾌락적인 것이 아니라 탐구적이다. 그리고 성령을 따라 살면 사랑과 기쁨과 평화와 인내와 친절과 선행과 진실과 온유와 절제의 열매를 거두게 된다고「성경직해」의 바오로 서간에는 적혀 있었다.

순이는 날마다 쉬지 않고 그것을 베껴 썼다.「성경직해」와「성교일과」를 필사해서 책으로 맬 생각이었다. 원래 순이는 글씨 쓰고 그림 그리기에 각별한 재주를 가지고 있었다. 어릴 때는 옷이 젖는 줄도 모르고 빗속의 모란을 세밀히 관찰하다가 권부인께 꾸중을 듣기도 했었다. 호랑나비 날개의 무늬를 잘 보려고 한없이 후원 숲을 헤매기도 했었다. 그만큼 서화에 취미가 각별했다. 글씨체도 윤하공이 감탄했을 정도로 좋은 명필이었다. 형제자매 중에는 막내 경언이 붓장난을 좋아하여 순이를 닮았다고들 했다.

글씨 쓰고 그림 그리고 책 매는 순이 옆에서 말썽을 부리는 법도 없이 붓장난을 하던 경언이가 너댓 살부터는 제법 붓 쥐는 법을 익혀 누이가 글을 쓰면 자기도 글씨 흉내를 내고 누이가 그림을 그리면 저도 그림 흉내를 내어 식구들을 웃기곤 했던 것이다.

순이는 모든 처녀아이들이 필수적으로 베껴 쓰는「내훈」을 필사해 책으로 매두고, 외사촌 언니인 유한당 권씨의「언행실록」도 필사본을 만들었지만 아버지가 돌아가신 후로는 주로「성경직해」와「성교일과」만을 쓰고 쓰고 또 썼다. 특히「성경직해」는 쓸수록 그 말씀에 맛들이게 되고 그 말씀들은 아버지와 함께 계신 천주님의 계시였으며 그리스도였고 그 완전한 진실의 사랑은 눈물겨운 아픔이었다.

순이가 그렇게 막내 아우 경언이를 돌보며 어머니 곁에 붙어 앉아 천주의 말씀에만 맛들이는 생활을 하게 되자 어머니 권부인은 부친의 얘기며 외숙들의 일화, 또 교중 소식과 순교자 얘기들을 이따금 들려주게 되었다.

순이의 신앙적 관심은 자연히 깊어지게 되었고 어머니와의 사이에도 인격적 공감대가 형성되어 갔다.

"어머니, 아버지는 언제쯤부터 천주님을 믿게 되신 걸까요?"

"글쎄, 사당 서고에 보면 장서들 속에 수택본 교리책을 대대로 새로 써서 간수하신 게 있더구나. 요즘 가를로가 아버지 필사본과 할아버지 필사본을 정리 중인데, 아버지도 소시적에야 학문으로 하셨겠지. 허지만 학문이라 해도 가슴으로 내려온 것이니까 학문에 그치지 않는 신앙적 의미가 꽤 있었을게야. 광암(曠庵·이벽) 질부도 가승전습으로 신앙이라는 걸 깨달으셨다니까. 연로하신 대학자들 사이에서 젊은 광암이 먼저 깨우친 건 가슴의 뿌리가 있었던 때문이라고 큰외숙(권철신)께서 감탄하시는 말씀을 들은 일이 있다. 광암의 오대조 선조가 소현 세자 스승으로 중국까지 따라가 계셨다니 정말 뿌리가 깊지. 그래서 큰외숙이 후실자리인 데도 선뜻 유한당과 혼사를 맺으신 게야.

큰외숙의 친구분 중에도 충청도에 은둔해 천학을 신앙으로 봉행하다 돌아가신 분이 계셔. 조선땅에서 천학을 신앙으로 봉행하신 것은 아마 그 홍 대감이 처음이 아닌지…. 광암 질부는 봉행과 함께 그것을 널리 펼 기틀을 세우시려 했고. 조선 백성 모두의 구령을 염려하셨으니까. 스승이라곤 몰래 들여 온 서적 몇 권이 몇몇 가문에 전해진 것뿐이건만 그게 조선땅 천주신앙의 씨앗이 된 셈이야.

아버지도 영세를 하신 건 광암과 외숙들과 같은 무렵이었어."

"우리 식구 세례는 저도 알아요, 어머니. 오라버니가 여섯 살, 언니가 아홉 살, 경이가 갓난쟁이, 그리고 경중이, 경언이는 나중에 태어나서 유아세례를 받았으니 그때는 없었지요.
 갓난쟁이 경이를 어머니가 안고 저는 언니가 업어 주었대요. 셋째 외숙께서 반석방 베드로(이승훈) 오라버니하고 확교 참판댁 형부하고 여러 어른이 오셔 가지고 보금이랑 분금에미도 우리 식구하고 다같이 영세했는데 함박눈이 펄펄 내렸지요.
 그래서 아버지가
 '입춘이 지났는데 백설입니다.' 하셨더니,
 셋째 외숙께서
 '모두들 하느님의 아들 딸로 새로이 탄생했으니 백설같은 영혼으로 이 근역땅을 성화하라시는 계시인 게야.'
 그러셨어요."
순이는 세 살 적 일을 환히 기억하듯 엮어 냈지만 그것은 아버지며 외숙이며 어머니며 분금에미에게까지 여러 번 거듭 들어서 외어진 이야기였다. 그만큼 그 이야기는 가족들 사이에서 보배롭게 전해지고 있는 것이었다.
 어머니는 일쑤 지나간 시절을 회상하듯 때로는 혼자말처럼, 때로는 순이에게 위로를 구하듯 간곡히 얘기하곤 하셨다.
 "명례방 집회가 적발된 것이 바로 그해 봄이었어. 조선 교회에 내린 첫서리였지. 아버진 그 첫서리에 자유를 빼앗기셨지. 종손이니 어느 가문보다도 질책이 심했던게야. 김 판서를 찾아가지만 않았어도 그 지경은 아니었을 것을, 셋째 외숙하고 아버지하고 형조에 가서 토마스(김범우) 님을 석방해 달라, 성상(聖像)과 성물(聖物)을 돌려달라, 그러셨지. 토마스 님은 유배지에서 돌아가셨지만 성상과 성물은 모두 찾아올 수 있었단다. 종중 어른들은 거기 연루된 것만도 가문의 먹칠인데 그 무슨 망발된 짓을 했느냐고 노발대발 소란이 대단했지. 아버지만큼이나 종중의 질책을 받은 광암이 선종하고 아버진 발이 묶이셨어. 어른들께서 번갈아 사랑에 와 감시를 하신 게야. 교회가 막 자리를 잡으려 하다가 풍비박산이 된 게지.

우리집을 무람없이 드나드시던 셋째 외숙도 사돈들에게 미운 털이 박히셔서 양근에서 근신하실 수밖에 없었는데 외숙께선 그 시기를 아주 귀히 보내셨어. 교우 한 분과 용문산에 들어가 여드레 동안을 한마디 말도 나누지 않고 물과 나물만의 악식으로 소재를 지키시며 기도와 묵상으로 자신을 성화(聖化)하신 거야.

그후 외숙이 나오셔서 반석방 베드로 질손과 신자들을 모으고 제도를 궁리하고…. 그것이 몰랐기 때문에 지은 가성직죄였지. 아버진 앞에 나서시진 않았지만 누구보다도 열심이셨어. 그렇게 교우들이 모이고 은밀하게 전교도 되었는데 다시 정미반회사건[6]의 된서리가 내린게야. 그러지 않아도 마마가 창궐해서 인심이 흉흉해지고 왕세자를 잃은 터에 양반도 상민도 모르는 사학이 흥한다고 해서 천주교 서적을 중국에서 일절 못 들여 오게 하는 금지령이 내리고 다음해엔 나라 안에 있는 천학책을 다 태워 없애라는 소각령까지 내렸지.

연경 갔던 교우들은 주교님의 두 번째 서찰을 받아 왔는데, 첫 답서는 가성직제도가 잘못이라는 것이었고, 두 번째는, 그러니까 경언이를 낳던 경술년이야, 위패 모시는 제사는 미신행위니까 제사를 금해야 한다는 것이었어. 경술년 겨울에 그 사목서한을 받아 왔는데 교중이 크게 술렁거렸지. 아버지도 잠을 못 이루고 괴로워하셨어. 그땐 종중의 위협이 아니라 아버지 스스로 어째서 조상 제사가 미신인가, 십계명에도 효도하라 이르시는 무한한 자비의 천주께서 설마 조상 제사를 귀신 받드는 일이라 하시겠는가 납득이 어렵다며 괴로워하셨어. 외숙들과 상의하신 후 위패와 신주가 천주교리에 어긋난다 하여 위패는 불사르고 신주는 땅에 묻었지. 제사는 내놓고.

제사 문제로 등을 돌린 분들, 넘어진 것이 아니라 등돌려 가버린 분들이 꽤 여럿이었단다. 마침내 진산에서 일이 벌어지고 말았어. 모친상을 당한 교우 선비가 신주 없이 장례 치른 게 주자가례를 어겼다 하여 두 분을 참수하고, 셋째 외숙이 그 교주라는 죄목으로 잡히신 거야.

 그러지 않아도 셋째 외숙은 그즈음 적적하게 지내고 계셨지, 이태 전에 상처를 하고 그해 여름엔 대학자이신 장인(안정복)상을 당하셨거든. 어린 데레사 남매[7]를 유독 측은해 하셨는데 그애들을 남겨 두고 결국 유배길에서 객사의 순교를 하신게야. 아버지가 어찌나 애통해하고 허전해 하시는지 민망하더니 이듬해 따라가실 줄 누가 알았겠니.

 처남 매제 간이셨지만 친동기 간도 그만큼 의기 화합하기 어렵다고 부러워한 사람도 많건마는."
어머니는 어린 순이에게 조용한 회고담을 들려주곤 하셨다. 그것은 모녀 간의 정리와 나이 차이를 모두 하느님 안에서의 영성적 자매 사이로 끌어올린 듯한 허심탄회한 태도였다.
"제 본명은 누가 지었나요, 어머니?"
"아버지가 알아 오셨지. '빛나다'라는 뜻도 좋고 동정성녀의 신덕도 감동스럽지 않으냐고 물으시기에 좋다 했었어. 외숙께서도 루까복음서는 특히 아름답다시며 좋다고 하셨고."
"외숙께선 옛날얘기로 제 주보성녀 얘길 들려주신 적이 있어요. 얼마 전에 전기를 읽으면서 이상도 하다, 분명 처음 읽는데 어찌 아는 얘기일꼬 생각해 보니 외숙께서 들려주신 얘기였어요. 외숙께선 가브리엘 천사의 말을 듣고 주님께 순종하는 마리아의 얘기도 옛날얘기로 해 주곤 하셨죠. 그래서 삼종기도 드릴 때, 또 주보성녀 신덕을 묵상할 때 외숙 생각이 날 때가 있어요."
"루갈다와 데레사는 유달리 순전한 여식들이라고, 주님 대전에 드릴 정결한 꽃처럼 키워 보자 하셨단다."
"어머니, 저는 정말 데레사가 마음에 들어요. 데레사 성녀 전기도 읽어 보고 써보아야 하겠어요. 그것도 외숙께서 옛날 얘기로 해주신 건지 모르지만요.
　제 주보성녀는 예수님 옆구리 상처를 꿈에서 보았어요. 정혼자에게 배신당하고 슬픔에 젖어 있을 때 예수님께서 옆구리 상처를 보여 주시며
　'루갈다, 그대가 평생 사랑해야 할 것이 여기 있다. 이 늑방 상처야말로 그대에게 무상의 기쁨을 주리라.'
　그렇게 일러 주셨어요. 어머니, 저는 때때로 그 말씀이 예수님께서 제게 하시는 말씀이란 생각이 들곤 해요.
　또 심술궂은 수녀원 원장이 죽고 나서 아무도 원장을 위해서 기도하지 않았는데 제 주보성녀는 열심히 기도했어요. 그랬더니 어느 날 꿈에 원장 수녀님이 나타나서
　'수녀님의 기도로 연옥 보속을 40년이나 감면받았습니다. 고맙습니다.'
　그러며 심술을 다 버린 천진한 얼굴로 인사를 했다지요. 저는 제 주보성녀가 그리 훌륭하신 것이 기쁘고 저도 성녀처럼 신덕과 순명으로 지내고 싶어요.
　데레사 성녀는 아마 또 다르게 훌륭하실 거예요. 두 분 전기를 수택본 책으로 매서 외가에 보내야 하겠어요. 데레사도 읽고 쓰고 공부하라고요."
아버지를 여읜 후의 순이는 철없는 아이가 아니었다. 어린 소견으로도 권부인이 질녀 데레사를 유독 측은해 한다는 걸 알고 있었다. 데레사는 이암 외숙이 애지중지하던 막내여식이었다. 순이보다 한 살이 아래인데 홀로 남아 숙부들 집과 오래비 집을 떠돌고 있었다.
　또한 순이는 경도에게도 모든 것을 상의할 수 있는 든든한 대상이

었다. 어린 나이에 가장이 되어 종중의 위협과 시달림을 받고 있는 병약한 경도를 가장 많이 위로하고 격려하는 이해자이기도 했다.

경도 역시 윤하 공의 온유한 심성을 물려받아 극단적인 과격함은 피하고 있었다. 집안이 번족한 만큼 경조사나 회동이 빈번했는데 병약한 경도에게는 일일이 참석한다는 것이 무리였다. 허리 아픈 것을 참고 다니려니 등을 구부리게 되고, 기운이 없으니 필요한 말 외에는 삼가는 것이 거만하다는 소리도 듣게 되고 아내와의 갈등도 만들게 되는데 대부분 순이가 올케의 심정도 어루만져 주고 경도의 우울함도 다독거려 주곤 하는 것이었다.

그러면서 이따금 찾아드는 방물장수에게서 교중 소식을 소상히 알아보는 일도 게을리하지 않았고 동냥을 오는 각설이패나 시주를 받으러 오는 스님에게도 인정을 베풀었다. 바깥사랑으로 찾아드는 얘기꾼 영감도 일쑤 안마당을 기웃거리다 순이가 슬며시 다가가면 사탁님을 모셔들이게 된다는 등의 소식을 귀띔해 주었다. 남촌의 약전과 운종가(종로)의 피륙전을 중심으로 교우들의 회합이 잦아지고 있다는 얘기도 듣고 있었다.

마침내 신부님께서 등성이 너머 북촌의 마티아(최인길) 역관 집에 무사히 도착하셨다는 전갈이 왔고 그 얼마 후 오라버니가 안동의 제르바시오(손경윤) 어른과 계산동으로 신부님을 뵈러 갔다.

제르바시오 어른은 부친 생존시부터 내왕하던 분으로 경도의 신앙과 인품을 매우 아꼈다. 특히 경도의 곱사 흉내가 정말로 반곱사에 이른 뒤로는 자기도 그대로 있을 수 없다면서 사랑채에 술청을 차리고 행낭에는 약전을 내어 교우들 간의 연락을 책임지기 시작한 터였다.

제르바시오와 마티아 역관 집으로 갔던 경도는 밤이 이슥해서야 상기된 얼굴로 돌아왔다. 그는 기쁨에 들떠 있었다.

"아직은 우리말을 못 알아들으셔서 한문 필담으로 인사를 드렸습니다. 며칠 후 보례를 받기로 했지요. 조선 신자는 거의 대세만 받았기 때문에 우선 보례부터 받아야 한답니다. 보례 후에는 신부님께 영성체에 대한 교리를 배우고 찰고를 받은 후에 합당한 사람만 고해성사를 받는다고 합니다. 그래서 신부님은 북촌에 당도하시는 즉시 조선말을 익히시느라고 여념이 없으십니다. 어머님과 루갈다와 안식구는 내일 저녁에 모시고 가기로 했습니다.
 말이 안 통하는데도 신부님을 뵈니까 코끝이 찡하고 그렇게 신부님을 모시고 교우들끼리 있으니까 이제야말로 명실상부한 하느님 자녀라는 생각이 들어서 일어서기가 싫더군요."
 그날 밤 경도의 방에는 새벽녘까지 불이 꺼지지 않았다. 순이 역시 신부님을 뵙게 된다는 설레임으로 잠을 이룰 수 없었다. 신부님께서 주시는 보례로써 비로소 하느님 자녀로 입적되는 세례성사를 정식으로 인정받는다 생각하니 눈시울이 더워 왔다.
 다음날, 정월 하순의 찬바람 속에 순이는 어머니와 올케와 오라버니를 따라 나섰다. 계산동 마티아 역관 댁은 골짝을 지나고 등성이를 넘어야 하는 먼 길이었다. 봄부터 가을까지 근화(槿花·무궁화)가 그치지 않고 피어난다 하여 꽃골이라 부르는 마을을 지나면 대궐 동산이 올려다보이고, 산개울을 건너면 그 윗동네가 계산동이었다.
 신부님을 모시기 위해 마련했다는 집은 아담하고 깨끗했다. 지붕의 기와도 담장의 흙벽돌도 신식으로 찍어서 신식 모양으로 지은 집이라 했다.
 행랑도 사랑도 따로 없이 내정을 널찍이 잡아 미음자로 몸채만 탄탄히 지은 집은 문간방이 행랑, 뜰아랫방이 사랑이라는 것이었다.
 권부인과 순이는 경도와 함께 안방으로 들어갔다. 안방은 장지문으로 사이를 가른 두 칸 방이었고 아랫방에는 알 만한 부인들이 모여 있었다. 모두 기쁨에 넘쳐 있는 모습이었다. 이제 비로소 그리스도께 몸소 세움받은, 천팔백여 년을 면면히 이어져 온 그분 대리자를 뵙고 보례 예절을 갖춤으로써 영원한 인호를 받고 그리스도의 양 우리 안에 정식 입적된다는 기쁨이 모든 교우들을 사로잡고 있었다. 더욱이 조선 백성들은 누구에게 그 영생의 양우리를 가르침 받은 것이 아니었다. 흘러 들어온 서적에서 인간 생명의 근원과 진리를 찾아 내고 스스로 그 양우리로 찾아 들어가서 여태껏 그리스도의 목자에게 인정받고 인도되기 위하여 애타게 기다려 온 것이었다. 이제 비로소 그 목자가 눈 앞에 와 계셨고, 스스로 더듬 더듬 찾아온 양들은 눈물의 기쁨으로 주님의 목소리를 기다리고 있었다. 신부님은 남정네 교우들과 윗방에 계시고 아녀자 교우들은 아랫방에 자리했다. 그분은 중국분이신 데다, 조선의 폐쇄적이고 미개한 풍속으로 잠입하시는 데도 적잖은 어려움을 겪은 터여서 남녀내외의 풍속까지 익히 알고 계셨다. 그래서 아낙 교우들과는 장지문 두 짝을 열어 놓은 문지방 너머로 가벼운 목례만을 나누면서 마티아 역관의 소개말을 주의깊게 듣고 계셨다. 그러나 댕기머리를 늘인 순이의 앳된 모습을 보자 다른 부인들에겐 삼가던 분명한 시선을 보내셨고 경도의 손아래 누이라는 설명에 자애로운 미소를 띠우셨다.

  그날은 그렇게 겨우 인사만 드리고 보례일자를 약속받은 후 돌아왔다.

  꽃샘바람이 냉하면서도 상쾌하게 봄기운을 전하던 보례날 마티아 역관 댁에는 깨끗한 옷으로 단장한 교우들이 하나 둘 모여 들었다. 교우들은 자연스럽게 남정네는 윗방, 아낙들은 아랫방으로 들어갔다. 순이도 어머니와 올케와 아랫방으로 들어갔다. 가벼운 미소와 목례로 인사를 나누고 자리에 앉아 무릎을 꿇었다. 방 안에는 옷 스치는 소리와 묵주 굴리는 소리만이 조심스럽게 들려오고 있었다.

  마침내 아랫방과 윗방 사이의 장지문이 활짝 열리고 건넌방에서 기다리던 교우들이 건너 왔다. 마티아 역관이 책상에 흰 제대보를 덮고 초에 불을 켰다. 여회장이 하얀 백자 대접에 물을 떠다가 마티아에게 건네자 마티아는 물그릇을 고상 옆에 놓았다.
　모든 준비가 끝나고 보례예절이 시작되었다. 순이의 보례 대모는 신부님께 영세하기 위해 대세를 미루었던 골롬바(강완숙) 회장이 서 주었다. 원칙적으로 대모는 견진을 받은 신자가 서는 것이지만 조선 교회의 형편상 대세 받은 사람, 영세할 사람들이 서도록 신부님이 허락하신 것이었다. 세례 때의 기억이 거의 없는 순이에게 보례예식은 이제 비로소 하느님 여식으로 입적되고 있는 경건한 감동을 주었다. 나의 압바이신 하느님이 아버지 어머니의 압바이고, 이 자리에 모인 모든 믿는 이들의 압바이며, 구 만 리나 된다는 머나먼 서양의 수없이 많은 믿는 이들의 압바라는 사실이 어마어마하면서도 그럴 수 없이 신기하고 가슴 뻐근하게 실감되는 것이었다.
　보례예절 후 신부님은 고해성사와 부활 첨례, 영성체 준비에 대해 일러 주셨다. 밀떡의 형상 안에 살아 계시는 그리스도의 사랑과 평화와 정의에 대한 말씀도 있었다. 조선에서 시급히 고쳐져야 할 것은 여자와 아이와 천민이 선비와 꼭같이 존중받아야 할 하느님 백성이라는 것과 남자가 소실을 두는 것, 그리고 여자가 소실이 되는 것 모두 하느님 뜻에 어긋난다는 것이었다. 그러나 정작 중요한 일은 인류의 참 어버이신 천주를 몰라 뵙는 이 나라 백성이 천주님을 알아 섬길 때 온 백성의 부활도 있을 것이니 교우들은 어떠한 풍파에도 굴함이 없이 복음을 전해야 한다는 것이었다.
　신부님은 모든 말씀을 마티아를 통해 하셨으나 맨 나중의 인사말은 서투른 발음의 조선어로 하셨다.
　보례 후 집안에는 생기가 감돌게 되었다. 어머니도 오라버니도 올케도 교리책 외우기에 여념이 없었다. 「요리문답」은 전부터 베껴 쓰며 외워 왔으나 「고해문답」과 「성체문답」은 신부님이 오신 이후 새로 받은 것이었다. 식구들은 베껴 쓰며 외우는 외에 집안 일을 하면서도 제가끔 중얼중얼하다가는 성호를 긋기가 예사였고 아직 어린 아우들은 멋모르고 어른들이 뇌이는 경문을 흉내내다가 주의를 듣곤 하였다.

　십년 전부터 서학에 대해서는 무군무부의 패륜이라는 지탄과 탄압이 있어 왔으므로 외교인 친척이나 이웃, 한 집안의 노복들에게조차 경계와 조심을 게을리하지 않을 수 없었다. 경도는 부실한 몸으로 명도회에 나가 교리를 배워 왔고 순이 역시 어머니와 올케와 여신도회에 나가 교리공부에 열심을 다하였다.

　얼마 후 회장이 기본교리를 터득했다고 생각되는 교우들을 신부님께 보내 찰고를 받게 하였고 찰고에 합격한 사람만이 고해성사를 준비하게 되었다. 경도가 가장 먼저 고해성사를 받았고 순이와 어머니, 올케 역시 무난히 찰고에 합격되어 고해성사를 받을 수 있게 되었다. 순이는 가슴이 두근거렸다. 어려운 찰고 후 성사를 받게 된 것이 꿈같은 은총으로 느껴졌다. 먼저 성사를 받은 경도는 잔잔한 미소가 떠나지 않는 얼굴로

　"어머님과 순이는 필담으로 하시지요. 임자도요. 필담이 시간이
　　적게 걸립니다. 필담 요령과 한문자를 일러 드릴게요."

　자상하게 설명해 주며 그들을 인도했다. 신부님께서 아직 조선말이 서투시어 한문을 모르는 교우나 부녀들은 마티아 역관에게 얘기하여 역관이 그것을 청국말로 신부님께 전하고 신부님은 그에 따라 보속과 성사를 주신다는 것이었다. 그러나 한문을 아는 이들은 한문 필담으로 직접 고해를 드린다는 것이었다. 당시 여인들은 오로지 여자라는 이유만으로 한문은 전혀 배우지 못하는 실정이었다. 다만 가슴으로 천주학을 물려 받은 윤하공만이 일찍 개명하여 권부인과 여식들에게 천주경 등의 경문 정도를 일러 준 것이었다. 그리고 그 기초적이고 짧은 한문 실력이 뜻밖에도 고해성사에 큰 도움이 되는 것이었다.

　경도가 사랑으로 나가고 순이는 어머니에게서 가르침 받은 대로

십계명에 비추어 자신이 지은 죄를 차근차근 성찰하기 시작했다.
 문득 어린시절 서낭당에 돌을 던지던 기억이 떠올랐다. 울긋불긋한 형겊이 나뭇가지에 주렁주렁 걸려 있고 깨진 쪽박에 허연 밥이 담긴 채 나무 밑 돌무더기 틈에 버려져 있던 서낭당 귀신나무는 생각만 해도 으시시했다. 그 나무 밑에 돌을 던지며 아버지 고뿔을 낫게 해 주세요 빌었었다. 기억이 희미한 세 살에 세례를 받았으므로 서낭당에 돌 던지며 무심코 빌었던 때도 분명 압바의 자녀였었다. 언년이가 하는 대로 무심히 했지만 그게 바로 일계명을 어기고 다른 신을 섬기는 것일까.
 막내 아우 경언이가 다락지가 났을 때 큰 우물 가는 길에 돌막 솥을 걸어 이방을 한 적이 있었다. 그렇게 해 놓으면 그 돌막 솥을 걷어찬 사람이 다락지를 앓게 되고 경언이는 낫는다고 양주댁이 가르쳐 주었다. 정말 경언이의 다락지가 나아서 오라버니에게 말했더니 경언이 다락지는 나을 때가 되어 난 것이고 돌막 솥의 이방 따위는 미신이라고 오라버니가 경을 쳤다.
 아버지가 돌아가셨을 땐 하느님이 야속했었다. 하느님이 어찌 그리 무정하신 분일까, 서럽고 무서웠다. 아버지를 빼앗아 가는 하느님이라면 좋아할 수 없었다. 믿기 싫었다. 따져 보고 싶었다.
 주일은 한번도 제대로 지킨 적이 없다. 제대로 지킬 수가 없었다. 그리고 아버지와 어머니와 온 가족이 모여 앉아 만과를 바칠 때 그것이 너무 길고 지루해서 미리 잠든 척 누워 있다가 정말로 잠들어 버린 것이 몇 번이었는지, 그렇게 고약한 꾀를 부린 아이도 하느님은 용서해 주실까. 그 일은 정말 부끄럽고 죄송스럽다. 외교인 하인들의 눈치를 살피고 일가친척이나 손님이 없는 날을 골라 어렵게 마련하는 그 귀한 만과시간에 그렇게 몹쓸 꾀를 부리며 자는 척하다가 번번이 쿨쿨 자버리곤 했던 것이다. 아무리 어렸지만 왜 그리 철이 없었을꼬. 지금은 그러한 시간을 가지고 싶어도 이미 아버지가 아니 계신 것을. 또한 언니도 출가한 것을. 다시는 돌아올 수 없는 귀한 시절을 꾀부려서 잠이나 자다니.

그뿐이 아니다. 못된 아이였다. 간난이에게 눈을 흘기기도 하고 심술도 부렸는데 보잘것없는 사람에게 하는 것이 나에게 하는 것이라 말씀하셨으니 그것은 그리스도께 눈을 흘기고 심술부린 것이 아닐까.

종중 어른들, 그 중에서도 사직단 젊은 할아버지를 미워하고 못 본 척 인사 안 하고 숨은 적도 있는데 설마 그 미움까지 그 좋으신 주님 그리스도를 미워한 것이고 못 본 척한 것이 되는 것일까. 그래서는 안 된다. 그럴 수는 없다. 어떤 일이 있어도 그리스도를 미워할 수는 없다. 눈흘기는 일도 심술내는 일도 그리스도께 할 수 없는데, 이웃이 그리스도시라면 이걸 어쩐담. 이 죄를 어찌한담. 거짓말도 했었다. 거짓말 역시 사람에게 한 그것이 곧 그리스도를 속이는 것이라면 어찌할꼬. 남의 물건을 탐내지 말라 하셨는데 방물장수가 가져온 댕기를 훔치고 싶도록 몹시 탐냈었다. 비싼 옷감도 탐냈고. 아아, 더 못된 잘못도 저질렀다. 어머니께서

"값지고 좋은 옷이 꼭 좋은 것만은 아니야. 값지고 좋은 옷을 입으면 자기도 모르게 교만해지는 것이니 마음의 겸손을 위해서는 가난을 감사할 줄도 알아야 해."

하셨을 때 어머니는 정직하지 못하다고 고까워했었다. 지금이라면 어머니 말씀을 알아들을 수 있겠건만 그때는 아니었다. 비싸고 값진 것을 사 줄 형편이 못 되니까 공연히 핑계대시는 것이라 여겼었다.

순이는 부끄럽고 죄스러워 어디로 숨었으면 싶었다. 그러나 입술을 깨물고 잘못들을 뉘우치며 하나하나 빠짐없이 써내려 갔다. 쓰기 힘든 것은 오라버니에게 도움을 청했다. 의인이 한 사람만 남아도 치지 않으신다는 하느님. 무수히 배반당하시면서도 당신의 약속에는 언제나 충실하신 무궁한 자비 속의 책임. 그 사랑의 책임 때문에 신이면서 인간이 되시고 십자가의 수난을 당하신 하느님. 압바. 주 예

수 그리스도. 예수님을 생각하니 눈물이 났다. 어쩌자고 자기는 그렇게까지 잘못투성이인지, 그러면서도 그 잘못들을 반성도 하지 않고 아무렇지도 않게 여겼다. 어머니 역시 고해서를 준비하시면서 옷고름으로 눈귀를 찍어 내고 계셨다.

"하느님은 완전무결하게 거룩하신 분이야. 그래서 사람도 당신처럼 거룩하게 만드셨는데 사람은 하느님 말씀을 거스르고 진구렁에 빠져 버렸어. 하느님을 뵐 수 없게 된 거야. 하느님은 완전히 깨끗하고 거룩하기 때문에 죄로 더럽혀지면 하느님을 볼 수도 없고 하느님께 갈 수도 없는 거야. 그래서 하느님은 죄의 진구렁 속에서 인간들을 건져 내시려고 사람으로 오셨지, 아이들이 도랑에만 빠져도 건지려면 도랑으로 내려가야 하고, 엄마가 안아 주려면 도랑에서 묻은 흙물을 다 씻어 주어야 하잖아. 하물며 완전히 거룩하신 하느님 품에 다시 안기려면 그 죄를 씻는 일이 얼마나 어렵겠어. 하느님이 육신을 취하시어 유일하게 완전한 인간으로 사시다가 십자가 보혈로 죄의 진구렁에서 인간을 건져 씻어 주신 것이야. 하지만 나약한 인간은 7죄종, 즉 교만, 인색, 미색, 분노, 탐욕, 질투, 나태에 걸려 영혼이 병들거나 다치기 일쑤이고 그러면 그리스도와 일치하지 못해, 그분처럼 아무 흠없이 거룩하고 깨끗해야만 일치할 수 있지. 그래서 주님께선 다치거나 병든 영혼, 죄로 더럽혀진 영혼을 고해성사로써 거룩한 상태로 회복할 수 있는 길을 열어 주신 거야. 그리고 성사는 신품성사로 신품권을 받은 사제만이 그리스도를 대리해서 베풀 수가 있는데 우리나라엔 이제서야 그 사제가 오신 것이지, 그리스도께서 내 양떼를 잘 돌보아라, 거듭 거듭 당부하셨잖아. 주님의 양떼인 우리를 돌볼 목자가 우리 영혼을 돌봐 주러 오신 것이니 가를로, 그리고 루갈다, 이제 우린 마음먹기에 따라 얼마든지 성부 성자 성신께 일치할 수 있는 믿음 생활을 하게 된 것이란다."

신부님께서 서울에 무사히 잠입하시어 은밀히 교우들을 모으고 보례를 주시며 조직을 만들게 하시고 교육을 하시는 이후 어머니는 그렇게 목메인 어조로 여러 얘기를 소상히 들려주셨다. 순이는 그때 안개 속의 나무를 보듯이 어머니 말씀이 어렴풋 하였었다.

그런데 고해를 준비하면서 어머니의 가르침이 비로소 선명하게 이해되는 것이었다.

마침내 순이의 차례가 되었다. 무릎이 떨렸다. 순이는 붓을 들지 않고 성찰하면서 적은 한지를 저고리 소매에서 꺼내어 책상에 펴놓았다. 신부님께서 그것을 보시다가 직접 쓴 것인가 물으셨다. 그렇다고 대답하자 머리를 끄덕이시며 순이를 눈여겨 보신 후 사람은 천민이나 양반이나 똑같이 하느님 입김으로 영혼을 받았으므로 똑같이 존귀하니 이웃을 내 몸처럼 사랑하라는 그리스도의 계명을 실천에 옮겨야 한다고 일러 주셨다. 그리고 보속으로 삼덕송을 세 번씩 바치라 하시고 말할 수 없이 자애로운 음성으로 경건하게 사죄경을 주셨다.

순이는 성사를 받으면서 문득 하늘나라에 가고 싶다는 생각을 했다. 그것은 평소에 생각도 해보지 않은 엉뚱한 욕망이었다. 무심 중갓 성사를 받았으니 그리스도와 일치할 수 있는 거룩한 상태의 영혼을 회복했다는 믿음이 불쑥 그러한 욕망으로 떠올랐는지도 몰랐다. 주님께서 모든 죄를 깨끗이 씻어 주신 지금 이 시각이라면, 아무 두려움 없이 그리스도를 뵙고 성모님께 일치할 수 있으리라는 실감은 송구스러운 행복감이었다. 어떤 일이 있어도 다시는 죄로 더럽혀지고 싶지 않았다.

주님께서 씻어 주신 순결한 상태를 언제까지나 보존하고 싶었다. 순이는 건넌방으로 건너 와서 무릎을 꿇고 보속으로 받은 삼덕송을 정성껏 세 번씩 바쳤다. 믿음과 소망과 사랑의 덕이 그 얼마나 소중한 것인지 가슴이 두근거렸다. 진리를 믿으며 영원을 소망하며 아끼는 마음으로 진리와 소망과 사랑의 근원이신 압바께 가는 것이 인생살이라는 깨달음은 설레임이었다. 순이는 가슴 가득 차오르는 기쁨으로 어머니와 올케를 바라보고 방안의 여러 어른들을 바라보았다. 삼덕송의 소중한 의미가 모든 사람들을 다정하게 보이게 했다.

방 안의 얼굴들은 대부분 알 만한 얼굴들이었지만 모두 경건한 침묵을 지키고 있었다. 자주 눈물을 찍어 내는 여인도 있었다. 그 많은 사람 중 댕기머리를 늘인 것은 순이뿐이었다.

성사를 받은 사람은 건넌방에서, 받을 사람은 아랫방에서 기다리고 신부님은 윗방을 고해소 삼아 한 사람씩 불러 필담이나 통역을 이용한 면담으로 성사를 주고 계셨다.

조신하고 상냥한 자태로 교우들을 안내하고 자리 정돈을 해 주던 여회장이 건너 와서

"부활 축일에는 성사를 받은 보례자와 새 영세자가 모두 성체를 모시게 된답니다. 조선 교회 첫미사를 부활 첨례에 봉헌하시려고 요즘 인경까지 보례를 주시고 찰고를 하시고 성사를 주신답니다."

권부인을 비롯한 여러 사람들에게 나직이 설명했다.

"우리도 이제야 성체를 모시는군요."

"참말 꿈같은 일이어요."

"성체 모실 준비를 온 정성으로 해야 할 거예요, 이 미천한 몸들이 그리스도를 모시고 다니는 궁전이 되는 셈이니까요."

"모실 준비에도 소홀함이 없어야 하겠지만 모신 후에는 더욱 마음과 몸을 정결히 가져야지요. 육신의 이기심을 다 물리쳐야만 우리 몸 안의 그리스도께서 마음껏 활동하실 수 있을 테니까요."

성체에 대한 존경심과 기대가 모두의 얼굴을 빛나게 했다. 정말 꿈같은 일이었다. 보례는 대체로 대세를 받은 후 마음이 돌아앉지 않은 사람이면 모두 받았다. 그러나 고해성사는 보례자 모두가 받을 수는 없었다. 보례 후 교우들은 신부님께, 또는 회장이나 지도자에게

교리를 배웠고 그후에는 신부님께 엄격한 찰고를 받은 후 찰고에 합격한 사람만이 고해성사를 받고 성체를 모실 자격을 갖추는 것이었다.
"그런데 어린아이는 아마 영성체를 못 한다지요?"
"고해성사를 받았는데두요?"
"성체를 모시는 일은 그리스도를 자기 육신에 모시는 일이니까 고해성사와는 다르겠지요."
중국 모본단의 화사한 옷을 입은 판서댁 부인과 다른 부인이 순이를 보며 소곤거렸다. 모두들 서로 마주 보았으나 그 문제를 정확히 알고 있는 사람은 아무도 없었다. 순이는 혹시 성체를 모시지 못하면 어쩌나 마음이 쓰였지만
"나이가 어려서 못 모신다면 때를 기다려야 하겠지."
하시는 어머니 말씀을 따르기로 하였다.
다음날부터 순이는 침묵과 소재 속에 기도, 독서, 묵상의 일과만으로 지냈다. 하루하루 그리스도의 마지막 행적을 복음서에서 더듬어 묵상하며 눈물을 흘렸고 나이가 모자라면 할 수 없는 일이지만 정말로 성체를 모시고 싶어 안절부절 못하다가 오라버니에게 호소했다. 오라버니는 권부인과 상의한 후 신부님을 찾아가 누이동생의 영성체 문제를 여쭈었다. 야고버 신부는 순이가 열네 살이라는 대답에 한동안 망설이다가 면담을 해 보겠노라 하였다.
야고버 신부는 탁월한 필체와 요령 좋은 고해 문장으로 순이를 기억하고 있었다. 여교우들은 되도록 바라보지 않는 것이 동양인인 그의 버릇이었지만 순이의 경우는 땋아 내린 머리가 눈길을 끌었고 그 댕기머리는 아이라는 표시였다. 아무리 남녀 칠세 부동석의 사회지만 사제와 신자였다. 젊은 부녀들에게의 조심성이 열서너 살의 총명한 소녀에게까지 필요할 이유는 없었다. 하지만 야고버 신부는 중후한 성품이었으므로 순이를 눈여겨 보아 두었을 뿐 아무 내색도 하지

않았던 것이다.
 그는 순이를 불러 몇 마디 이야기를 나눈 후 웬만한 어른보다도 성체교리를 잘 인식하고 있는 것을 보고 성체배령을 수락했다. 그리고 이 아리따운 소녀의 영혼 상태와 신덕이 더할 수 없이 고결하게 느껴지는 이유가 뭘까 의아해 했다. 순이에게선 처음부터 천상적인 정결한 향기가 감도는 듯 느껴졌던 것이다.
 그것이 성수요일이었고 순이는 너무나 기쁜 나머지 온 나흘을 안사랑 골방의 고상 앞에 앉아 엄격한 극기로 지냈다. 잠조차 이부자리와 자리옷의 편안함을 거부하고 골방 구석에서 대추나무 목침만으로 평상복을 입은 채 너댓 시간의 새우잠으로 견뎠다.
 부활 축일은 춘삼월이 아닌 윤이월이어선지 싸늘했으나 새벽 공기는 맑았다.
 순이는 아끼던 새 옷과 새 댕기로 단장하고 어머니와 오라버니 내외와 한식경쯤 일찍 꽃골 골짝을 지나 계산동을 향했다. 분금이와 분금 에미, 돌무지와 을쇠도 함께였다. 성급하게 피어난 개나리와 진달래가 이슬에 젖어 있었다. 산기슭과 마을 공터와 둑길에 지천으로 널려 있는 근화는 그 수많은 잔가지들에 잎을 움틔울 준비를 갖추고 있었다. 조금 더디 피어나지만 일단 피기 시작하면 늦가을까지 쉼 없이 피어나 등성이를 덮고 골짜기를 덮는 근면 성실한 꽃이었다. 눈에 띄게 화려한 모양이나 색깔도 아니고 향기를 지니지도 못했건만 계절이 세 번 바뀌도록 한결같이 무성하게 번식하는 독특한 꽃나무였다.
 순이가 사는 한림동에는 근화와는 대조적인 오얏나무가 많았다. 사람들은 화사한 오얏을 근화보다 좋아하였으나 순이는 향기도 열매도 없는 근화가 마음에 들었다. 멀리 보면 수수하고 한결같은 꽃이지만 가까이 보면 부끄럼타는 새색시처럼 수줍은 표정과 자태를 가진 것이 근화였다. 색채 역시 요란하지 않고 섬세했다.

이제 머지않아 그 모든 꽃들은 자유로이 피어나 열매 맺고 씨앗을 만들 것이었다. 순이는 잎눈이 트기 시작한 앙상한 잔가지의 근화 숲을 바라보며 그리스도와 한몸을 이룰 미사성제와 성체성사 생각으로 마음이 설렜다.

역관 댁에는 한식경 전인데도 교회 지도자 여러분이 벌써 모여 있었다. 조선땅에서 올리는 첫 미사인만큼 제대 준비에 소홀함이 없도록 미리 모여 정성을 기울이는 것이었다.

차츰 교우들이 모여 들었고 댓돌에는 신발들이 가득 놓였다. 신발들은 각양각색이었다. 짚신과 미투리와 가죽신과 비단신과 수신과 나막신과 연전에 사치가 심히 지나치다 하여 신는 것을 금지한 쌀 두 섬 값이라는 흰 가죽신 낡은 것도 섞여 있었다.

교우들은 윗방 제대를 중심으로 안방에는 여교우들이, 대청에는 남교우들이 줄지어 앉았다. 흘러 들어온 서적에서 신앙의 씨앗을 찾아 어렵게 싹틔우며 스스로 자라난 조선땅의 야훼 백성이 처음으로 사제를 모시고 미사성제를 봉헌하게 된 것이었다.

교우들은 울먹였고 야고버 신부 역시 목숨 걸고 잠입한 포교지에서의 첫 미사를 깊은 감회 속에 집전했다.

순이는 비로소 거룩함이 어떤 것인지 알 듯했다. 거룩함이란 바로 하느님과 닮는 것, 성모님과 닮는 것, 그 정결하고 온유하고 자애로운 무한의 사랑, 무한의 자유, 무한의 진리를 생명으로 증거하는 것일 터였다. 하루하루 순간 순간을 자유의지로써 진리와 사랑을 선택하며 사는 것일 터였다. 그리고 영성체는 바로 사람의 힘만으로는 불가능한 거룩한 삶을 실현하도록 주님의 숨결을 내 육신 속에 주시는 것이었다. 감히 주님 대전에 입 벌려 성체를 모시는 송구스러운 감격은 말로 설명할 수 있는 것이 아니었다. 남정네들이 먼저 성체를 모시고 다음이 아녀자들이었다. 순이는 아녀자들 중 거의 끝머리 순서였다.

순이는 눈여겨 신부님과 교우들을 보고 있었다. 그리고 그때 순이는 신부님 가슴에서 환한 덩어리가 빛나고 있는 것을 알았다. 해 같기도 하고 달 같기도 한 환한 덩어리는 신부님께서 성체를 나누어 주시는 동안 내내 빛나고 있었다. 성체를 모시고 들어오는 교우들도 그러했다. 오라버니의 가슴과 골롬바 여회장의 가슴과 어머니의 가슴도 달을 품은 듯, 해를 품은 듯 그렇게 환하였다. 순이는 몸이 떨렸다. 아무에게도 배우지 않았지만 신부님 가슴의 환한 덩어리와 성체를 모시고 들어오는 교우들 가슴의 환한 덩어리가 바로 성체의 빛임을 본능적으로 알 수 있었다. 순이는 기도했다. 오래오래 기도하고 떨림 속에 성체를 모셨다. 자신의 가슴도 달을 품은 듯 해를 품은 듯 환한지 볼 수가 없었지만 볼 겨를도 없었다. 불을 삼킨 듯 가슴이 뜨겁고 몽롱했다. 꿈을 꾸고 있는 듯 몽롱한 것 같기도 하고 성체를 모신 몸이 새털처럼 가볍게 하늘로 들어 올려지고 있는 듯했다. 자신의 몸이 이제는 그리스도의 지체가 되었다. 이제 자기의 주인은 자기 아닌 그리스도 성체인 것이다. 몸 속의 뜨거움이 눈시울을 적셨다.

그리스도와의 일치로 새 생명이 된 것이었다. 그리스도의 포도나무에 가지로 돋아 나는 것이었다. 순이는 자기도 모르게 불을 삼킨 듯 몽롱한 뜨거움 속에서 '오로지 주님만을 바라며 살겠습니다. 주님만을 향해 살겠습니다. 저를 전부 봉헌하겠습니다. 오오 주님. 제 몸 속에 오신 주님. 언제까지라도 함께하소서. 이 생명 시들도록 함께하소서. 이 몸 주님과 온전히 결합하였으니 영혼이 일치하고 육신이 일치하고 이 마음이 거룩한 성심에 일치하게 하소서. 주님을 모신 이 몸 오로지 주님과 한가지로 생각하고 일하고 이웃을 아끼는 주님의 정신을 살고 싶습니다.

성체 안의 천주성을 깨닫고 인성을 본받도록 주님, 제 영혼을 길러 주소서.

비오니 주님, 성체의 은총이 조금도 낭비됨 없이 나를 작아지게 하고 내 안에 계신 주님만을 크게 하소서.

내 안의 주님만이 살게 하소서. 저는 진실로 주님만의 것이옵니다.' 간구하고 있었다. 순이의 수도적 삶의 원의는 그렇게 조선 교회 사상 처음 올려진 을묘의 윤이월, 양력 4월 5일의 부활 첨례에서 성체를 모신 후 성체의 효과를 오래 보존하고 싶은 열망으로 품게 된 것이었다.

순이는 그 성체의 감격을 잊을 수 없었다. 그 몽롱한 전율. 새 생명으로 거듭 난 뜨거움이 생생했다. 자기 몸 속에 그리스도를 모시고 있다는 기쁨이 조심스러우면서도 경건했다. 또한 신부님 가슴과 어머니 가슴의 말할 수 없이 은은한 환한 빛도 잊을 수 없었다. 너무나 또렷하면서도 거짓같은 일이어서 함부로 입에 올릴 수도 없었다.

며칠을 기도로 지낸 후 어머니에게만 살며시
"신부님 가슴이 환했지요."
조심스러운 서두를 꺼냈으나
"앞뒤로 십자가를 지셨으니까. 제의 앞 십자가는 당신의 십자가고 제의 뒤 십자가는 남의 십자가를 뜻한단다."
어머니는 딴소리를 하셨다.
"어머니도 오라버니도 가슴에 해나 달을 품으신 듯이, 성체를 모시고 들어오실 때 가슴이 환하셨어요. 신부님은 내내 그러셨구요. 제 가슴은 볼 수가 없었지만 전 신부님 가슴의 빛과, 성체를 영하고 들어오는 교우들 가슴에 빛나던 성체의 빛을 똑똑이 보았어요, 어머니."
"오오 루갈다."
어머니는 비로소 순이의 말을 알아듣고 두 손을 잡으셨다. 어머니 눈에 눈물이 글썽거리고 있었다. 어머니는 소중하게 딸을 껴안았다.

어머니 품에서 말할 수 없이 좋은 냄새가 났다. 아마도 어머니 품속 냄새란 세상에서 가장 좋은 것일 터였다. 그리고 그것은 하느님께서 주신 것이며 하느님 품속 냄새는 그와 견줄 수도 없으리 만큼 더 좋을 것이었다.

어머니 품속 냄새보다 좋은 것이란 상상할 수가 없지만 하느님 품속 냄새가 훨씬 더 좋을 것만은 분명한 일이었다.

그후 순이는 조용한 겸허 속으로 침잠하듯, 발랄하던 재기도 날카롭던 감수성도 드러내기를 삼갔다. 이미 윤하공이 선종한 후 어머니를 따라 내적 수련을 시작했던 소녀는 어머니 흉내에 불과했던 생활 태도를 스스로의 내적 욕구에 따라 자신의 것으로 만들어 가고 있었다. 오로지 거룩하고 경건하게, 언제까지나 성체의 효과를 보존하면서 압바가 원하시는 모양으로 살고 싶다는 화살기도가, 깨어 있는 대부분의 시간 동안 순이의 마음으로부터 그리스도를 향해 시위가 당겨지고 있었다.

어머니와 경도만이 순이가 경험한 성체의 신비를 알고 있을 뿐 신부님께는 말씀드릴 기회가 여의치 않았다. 신부님은 부활 첨례 후 양근, 고산, 전주로 전교여행을 떠나신 것이었다. 그리고 신부님이 서울에 돌아오셨다는 소식에 이어 교회 어른 세 분이 잡혀 가는 불상사가 발생했다. 부활 첨례를 지낸 지 고작 두세 달 되어서였다.

신부님의 행방도 묘연하였다. 교우들의 애마르는 궁금증은 말할 수 없었다.

순이는 아무 내색 없이 집안 사람들하고조차 얼굴 대하는 일 드물게 제 방에 틀어박혀 지냈다. 그녀는 사람이 달라진 듯하였다. 웬만한 말은 알아듣지를 못 하였고 집안일에도 바깥일에도 관심을 보이지 않았다.

"루갈다. 지나친 금욕이 아닌지, 누이 속에서 일어나고 있는 변화가 성령의 이끄심인 줄 믿지만 그렇게까지 감정을 절제해야 하는

지 알 수 없군. 절제 아닌 절단이라는 느낌이 들 때가 있어. 예수님께서도 나자로가 죽었을 때 눈물을 흘리셨는데 그렇게 극단적으로 자제하다가 감정이 화석화되기라도 한다면… 그것은 살아 계신 그리스도에게서 단절된 박제된 신앙이 되지 않을까."
보다못한 경도가 조심스럽게 순이의 마음을 두드려 보듯 접근했다.
"제 신앙이 요즘 그렇게 생명감이 없어 보이나요?"
"세 어른이 포청에 잡혀 가신 후 소식이 감감인데 신부님에 대해서조차 누이는 묻지 않고 있어. 어머니 편찮으실 때도, 약은 부엌어멈들이 달일 수 있는 것이지, 어머니께 필요한 것은 누이가 전처럼 무릎 앞에서 곰살궂게 시중들어 드리고 위로해 드리는 것 아니었을까. 이른 새벽 일부러 정화수를 길어다 약물을 붓고 정성 다해 약을 달인 건 알아, 하지만 편찮으신 어머니 앞에서조차 침묵의 재를 지켰어야 하는지, 석연치 못한 점이 적지 않아."
"죄송해요, 오라버니."
"사과 듣자는 말이 아니야. 루갈다의 영혼 상태가 어떻게 되어 가고 있는가 그걸 묻는 것이야. 수차 북경을 왕래한 바오로(윤유일) 어른, 사바(지황)님, 신부님 모시기에 열성을 다한 마티아(최인길) 어른, 그 어른들이 어떤 분들이신가. 그 어른들이 아니었으면 우리가 어찌 신부님을 뵙고 고해를 하고 성체를 모실 수 있었겠나. 이암 외숙 순교하시면서 우린 거의 절망이었어. 바오로 어른께서 모든 것 다 버리고 신부님 모셔 오기에만 열성을 기울이지 않았던들 우린 여전히 갈 바를 모르고 어둠 속을 헤매기만 했을 거야. 그런데 온갖 위험을 무릅쓰고 신부님을 모셔다가 교회를 세워 주신 큰 기둥 세 분이 결국 곤장 아래 장사(杖死)하신 것이 사실로 드러났어. 포청에서 자기들의 가혹행위가 알려질까 봐 시체를 강물에 버리고 사건을 은폐했다는 것이야.

  그 동안 노들강에 시체가 떠내려왔는데 썩지를 않고 빛이 난다는 둥 향기가 풍긴다는 둥 가담항어[8)]가 떠돌더니 그게 모두 사실이었어."

"세 어른 순교하신 지 두 달 만에 대사헌의 상소로 포청의 죄상이 드러났다는 얘긴 들었어요. 그 때문에 포청에서 더욱 혈안이 되어 야고버 신부님을 찾고 있다는 것도."

"신부님 신변이 바람 앞의 등잔불인데 대체 어디로 잠적을 하셨는지. 청국으로 돌아가신 게 아니냐는 말도 있고, 시골에 피해 계시다는 소리도 나오고, 서울 어느 교우집에 계실 거라고도 하고, 모쪼록 무사하시기나 해야 할 텐데.

아무튼 그 일로 참판 댁 진외당숙께서 충주목사로 좌천되시고 만천 형님이 예산 유배형, 선암 선생 댁 다산 어른이 금정찰방으로 좌천되셨어. 요즘 교중 사정이 이 모양인데 이 와중에도 고신극기로 자세를 흐트러뜨리지 않는 누이가 부럽기도 하고 혹 지나친 일이 아닌가 의문도 생기는군. 이 오래비의 공연한 염려일까?"

"주님만의 목숨이 되고 싶다는, 함부로 품기 어려운 원의를 가지고 보니 두려움이 많아요, 오라버니. 저는 어떻게 하든지 제가 모신 성체를 온전히 보존하고 싶어요. 그래서 성령께 매달려 모든 것을 의탁하고 믿으며 섭리대로 순종할 수 있는 확신을 구하고 있었어요. 할 수만 있다면 그리스도의 오상만을 마음에 새기며 살고 싶어요. 제 주보성녀처럼 그리스도의 정배가 되어서요. 그렇지만 아직은 소망일 뿐 어떻게 그 길을 찾고, 어떻게 그 길을 갈 것인지, 찾아 낸다 하더라도 흔들림 없이 갈 수 있는지 확신이 서지 않아요."

야고버 신부님이 골롬바 여회장 댁에 기거하신다는 기별이 교우들 사이에 은밀히 전해진 것은 해가 바뀐 후였다. 서울에서만은 천학에 대한 표면적 박해도 웬만큼 수그러들고 있었다.

신부님께 자신의 원의를 말씀드리려던 순이는 일년 가까운 세월을 홀로 고신극기하며 확신을 굳힌 셈이었다.
 경도도 권부인도 순이의 소망을 아끼고 존중했다. 다만 문중에서 드물지 않게 전해 오는 혼담이 부담스럽고 걱정스러웠다.
 고대하며 기다리던 신부님과의 면담은 여회장 댁에서의 첨례 후 이루어졌다. 순이는 비로소 첫 영성체 때 신부님 가슴과 성체를 모시고 들어오는 신자들 가슴에서 달처럼 해처럼 빛나던 환한 덩어리를 분명하고 똑똑하게 보았음을 고백하였다. 첫 영성체 후 품게 된 원의에 대해서도 소상히 말씀드렸다. 이미 골롬바 회장 댁에는 그리스도의 정배가 되기를 소망하여 거짓 과부 행세까지 하며 바느질 집을 하는 동정녀들이 모여 살고 있었다.
 야고버 신부는 고개를 끄덕이시며 생각나는 일이 있으니 기도하며 기다려 보자 하셨다.
 그리고 이듬해인 정사의 올봄, 중철의 얘기를 가지고 두 번째의 지방 전교여행에서 돌아오신 것이었다.
 그것이 순이가 중철의 새 각시가 된 배경이었다.
 달빛이 흘러드는 방은 아늑했다.
 문종이를 여과한 어렴풋한 빛은 처음 만난 믿음의 배필들이 답답하지도 불안하지도 않을 알맞은 밝기였다.
 한가로이 나부끼는 창호지문 위의 나뭇잎 그림자도, 풀벌레의 밤을 지새우는 울음도 두 사람의 마음이 자연스러이 열리기를 기다리고 있는 듯했다. 아니 이미 서로의 신뢰감과 호감이 두 가슴에서 흘러 나와 존중의 아낌으로 결속되기 시작했는지도 몰랐다.
 "사실은 서로 긴장도 될 것 같고 처음부터 서두를 이유도 없고 해서 얘기는 차차 하고 오늘은 상면이나 해 두는 것이 순리라고 생각했는데 잠이 오질 않는군요. 그야말로 전생에서 인연이 있었는지 초면의 겸연쩍음도 없어지고 오랜 지우라도 만난 것 같아요. 그런데 루갈다는 어떻게 해서 어려운 길을 가고자 하는지, 언제부터 그런 생각을 하게 되었는지요? 어차피 우리는 보통의 내외와는 다르니까 스스럼없이 얘기하는 게 좋을 듯합니다마는."

순이는 조용히 얘기를 시작했다.

이미 거북하거나 어색하지는 않았다. 아무래도 좀 부끄럽고 조심스럽기는 하지만 오라버니처럼 든든하기도 하고 믿음의 배필로서 좋아질 듯도 하였다. 이 사람이라면 그리스도의 정배가 되는 데 큰 힘이 되리라 싶었다. 결코 강렬하지는 않지만 은은하게 그는 순이의 마음을 끌어당기고 있었던 것이다.

순이의 말소리는 산 속을 흐르는 샘물의 지저귐처럼 청아하고 잔잔했다. 그녀는 아버지 얘기, 외숙 얘기, 그리고 부활 첨례에서의 성체의 감격과 신비, 영성체 후 싹트기 시작한 원의, 경도에게 오해까지 받을 뻔하며 자신의 원의를 수련했던 과정들을 때로는 요약하고 때에 따라서는 눈앞에 그려 보이듯 소상히 설명했다.

중철은 깊은 관심을 기울여 들었다.

밤은 묵묵히 깊어 갔다.

순이는 얘기를 맺을 즈음 이암 외숙께서, 순교의 길이 된 유배길을 떠나시기 전 장독(杖毒)으로 깊어진 신병을 치료하시던 곳이 바로 두 사람이 묵고 있는 방이라고 일러 주었다. 중철은 의미심장한 일이라고 거듭 뇌었다.

교회의 큰 기둥이셨던 이암 선생이 신앙 때문에 얻은 상처, 결국 순교로 이어진 상처를 치료하던 바로 그 자리에서 믿음의 배필들이 독특한 신앙 생활의 첫걸음을 내딛는 것이 얼마나 뜻 깊은 일이냐는 것이었다.

두 젊은이는 오래 사귀어 온 사이처럼 마음 가벼이 서로의 가족들 얘기를 나누었다. 그리고 함께 기도하였다. 자신들의 전존재를 손상 없이 전부 봉헌할 것이며 특별한 은총의 혼배성사 안에서 정결과 청빈과 순명의 길로 주님 대전에 이르겠다는 서원(誓願)을 서로가 증인이 되어 간구드렸다.

  기도가 끝나자 중철은 자기도 모르게 순이의 손을 잡았다. 순이도 중철의 손을 마주 쥐었다. 그렇게 손처럼 마음을 합친다면 두 사람은 하늘을 날고 땅 속을 헤쳐서라도 그리스도께 이를 수 있을 것 같았다. 모든 근심과 불안이 깨끗이 사라지고 두 사람 앞에는 오로지 그리스도께로 향한 믿음의 길만이 열려 있었다.

  그 길이 얼마나 험한 자갈 밭일지 가시덩굴 속일지 알 수는 없었다. 한 가지 분명한 것은 아무리 고통 많은 길이라 해도 그리스도를 향한 열정만은 마음껏 불태울 수 있는, 신앙의 자유가 보장된 길이라는 점이었다.

  순이는 입 속으로 조용히 중얼거렸다.

"보잘것없는 저희들의 서원을 오묘한 섭리로 허락하여 길을 열어 주신 주님.

    저희의 모든 것을, 있는 그대로의 저희 존재 전부를 조금도 흠내지 않고 순결하게 봉헌하고자 하오니 받아 주소서. 그리스도만이 저희의 생명이십니다."

그분께 받은 모든 것을 자신이 가진 가장 완전한 상태, 순전한 순결로 그분께 드리려는 열망의 불길은 마주 앉은 중철의 가슴 속에서도 똑같이 타오르고 있었다.

  풀벌레만이 무심히 깊어 가는 가을밤을 노래하고 달도 기울어 갔다.

2
짧은 이별

닭이 홰치는 소리와 함께 집안이 조용히 깨어나고 있었다. 서울 장안도 새벽 파루(罷漏)⁹⁾로 사대문이 열리고 밤새 끊겼던 인기척이 새로운 하루를 시작할 것이었다.

대례를 지내고 닷새째 맞는 새벽이었다. 안방에서는 노인들이 잠결에 내쉬는 입술 사이의 숨소리가 푸우 푸우 들려 오고 있었다.

잔치를 앞두고 며칠 전부터 와 묵고 있는 부적골 재당숙모와 대고모가 삼경까지 안 주무시는 기척이더니 새벽 잠이 든 모양이었다.

안방을 노인들에게 내어 드리고 윗방에 자리를 편 권부인 옆에도 양근에서 하객들 일행에 끼여 올라왔다가 처진 조카가 셋째딸 경이와 함께 자고 있었다. 일곱 살에 어머니를 여의고 아홉 살엔 부친마저 잃은 이암의 막내 데레사였다.

부적골 숙모와 대고모가 못마땅해 하는 기색을 일부러 모른 체하고 권부인은 혼기에 이른 숙성한 조카딸을 붙들어 두었다. 졸지에 양친과 사별한 조카딸이 오래비들의 홀앗이 살림에 얹혀 지내다 양근 백부 댁으로, 남문 앞 둘째 아버지 집으로 떠돈다는 기별을 진작부터 들어 온 터에 훌쩍 떠나 보낼 수는 없었던 것이다.

이맛 전이 반듯한 질녀의 얼굴은 부초처럼 이곳저곳 떠도는 신세로는 생각 못할 천진한 기품이 서려 있었다. 한 군데도 허술하거나 그늘진 구석이 없는 귀염성스러운 아이였다.
 데레사와 경이의 발치께에서는 몸종 작단이와 묘령의 젊은 댁이 자고 있다. 젊은 댁은 홑몸이 아니었다. 몸태가 그득하게 나기 시작하면서 골롬바 회장네서 한림동으로 옮겨 온 것이었다. 군식구를 한 입이라도 보탤 수는 없는 가세였으나 젊은 댁의 처지가 어지간히 딱했다. 신부님을 모시고 또한 동정녀들을 거두고 있는 회장 댁에서 몸을 풀게 하기도 곤란한 일이었다.
 젊은 댁은 아부댁(啞婦宅)이라고도 불리고 더러는 소박네라고도 했다. 처자시절 가르침 받았던 대로 삼 년을 귀머거리, 소경, 벙어리로 지냈더니 시집에서 병신 며느리는 못 본다며 쫓아 내더라는 것이었다. 병신이 아니라고 해명을 했으나 이미 남편에겐 정실자리를 넘보는 애첩이 생겨 있었고 소생조차 없던 여인은 쫓겨나는 수밖에는 길이 없었다. 그렇다고 친정으로 갈 수는 없는 노릇이어서, 왜냐하면 부모의 가슴에 못을 박는 것은 차치하고 가문에 먹칠이 되므로 그리하지는 못하고 발길 닿는 대로 떠돌다 우여곡절 끝에 회장 집까지 흘러들었다는 것이었다. 그러나 회장 집에는 두기가 뭣한 댁네였다. 인물이 반반하기는 해도 그리 두드러질 것은 없는데 젊은 댁에게는 묘하게 남정네들의 눈길이 달라붙었다. 빨래터에서 보았다는 홀아비가 추근거리기도 하고 교우들 중에도 눈치 다른 남정네가 더러 보였다. 난처한 일이 생기기 전에 마땅한 사람을 골라 짝을 채워 줄까 골롬바 회장이 궁리하던 중에 몸태가 나더라는 것이었다. 어찌 된 일이냐고 물었더니 이리저리 떠돌던 중 누군지도 모르는 사내에게 끌려가 봉변을 당해 그리 되었다는 것이었다. 점점 배는 부를테고 정말 바보인지 팔푼이인지 그리 딱한 처지이면서도 비할 데 없이 양순하고 명랑한 댁네라 함부로 내칠 수도 없고 아무 데로나 보내기에도 마음이 걸린다는 것이었다. 어떻든 몸을 풀기까지는 요령부득의 묘한 댁네를 한림동에 두기로 한 것이었다. 아무리 보아도 소박맞기에는 아까운 얼굴이고, 또한 아무리 보아도 벙어리 귀머거리 소경 삼 년의 시집살이를 하다 쫓겨날 고지식한 바보로는 보이지 않는데 여인의 처지는 그러했다.

 권부인은 작단이를 깨워 부엌으로 내보내고 무사태평으로 자고 있는 젊은 댁에게서 조카에게로 눈길을 돌렸다. 희끄무레한 새벽빛 속에 데레사의 복스러운 모습은 이암의 얼굴을 박아낸 듯 흡사하다. 가슴이 찌릿하게 젖어 든다. 순이를 출가시켜도 아직 어린 것들이 셋이나 달린 혼잣손이지만 핏줄이 당기는 질녀도 자식과 다름없이 마음 써 거두리라, 아녀라는 것이 자칫하는 순간에 세상의 시궁창길로 내던져질 수도 있지 않은가, 멀쩡한 반가의 여식이 젊은 댁네처럼 삶의 궤도를 박탈당하는 게 결코 드문 일이 아니었다.

 나라법도 풍속도 도외치지하는 출가외인의 몸으로 친정붙이를 거두기란 쉽지 않은 노릇이지만 천주께서 가르치는 효에는 친정붙이나 시가붙이에 차별이 없다는 것을 윤하 공 생존시에 감탄하며 얘기를 주고받은 적이 있었다. 이암 오라버니는 천주의 그 가르침을 실행에 옮겨 출가한 여동생 집 안방도 스스럼없이 드나든 것이었다.

 부인은 소리없이 농장 밑의 소세대야를 앞으로 당겼다. 소셋물은 정신이 나도록 차가웠다. 상달도 며칠 사이에 기울면 동지 섣달의 엄동을 맞게 되는 것이다. 부인은 물을 얼굴에 발라 씻어 내고 새벽빛에 동경을 비추며 쪽을 쪘다. 소리도 기척도 내지 않고 옷매무새까지 단정하게 가다듬는 데는 잠시 동안의 시간이 걸렸을 뿐이었다.

 부인은 가슴에서 팔을 어긋나게 올려 뻑뻑한 눈두덩 위를 엄지로 지그시 누른다. 대례를 지낸 지 닷새가 되지만 집안은 아직도 어수선하고 몸은 곤했다. 숨을 들여마신 채 엄지로 지그시 눈두덩을 누르고, 손가락의 힘을 풀면서 숨을 내어 쉬고, 서너 번 그러한 동작을 반복한다.

 집안에는 혼삿일을 거들기 위해 잔치 전부터 와 묵는 친척들이 아직 반쯤 남아 있었다. 안방의 대고모와 부적골 숙모도 그 중 하나이고 그들은 대부분 이 못마땅한 혼사의 흠을 잡아 내거나 수상쩍은 구석이라도 발견하려 촉각을 세우고 있었다.

축하의 의미에 감시의 배역을 얹어 온 그러한 하객은 바깥 사랑에도 있었고 행랑의 종복들 사이에도 있었다. 교우들은 대례 당일 이후 출입을 삼가고 있건만 외교인 손은 끊이지 않았다.

대례에 참석 못한 인척이 새 사위와 상면은 해야겠다고 찾아들기도 하고 청첩을 못 받은 원족 일가들이 무슨 죄가 있어 혼인잔치를 몰래 하려는가고 책망을 앞세워 찾아오기도 하였다.

이래저래 동틀 무렵부터 밤 이슥하도록 부산을 피우는 나날이었다.

그러나 막상 새 사위를 떠나 보내게 되자 감회가 깊었다. 새 사위와는 아직 오붓한 시간조차 가져 보지 못한 터였다.

인물도 그만하면 마음에 들고 무엇보다도 성품이 너그럽고 유하면서도 진중하여 시름이 풀렸다. 신심은 또 어찌 그리 돈독한지 참으로 천주께서 미리 안배한 짝이 아니고서는 순이와 그리 잘 어울릴 수가 없었다. 이제 순이에 대해서는 마음을 놓아도 좋을 듯싶었다.

감히 성모님과 성요셉의 발자취를 따르려 하는 고귀한 소망이, 사람으로선 이룰 수 없는 지고한 덕이라 하더라도 그리 오묘한 섭리로 이끄시는 천주께 온전히 의탁만 한다면 사람이 이루지 못할 그 일을 그분께선 이루게 해 주실 것이었다.

돌이켜보면 순이는 어려서부터 남유달리 천진하고 발랄했었다. 윤하 공의 자유분방함을 물려 받았는지 부친의 자유스러운 성품이 빚어내는 집안 분위기 탓인지 얌전하기보다는 제 마음을 곧이 곧대로 드러내는 광명한 심성이었다.

인정 많고 유순했기에 망정이지 여식의 솔직 담백한 성정은 결코 바람직한 노릇은 아니었다. 한번 타일러 납득이 되면 무리한 고집은 부리지 않는 지각도 있긴 했으나 아녀자의 성품이 있는 그대로 천진하고 겉과 속이 한가지로 광명하다는 것은 분별 모자란다는 흠은 될지언정 미덕일 수는 없는 시절이었다. 머리 크기 전에 철들기를 고대하며 은근히 우려할 무렵 부친을 잃고 가세가 기울었다. 부인은 순이에게 마음 쓸 겨를이 없어졌고 아이는 갑자기 철이 들었다. 언제 그렇게 천진난만했더냐 싶게 성숙하고 단아한 성품이 되어 갔다. 깨끗한 살결과 이목구비 반듯한 인물은 어미가 보기에도 어쩌면 싶도록 고왔다. 그 영특하고 명민한 아이가 성체의 신비로 그리스도께 사로잡힌 후로는 자식이지만 경탄스러울 때가 한두 번이 아니었고 그리스도의 정배가 되고 싶다는 기막힌 고집을 부릴 때는 이 몸의 자식이기 이전에 천주님의 여식인 것을 싶었다. 섭리가 있겠거니 막연하게 믿어지는 구석도 있었다. 그러더니 끝내 섭리라 볼 수밖에 없는 혼배가 맺어지고 그 특별하게 맞은 사위가 그리도 대견스럽고 미더운 것이었다.

  부인은 베갯잇 속을 더듬어 조심스럽고도 경건한 손길로 헝겊주머니에 든 작은 목십자패를 찾아 가슴에 품고 잠깐 눈을 감았다. 조만과를 제대로 드리지 못한 것이 벌써 며칠이던가, 부인은 순이 내외가 이룰 성가정을 위해, 경도 일가를 위해, 그리고 천주흠숭을 자유로이 바칠 수 있는 근역 땅의 복음 성화를 위해 화살기도를 바치고 눈물 젖은 마음으로 목십자패 주머니를 베갯잇 깊숙이 간수하였다. 버릇처럼 잠깐 아랫방의 기척을 살폈으나 노인들 특유의 잠든 숨소리는 한결같았다.

  부인은 가만히 밖으로 나왔다. 훤한 새벽빛이 봉당에까지 들어와 있었다. 내정의 노란 국화가 늦가을의 냉기 속에 꼿꼿하게 피어 있었다. 대청 건너편의 며느리 방은 어느새 방문이 한 뼘쯤 열려 있고 부엌에서는 불 때는 냇내가 풍겨 오고 있었다.

  "어머니, 벌써 일어나셨습니까?"

  며느리의 아침 인사에 이어

"안녕히 주무셨는지요?"

며느리 방에서 묵은 사직단 새댁이 조신하게 머리를 숙였다.

며느리보다도 어린 나이지만 부인에게는 아홉촌의 숙모뻘이 된다.

윤하 공이 양자로 입적해 손을 잇고 있는 지봉의 장손가는 삼대를 독자로 내려왔으므로 가까운 일가가 거의 없었다. 그러나 4대 고조 차손가가 번족하여 종중에서는 그 지파의 세도가 막강하고 특히 깐깐하기로 정평 있는 사직단 어른은 혼인잔치를 빌미로 안식구들의 천주 봉행 정도를 살피라는 밀명으로 며느리를 데려왔을 것이었다.

그러한 내막을 환히 눈치채고 있는 며느리는 고방에서 고부만 있게 된 틈을 이용해서

"사직단 새댁 할머니가 천학에 생각이 있다면서 제 속을 떠보는데, 어물어물 넘겨야 하겠지요? 웬만하면 시부께는 이러이러하게 고하고 새댁 할머니는 구령의 길을 찾으라고 권면해 보겠는데, 어머니, 어쩌야 옳을지요? 새댁 할머니도 여간 맹하신 게 아니어서 어물어물 넘기자니 안타깝고, 권면하자니 못 미덥습니다."

했던 것이다.

부인네들 사이에선 성품에 따라 밀명으로 접근했다가도 교우가 되는 일이 드물지 않았지만 반대의 경우도 적지는 않았다.

눈치 빠르면서 날렵한 며느리는 어느새 방을 말끔히 정돈해 놓고 돌 지난 손녀 귀비의 옷을 갈아 입혀 부인에게 안겨 주며

"대고모 할머님은 아직 안 일어나셨지요?"

문안 인사를 못 드렸다는 뜻을 그렇게 비쳤다.

"곤하시겠지, 그 연세에 연일 밤 이슥하도록 대소사를 두루 살피시느라니."

눈으로는 방싯방싯 웃는 손녀를 어르며 별 뜻도 없는 대답을 하다가 권부인은 새각시 티가 남아 있는 어린 숙모에게 말을 건넨다.

"숙모님도 고단할 텐데 일찍 일어나셨군요. 신세가 많습니다."

"신세랄 것이 있습니까, 집안 간인데 당연한 일이죠."
 나이 어린 숙모는 부모 연세의 부인에게 깍듯이 어른 티를 낸다. 항렬이 높으므로 머리가 희끗희끗한 부인이라 해도 당연히 손아래 질부로 대하고 있는 것이다. 그것은 외교인들의 공통 요소로 그런 경향이 심한 사람들일수록 천주 신앙을 알아보려고도 하지 않고 금수지도로 몰아붙이기 일쑤이다.
 주자가례만을 절대적인 예법으로 숭앙하는만큼 그들은 태어날 때부터 사람이란 귀하고 천하게 구별되는 것이며 남자는 귀하고 여자는 천하게 태어나듯 반상이나 항렬도 타고나는 신분에서 물려 받는 것이니 그들에게는 불변의 위세인 것이다. 가례에 밝은 노인들만이 종손일수록 항렬 낮다는 것을 알고 정중히 대하지만 멋모르고 법도라는 명분의 형식만을 추종하는 지손(支孫)들은 권리행사에만 눈밝은 아전들처럼 어린아이조차 장년의 조카에게 말을 놓기도 예사였다. 그러한 연유에서 일가 못된 것은 항렬만 높다는 속담까지 생겨난 것이었다.
 걸음마를 익히기 시작한 귀비가 할머니를 알아보고 팔을 버둥거리며 발길질을 해 보고는 제물에 까르르 까르르 웃는다. 얼마 전부터 그 함박같은 웃음에 영롱한 소리를 보태기 시작한 것이다.
 울음으로 태어나 미물처럼 고물거리며 소리없는 웃음을 배우고, 다음엔 소리내어 웃는 웃음소리를 배우고 그 다음엔 말을 배워서 온갖 불평과 제 주장을 늘어놓기 시작하면 품안에서의 예쁘기만 한 아이시절은 끝나는지 모른다. 대체 천주님은 어떤 어른이시기에 사람을 그리도 사랑스럽고 귀여운 젊은이가 되도록 창조하셨을까, 할미에게 발길질을 해 보며 까르르 까르륵거리는 이 귀여운 손녀가 내년 쯤에는 돌지 않는 혀로 성부 성자 성신을 옹알거리게 될 테지, 부인은 눈을 반짝이며 방실거리는 손녀를 아쉬운 듯 며느리에게 건네 주고 머릿방으로 갔다.

머릿방에는 열 살의 차남 경중과 일곱 살의 막내 경언이 태평스럽게 자고 있었다. 방바닥에는 연이 굴러 있고 윗목 책상에는 그림들이 흩어져 있었다. 연을 만진 것은 경중이요 그림을 그린 것은 경언이일 것이었다. 경언이는 글씨체도 그림 솜씨도 순이를 닮고 있었다. 용모조차 순이와 흡사했다.

머릿방은 대개 딸을 주지만 윤하 공은 맏아들 경도가 일곱 살이 되었을 때 안사랑으로 내보내는 대신 머릿방을 쓰게 했다. 자애롭던 시어머니까지 돌아가시고 나니 휑뎅그렁한 집이 적적하기 이를 데 없었다. 윤하 공은 경도 위의 출가한 딸을 건넌방, 아들 경도를 머릿방에 두었다.

퇴락한 고가는 아담하면서도 규모있게 설계된 집이어서, 안채 후원에 골마루로 이어져 뒷방으로도 불리는 별채가 있고, 내정을 지나 안사랑채, 중문 밖 마당을 지나 바깥사랑과 행랑으로 이루어져 있었다.

세월이 이상한 탓인지 세도가들이 자꾸 집을 크고 호사스럽게 짓고 있어 한림동 종가는 그저 아담한 고옥이 되어 버렸지만 젊은 내외가 모친상 이후 어린 아이들만을 데리고 안방을 쓰기 시작했을 땐 집이 휑했었다.

부인은 봉당으로 내려섰다. 별묘사당 쪽에서 까치소리가 들려 온다. 신주를 태워 버린 후 사당집은 종중에서 관리하고 있지만 내실 뜨락에서도 마당에서도 나무들 사이로 사당집 처마가 올려다보이고 사당 서고에는 족보와 수백 권의 서책들이 보관되어 있었다.

을쇠가 장작을 한아름 안고 들어오다가 고방문께로 비켜서며 허리를 굽히고, 을쇠를 따르던 삽살개가 꼬리를 치며 부인 앞에 와서 알찐거린다. 한가로우면서도 조금은 들떠 있는 잔치 끝머리의 분위기였다. 부인은 안사랑으로 갔다.

안사랑은 집안 어느 곳보다도 가장 낡고 퇴락해 있었다. 거의 손보지 않고 버려 둔 곳이 허청채와 안사랑이었던 것이다. 그러나 담이 헐고 기둥에 윤기가 없어도 마루는 특히 댓돌 쪽 마루턱과 방문 쪽이 길들어 있고 부인이 마루에 오르기도 전에 방문이 열리면서 경도가 나와 그 조용하면서도 환한 웃음으로 인사를 대신한다.

잔치를 앞두고도 안채와 사랑채, 그리고 버려 두었던 뒷방을 도배장판하여 신방으로 손질했을 뿐 안사랑은 창호지만 바꾸는 것으로 그쳤다.

부인은 아들의 굽은 등을 밀 듯 들어가자는 손짓을 보이며 앞섰다. 허름한 방안은 창호지만이 새틋하게 바뀌어 기묘한 생기 같은 것이 감돌았다.

원래 안사랑은 어린 아들이나 아녀자가 쓰는 곳이지만 혼전에 머릿방을 쓰던 경도는 정혼을 하면서 윤하 공의 배려로 안사랑으로 나앉게 되었다. 처음엔 더러 말들을 하는 어른들이 있었으나 몸이 성치 못한 경도가 바깥사랑을 늘 출입하는 집안 어른들과 손객에게 내어주고 안사랑을 거처로 삼은 것은 의당 그러려니 하는 기정 사실이 되어 있었다.

모자는 소리없이 골방 쪽을 향해 앉으며 거의 동시에 성호경을 드렸다. 그리고 잠시 눈을 감았다가 마주 봤다. 어쩌면 그 짧은 침묵의 순간이 이들에게 있어서는 가장 안심되고 평온한 때인지도 몰랐다.

경도는 그새 조과를 끝내고 「성경직해」를 읽고 있었던 듯 책상 위에 사도행전을 펴놓고 있었다.

사실 안사랑은 안방보다도 더 은밀한 안심의 장소였다. 그것은 이암이 출가한 누이 집을 드나들면서 물론 매제와 의기화합한 때문이었지만 워낙 형식이나 법도에 매이지 않고 스스럼없이 안채 출입을 하며 안사랑에 유숙하던 연유로 길들여진 것이었다. 오랜 연륜의 습관이 만들어 낸 안정감이었다.

장독으로 엉망이 된 몸을 조섭하던 신해년의 겨울에는 문중의 간

섭과 감시가 심해 후원 뒷방으로 옮겼지만 이암의 흔적이 윤하 공의 자취와 함께 속속들이 배어 있는 곳은 안사랑이었다. 처남 매제 간의 그들은 그곳에서 의기투합하여 천주학을 논하고 신앙고백을 했으며 교회 걱정으로 노심초사했고 교중의 여러 문제들을 의논했었다. 그리고 한 해 터울로 이암이 임자년에, 윤하 공이 계축년에 영원의 길을 떠난 것이다.

경도는 부친을 여의고 종중과 멀어지게 되자 안사랑 골방을 기도실로 꾸몄다. 고상과 성모상과 성물들을 안사랑에 붙은 골방에 간수함으로써 골방문만 열면 기도소가 되게끔 한 것이었다. 성물들도 하나하나 추억과 사연이 깃든 것이었다.

목각 고상은 반석방의 만천 베드로가 조선 백성으로서는 처음 영세하고 돌아올 때 가져온 귀중한 것이었다. 부친 윤하 공이 끔찍이도 아끼며 소중히 하셨다. 선종하실 땐 그것을 가슴에 놓고 어루만지며 천주만을 따르라는 유언을 남기셨다. 길이가 한 뼘이나 됨직한 자그마하고 단순하게 도안된 모양에 그리스도의 다섯 개 못자국이 명료한 고상이었다. 성모상은 신부님도 모셔 오기 전 바오로 어른이 주교님의 서찰을 받아 오실 때 가져온 것이었다. 역시 부친께서 책롱에 모셔 두고 기도를 바치셨다. 어쩌면 대종가의 신주와 위패를 불사를 수 있는 용덕은 고귀한 성모상 앞에서의 묵상으로 길러진 것인지도 몰랐다. 뿐만이 아니었다. 경도와 권부인과 순이 외의 온 식구가 시련에 부딪힐 때 그 성물들은 상상도 할 수 없는 눈물의 은총을 실감할 수 있도록 해 주었다.

성모상 앞 은촛대 옆에는 신심 서적들이 보물스럽게 쌓여 있었다. 「성교일과」 「성경광익」 「요리문답」 「예수수난도문」 등이었다. 또한 가보로 전해지는 고서들과 윤하 공이 구해 들인 귀한 서책들은 벽장 안에 가지런히 정돈해 두고 있었다.

그래서 식구들은 누구나 기도하고 싶을 때 그 골방을 찾았고 모처럼 손객이 없는 호젓한 때는 식구끼리 안사랑에 모여 만과를 바치고 매괴경을 드리곤 하였다.

다만 경도의 건강이 언제나 위태로운 것이 권부인의 가장 큰 아픔이었다.

원래 튼튼한 편은 아니라 해도 병약할 뿐 불구자가 될 기미는 없었다. 선비풍의 가녀린 몸매와 창백한 안색이 허약한 느낌을 풍길 뿐 나름으로는 강단이 있었다. 어렸을 적 몹시 앓고 나서 한동안 등을 구부리고 다녀 혹 곱사등이가 되는 가구병(何俱病)이 아닌가 하고 윤하 공이 의원을 데려다 보였으나 허약 체질일 뿐 척추만곡은 아니라 하였고 그 후로는 열 살 넘어서까지 반듯한 몸매로 성장했던 것이다. 성격도 조용하고 자상하면서 도량이 넓어 누구에게나 사귈수록 깊은 정감을 느끼게 하는 진국스러운 심성이었다.

그것이 나이 열넷에 머리를 얹고 머리 얹은 지 석 달 만에 상주가 되어 문중의 시달림을 견디다 못해 병신이 되고 만 것이었다. 권부인이 생각하기에 맏아들의 등 굽은 병은 태어날 때부터의 가구병이 아니라 유난스러운 종중의 괴롭힘 때문에 생겨난 것 같았다. 정말 종중의 시달림은 어지간했던 것이다. 당시에는 권부인도 견디기 힘든 일이었다.

남편이 눈 감으며 마지막 남긴 말이 천주 도리에 합당한 상례, 천주만을 따르라는 것이었으므로 위패나 사자밥 따위의 미신을 버리고 연도 바치기에만 정성을 다했다. 창창한 젊은 사람을 갑자기 떠나보내고 보니 아들도 어미도 슬픔과 충격에 눌려 누가 어떤 비난을 하건 제대로 들려 올 여지가 없었다.

그런데 부적골 7촌 숙부, 경도에게는 재종조부가 되는 어른이 상가집의 내실 안방에까지 들어와 고래고래 호통을 쳤다. 그 호통의 내용이 천학 비방과 그리스도에게의 저주 악담이었는데 귀를 없애고 싶었다. 모르는 사람들이 별별 해괴한 소문을 만들어 퍼뜨린다는 것은 알고 있었지만 그렇게 지독한 욕설을 구체적으로 직접 듣는 것은 처음이었다. 마침 순이는 그 자리에 없었고 권부인은 곁에 있던 경이의 귀를 치마폭에 감싸며 손가락으로 막아 주었지만 문지방 너머에 있는 경도에겐 대책이 없었다. 경도는 한순간에 허깨비가 된 듯 노랗게 질렸다.

부인은 경도를 우물가로 데려갔다. 땀에 젖은 경도는 뇌랗게 질린 채 전신을 떨고 있었다.

언제나 그렇듯이 어려운 일이 있을 때면 남편 생가의 혈육들이 소매 걷고 나서서 수습해 주었지만 장례 때의 야료들도 대부분은 그들이 때로는 사죄하고 때로는 맞서며 무마시켜 주었다.

그러나 어른인 권부인에게조차 소름이 돋는 지독한 저주의 욕설들이 열네 살의 아이에게 얼마나 견디기 힘든 것일지는 짐작하고도 남을 일이었다.

권부인은 아들의 귀를 물로 씻어 주었고 자신의 귀도 두 번 세 번 물로 씻었다. 아무 말 없이 아이의 귀와 자신의 귀를 거듭거듭 씻었다. 시간이 가는 줄도 모르고 하염없이 그렇게 했다. 경도는 눈물을 글썽였다.

"욕설 따윈 천주님에게 이르지 못하는 것이니 잊어야 할 것이야."
권부인은 메마른 목소리로 겨우 그렇게 일렀다.
한참을 묵묵히 있던 경도도 겨우 힘을 내듯 입을 열었다.
"햇빛을 향해 어둠의 뭉치를 던지는 것과 같을까요. 햇빛을 향해 어둠덩어리를 던져 본댔자 그것은 존재할 수 없으니까. 그렇지만 이 백성, 빛좋은 개살구격의 왕가라는 이 집안 어른들의 우매함이 그 지경인 것은 정말 걱정스럽고 슬픈 일입니다."

말만은 늠름하게 했으나 경도의 핏기없는 얼굴에는 말할 수 없이 쓸쓸한, 몸 속이 텅 빈 듯 공허한 표정이 떠돌았다. 그후 사람을 피하게 되고 탈없이 치르던 일들을 성가셔하게 되었다. 종손가의 장손이므로 제사는 내놓았다 해도 문중의 경조사에는 웬만큼 얼굴을 내밀어야 했는데 그걸 그리 괴로워하고 피하고 싶어하는 것이었다.
 꼭 참례해야 할 문중 모임을 앞두고 병이 나는 일도 있었고 사직단이나 부적골의 환갑이니 생신이니 하는 경삿날 앓아 눕기도 했다. 그러던 것이 점차 허리 아프다 다리 아프다 하며 등을 펴지 못하고 시름시름 하더니 등이 아주 굽으면서 다리까지 못 쓰는 불구가 되고 만 것이었다.
 기막힌 일이었다. 그 반듯하던 어깨가 주걱처럼 우그러진 게 믿어지지 않았다. 보기보다 강단이 있어 고뿔치레를 하면서도 눕기보다는 단정히 앉아 책을 읽던 아들이 다리 절름이는 곱사등이가 될 수는 없는 일이었다. 그러나 굽은 등으로 거북스럽게 절뚝거리는 것이 다름 아닌 권부인의 장남 경도였다.
 남편을 앞세웠을 때보다도 더한 아픔이 권부인의 가슴을 후볐다. 할 수만 있다면 아들 대신 자기가 곱사등이가 되고 싶었다. 아들아이는 아직 다 자라지도 않은 십오 세의 새파란 아이인 것이다.
 "어머니, 섭리임을 믿어 주십시오. 다리 못 쓰는 곱사등이가 되게 해 주소서 하고 청원 기구를 드렸습니다. 감히 제 청원을, 이 보잘것없는 죄인의 소청 기도를 들어 주시리라고는 생각을 못 했었지요. 그저 사흘이 멀게 열리는 싸움질의 종중회의, 한 달에 대여섯 번도 드는 때가 있는 경조사, 그것들을 피하는 길은 소자 병신이나 되는 수밖엔 도리가 없는 듯해서 그리해 주소서 매달려 기도했을 뿐인데 말씀드리기 전에 미리 다 알고 계신 천주께서 소자의 원을 살펴 안배해 주신 것입니다, 어머니. 그러니 온전치 못한 제 육신, 보통의 병신이 아니라 우리 주님의 그지없으신 자비의 표식입니다. 부디 걱정 거두시고 기뻐해 주십시오. 분명 아버지께서도 천국에서 이 영광을 기뻐하고 계실 것입니다."
 설명하는 아들도 듣는 어미도 눈물범벅이었다. 듣고 보니 권부인 역시 아들의 신앙이 기특하고 주님의 섭리가 가슴 저렸다. 그러나 그러하다 해서 어미의 육정까지 다스려지는 것은 아니었다.

경도의 곱사등은 그리스도의 표지라는 감격 때문에도 눈물이 났고 반듯하고 모양 좋은 몸매의 아들이었다는 육정 때문에도 눈물이 났다.

몸피가 반이 되어 버린 듯 가늘어진 하체와 절름대는 걸음과 날씬하던 키까지 오그라들어 버린 창백한 아들의 모습은 말 그대로 어미의 애간장을 녹이는 것이었다.

그러나 그 애처로운 모습이 차츰 병신 아닌 그리스도의 표를 가진 거룩한 모습으로 보이기 시작했고 경도는 이제 그 밝은 웃음과 어진 눈빛으로 어머니를 따스하게 바라보곤 하는 것이다. 특히 마주 앉으면 하느님께서 특별히 공들여 빚어 내신 듯 곱상한 윤곽의 얼굴이 상대방의 어떤 아픔이나 고통도 어루만져 주는 너그러움으로 가득 차는 것이었다.

"좀 푹 주무시지 않구, 자네가 이 집 대들본데 지나치게 엄한 수계 생활로 신체가 더 허약해지면 어찌하겠나."

"끄떡없습니다. 마음도 몸도 날아갈 듯합니다. 다만 누이의 후행 일을 되도록 늦추어 잡자는 것은 어머니도 짐작하시겠지만, 서두를 이유가 없지 않은지요. 그렇다고 곧이 곧대로 말할 성질은 아니니 소자의 미편한 몸을 핑계로 했을 뿐입니다."

"지금부터 일년이나 뒤인 내년 가을로 잡기보다는 가을 초례에 봄 혼행이란 흔히 있는 일이니까 우선은 그리해 두는 게 순리 아닐까. 차차 보아가며 늦추는 것이 탈이 없을 듯하네만."

아침은 이제 투명하게 밝아 있었다. 참새들이 추녀 끝에서 소리 높여 재잘거리고 집 안에는 서서히 활기어린 생기가 깨어나고 있었다.

"또들 무어라 하시는 모양이군요. 이제 그만 지칠 때도 되신 듯

한데 할머님들께선 지치지도 않으시는 모양이지요?"
 경도가 말끝에 빙긋이 웃음을 물며 골방 쪽으로 시선을 보낸다. 그의 눈은 골방문만을 보아도 천주님을 향한 열정에 불이 댕겨지는 듯 가슴이 훈훈해진다.
 잔치를 앞두고 조심을 많이 해서 해로울 것은 없다 하여 골방 벽에 횃대보를 드리웠다. 그래서 전에는 골방문만 열면 환히 드러나던 성물들이 이제는 횃대보까지 제쳐야만 보이게 되었다. 그러나 그에게는 그저 골방을 바라보는 것만으로도 주님의 손을 잡는 마음이 되곤 했다. 문을 열고 횃대보를 제치고 경건하게 꿇어앉아 기도할 때와는 또 다른 평온한 일상의 기쁨이 마음을 적셔 주는 것이었다.
 "바깥에서도 당연히 말씀들이 계시지 않겠나."
 권부인은 얄상하고 섬세한 손등에 파르스름한 정맥이 비쳐 보이는 아들의 고운 손을 보며 이 어려운 혼배의 뒷일이 더 이상 남의 입에 오르내리지 않게 되었으면 싶었다.
 "제 소견으로는 애초에 혼행 시기를 느지막히 잡는 것이, 그때 가서 더 늦추게 되더라도 무방하고, 늦추지 못해도 괜찮지 않나 싶습니다. 사실 누이로서야 될 수 있는 대로 더디 가는 게 낫지 않겠습니까. 사돈 댁에서도 아는 일이니 기다릴 것도 아니겠구요. 지금부터 혼행이 봄이다 해 놓으면 곧 겨울인데 공연히 마음만 바쁘고 겨울 넘기고 나면 또 말들이 있지 않겠습니까."
 권부인은 보일 듯 말 듯 미소했다. 그리스도의 표지를 가진 이 미더운 아들이 열여덟의 장부라고는 하지만 아직 어린 것이다. 제 입장만이 중요하고 상대편의 입장은 헤아릴 줄 모르는 것이다.
 "그 댁이라고 혼사가 소소한 집안일일 수만은 없지 않겠나. 거기도 일가친척과 문중과 이웃이 있을 테고 외교인들의 능멸이 있을 텐데…. 문중 전교가 팔도에서 으뜸이라는 말이 있으니 우리네 같지야 않겠지만 아주 없지는 않을 게야, 또 가세가 넉넉한 댁이니 관아들의 출입도 어지간할 게고."
 경도의 얼굴에 눈웃음이 스치면서 미처 생각 못 했다는 겸연쩍음이 떠올랐다.
 "그렇겠군요, 어머니. 사돈 댁에도 외교인의 이목이 있을 터이니 처음부터 일년 뒤 혼행이라는 건 난처한 일이 되겠습니다. 그 댁이라고 혼사 내막을 곧이 곧대로 드러낼 처지가 아니라는 생각을 못 했어요. 어머니 말씀대로 혼행은 일단 해동 후라고 해 두고 형편을 보는 것이 순리일 듯합니다."
 경도는 몇 번이고 머리를 끄덕이며 금세 권부인의 의향대로 혼행 시기를 결정지었다.
 모자는 중철에 대하여 그 진중함과 늠름하면서도 겸손한 성품을 두고 잠시 말을 나누었다. 새 식구이건만 남과는 같지 않은 기묘한 관계의 새 식구라는 점에서 경도는 중철에게 서먹한 거북스러움을 느꼈다. 매제라고는 하지만 나이도 경도보다 한 살이 위인 데다 듬직한 체격부터가 위압감을 주었고 호남 토호의 장남이라는 신분을 헌신발짝 여기듯 천주님의 정배되기를 소망하여 실현에 옮기는 신덕이 아득하게 우러러 보이는 것이었다. 그러나 닷새 동안 거의 함께 지내면서 경도는 중철에게 커다란 호감과 신뢰감을 가지게 되었던 것이다. 부인은 아들과의 끝없을 듯한 얘기를 나중으로 미루고 안사랑을 나섰다.
 찬모가 기다리고 있었던 듯 다가와 이것저것 묻고 부인 역시 찬방과 부엌 사람들에게 상차림의 제반 사항을 이른 후 분금이를 불러 옷 보자기를 뒷방으로 보냈다. 순이와 새 사위의 갈아 입을 의복이었다.
 뒤뜰 나뭇잎들이 울긋불긋 겨울 채비를 하고 있었다. 철새떼가 북악산정 쪽 하늘에서 남녘을 향해 줄지어 날고 있었다. 날씨는 대롓날 이후 줄곧 그래 왔듯이 청정할 모양이었다.

부산한 조반상을 물리고 중철은 내실 어른들에게 인사를 차렸다. 새 사위가 떠나는 것을 배웅하기 위해 가까운 대소가의 일가들이 찾아들고 교우들도 하나씩 둘씩 얼굴을 보였다.

순이는 뒷방에서 누구보다도 먼저 중철을 작별했다.

그를 보내는 마음은 그럴 수 없이 착잡했다. 그렇게까지 섭섭하리라고는 예측 못 했는데 몹시 서운하고 어느새 마음의 한 자락을 그에게 잡혀 버린 양 떠나는 그에게로 마음이 기울었다. 이래서 바오로 성인이 배우자를 가진 사람은 배우자에게 마음을 쓰지만 독신은 오로지 주님일에만 마음을 쓴다고 하셨구나 절감되었다.

그러나 사람과 사람의 사귐이란 얼마나 신비스러운 것일까. 모르던 한 사람을 알게 된다는 것, 좋아하게 되고 마음에 심게 된다는 것은 모르던 세상 하나를 선물 받는 것이나 한가지였다. 순이는 중철로 해서 전혀 알지 못하던 미지의 초남 마을에 막연한 그리움을 품게 되었다. 그 들과 산을 그려 볼 수 있었다. 중철이 태어나 자라나고 살아가는, 그 마을은 얼마 전까지만 해도 순이가 전혀 몰랐고 또한 순이와는 상관이 없던 고장이었다. 그러나 이제 그 고장은 생각만 해도 마음이 설레는, 순이도 따라가 살아야 할 곳이었다. 그 고장의 사람들, 사물들, 모든 미지의 세계가 중철을 중심으로 해서 순이에게 가까운 미래로 떠오르는 것이었다.

중철이 방을 나가기에 앞서 순이의 손에 감촉이 보드라운 색소낭을 쥐어 주었다.

"루갈다가 간직하도록 해요. 우리에게 이종당숙이 되시는 윤지충 바오로 어른이 순교하실 때 벤 목침조각이라오. 우리 고장에선 이 유품으로 죽음 직전에 살아난 사람도 있고, 병을 고쳤다는 사람도 많지만 몸에 지니기만 해도 신앙의 용덕이 우러나고, 여러 가지를 묵상하게 됩니다. 미처 얘기할 틈이 없었는데 바오로 숙부의 유택이 우리 고장에서 과히 멀지 않아요. 작은 숙부는 고산에 사시는

데 자주 오시니까 기회 봐서 산소에 가볼 수도 있을 게요. 그럼 부디 몸조심하고, 약속한 대로 매일 아침 저녁, 기도 속에서 만나기로 합시다. 잘 있어요."
"조심해 가세요. 부모님과 아우들에게 안부 전해 주시구요."
말보다도 수많은 감정과 의미를 담은 눈으로 한동안 마주 보던 두 사람은 그렇게 담담히 작별했다. 중철이 방을 나가자 순이는 색소낭을 만지작거렸다.
작은 색주머니에 든 것은 가벼웠으나 도톰했고 헝겊 안의 것은 실밥을 뜯어야만 볼 수 있도록 완전히 봉해서 꿰맨 것이었다. 옥색의 명주 주머니에는 물고기 도안이 수놓여 있고 가장자리에는 고운 손때로 길이 들어 있었다. 필경 중철의 손길이 남긴 흔적일 것이었다. 순이는 손가락으로 물고기 도안을 더듬었다. 가슴이 뭉클하게 더워 왔다. 물고기 형상은 초기 박해시대에 그리스도교 교인들이 신호로 사용했다는 것을 회장 댁 여교우들에게서 들은 일이 있었다. 순교자 유품에 대해서도 금시초문은 아니었다. 그런데 이제 그 순교자 어른이 시당숙이 되고 유품까지 지니게 되니 마음이 설레었다.
순이는 색소낭을 손에 꼭 쥐고 뒤뜰의 감나무를 올려다봤다. 성급하게 잎새부터 떨구는 감나무 가지에는 드문드문 달려 있는 감들이 빨갛게 익어 가고 있었다. 익어 가는 감 위에서 햇살은 반짝거리며 부서졌다.

추수를 끝내 가고 있는 들녘은 느긋하면서도 한가로웠다. 먼 산에 남아 있는 단풍은 길손을 유혹하듯 환상적이었다.
이따금 바람이 불었다.
묵묵히 선 자리를 지키는 나무들이 바람이 지나갈 때마다 우수수 잎을 떨구었다.
"여드레가 참 빨리도 갔구나. 이슬을 밟고 올라왔는데 내일쯤은 서리를 밟게 되려나. 꽤 쌀쌀해질 모양인걸."
"서리 올 때는 안됐고만이라우. 윤유월이 들었었응게 절기가 죄매 빠를지는 몰라도 안적은 아녀라우."
유람하듯 사방을 둘러보며 천천히 걷고 있는 일행 중 스승과 두섬이가 주거니 받거니 하고 있었다.
그네 일행은 때로 호랑이가 나타나 사람도 물어 가고 나귀도 물어 간다는 봉천재의 오르막길을 한 마장쯤 앞두고 있었다.
깊은 산중에선 대낮에도 호랑이나 산짐승에게 화를 당하는 일이 적지 않고 운수가 사나우면 화적떼를 만나 봉변을 치르기도 예사였다.
"세월이 뭣인지는 몰라도 좋은 것은 분명하지, 쥐방울만 하던 코흘리개를 이런 훤훤 장부로 만들어 놓으니, 필시 섭리는 뭣보다도 세월에 있는 모양인데, 천주님 숨결이 바로 세월일지도 모르겠고, 하여튼 요한아, 난 이제 김제로 가도 좋고 시름이 없다. 소원하던 대로 네 머리도 내 손으로 올려 주었고 안사람 되는 규수 출중한 것도 내 눈으로 보았고."
스승은 중철이 대여섯 살 적부터 김제 본가보다 중철의 집에서 지내는 일이 많았고 머리꼬리도 스승이 손수 올려 주었다. 처음 쓴 망건이 자꾸 흘러내리는 것 같아 자기도 모르게 손이 그리로 갈 때
"뒤통시가 납작해야 망건이 흘러내리지. 네 뒤통시는 잘생긴 쪽박을 엎어 놓고 내가 특별히 만들어 낸 것처럼 생겼은 게 망건 흘러내릴 염녈랑 안 혀도 되."
스승답지 않은 농까지 하셨다. 이번 산행길에도 중철의 처가는 스승이 직접 보아 두어야 한다고 당치 않은 고집을 세워 후행 겸 동행한 것이었다. 전주에서 서울은 꼬바기 사흘길이었다.
사흘을 걷고 달려 서울 장안에 들어설 때만 해도 중철의 심정은 담담하기 이를 데 없었다.

혼사는 의무적인 것이고 그보다는 부친이나 숙부를 따라 몇 번 와 본 서울 나들이에의 기대가 컸다. 야고버 신부님을 뵙고 성사를 받는다는 기쁨에 마음이 부풀었고 서울 교우들과의 친교에도 흥미가 끌렸다.

백년가약의 대례를 지내러 오는 새신랑이 잿밥에만 마음이 쏠려 있었던 셈이었다.

그런데 초례를 치르고 은은하고 고결한 영상을 가슴에 담으면서 중철은 비로소 미지의 신비한 세계에 들어섰다는 걸 알게 되었다. 그만큼 순이와의 만남은 그에게 강렬한 기쁨을 주었고 그는 세상을 향해 소리 높여 고함치고 싶을 만큼 들뜬 즐거움에 사로잡혀 있었다. 순간순간 마음이 더워지면서 모든 것이 새롭게 소중하고 의미심장하고 어느 순간엔 이유도 없이 고마웠다.

섭리의 이끄심이 그리 감동스러울 수가 없었다. 섭리가 맺어 준 순이와 그분을 향해 살아갈 신앙의 삶은 아마도 세상에서 가장 복된 길일 것이었다.

좁고 험하고 자갈과 가시밭의 모진 고통을 예상하면서 선택한 수도적 삶의 길이 그리 복된 기쁨의 길이라는 게 이상스러울 지경이었다. 그는 순이 생각만 떠올려도 그렇게 기쁘고 좋을 수가 없었다. 눈에 보이는 모든 사람이 더없이 소중하게 생각되고 세상이란 온갖 기쁨만으로 가득 차 있는 것을 감감히 모르고 있다가 이제 비로소 제대로 알게 된 듯싶었다.

그는 누구에게라도 자신의 기쁨을 나누어 주며 산다는 일이 얼마나 기막힌 것인지 섭리의 비밀이 얼마나 신묘한 것인지 외치고 싶었다. 섭리의 비밀은 아무것도 아닌 듯한 무덤덤한 일상 속에 교묘히 숨어 있다가 예기치 않은 대목에서 얼굴을 내미는 것인지도 몰랐다. 아니 사람살이라는 자체가 무궁무진한 삶의 맛을 기쁨과 수고로움과 즐거움과 미지의 다채로운 맛으로 끝도 없이 차곡차곡 재어 놓고 하나씩 들추게 되어 있는 것인지 몰랐다. 천주님을 알아뵙는 눈, 겉만이 아니고 속을 볼 줄 아는 눈이 아니고서는 결코 볼 수 없고 알 수 없는 참된 삶의 의미가, 그것을 찾아 캐낼 줄 아는 심성에는 얼마든지 크고 깊게 자리잡을 수가 있는 것이다.

중철은 자신이 그것을 알기 시작했노라고 세상 모든 사람에게 말해 주고 싶었다. 세상 모든 사람에게 섭리의 비밀이 주는 사람살이의 무궁무진한 기쁨의 의미, 끝없이 다채로운 삶의 맛을 알게 해 주고 싶었다.

그는 언제쯤 이 근역땅이 자유로운 신앙의 터전이 될 수 있을까 안타까웠다. 그리도 좋으신, 사람이라면 누구라도 알아 섬겨야 할 어버이를 이 근역땅의 어리석은 백성들은 어째서 알아보려고 하지도 않고 짐승의 짓거리로 모함하는지 한심하였다. 사람의 살과 뼈를 빚어 영혼을 불어넣어 주신 참 어버이를 외면만 하는 한 이 산자수명한 근역 산천의 백성들은 암흑을 헤맬 수밖에 없는 일이었다.

세상 생긴 것이 곧이 곧대로 밝히 드러나는 날이 온다면, 그리하여 사람된 소명으로 주님을 섬기는 근본 도리에 자유로이 힘쓸 수 있는 대명천지가 온다면 순이와 자신의 꿈같은 만남도 조금도 감출 필요가 없어지는 것이다. 어쩌면 천주 섭리는 열여섯 소녀와 열아홉 소년의 선택을 가상히 여겨 천상적 배필로 짝지어 주신 것은 아닌지, 아마 사람들이 둘의 인연을 안다면 다같이 감격하고 선망할 것이었다. 그러다가 중철은 머리를 저었다. 혼란스러웠다.

세상이 곧이 곧대로 밝히 드러나는 날이 온다면 서울 오얏골의 소녀와 저 먼 남쪽땅 초남 마을 청년의 거짓 혼인, 각기 그리스도의 정배가 되기 위해 거짓 내외 간이 되는 혼배는 할 이유가 없다는 것에 생각이 미친 것이다.

그렇다면 이 가슴을 터뜨릴 듯한 기쁨은 암흑 세상이기 때문에 주어진 은총일까. 소리 높여 외치고 싶고 알리고 싶은 기쁨은 그럴 수 없기 때문에, 그렇게 나팔불며 춤추어서는 안 된다는 조건 아래서 허락되는 내밀한 은총일까. 알리고 싶은 것을 알릴 수 없는 여건 속에서 인내를 전제로 그 크고 귀한 기쁨을 혼자 삭이도록 안배된 것일까.

열풍과도 같은 격렬한 기쁨이 허락되는 것은 그것을 혼자 견디어 삭이라는 단련의 조건과 날줄 씨줄로 교직된 것이던가.

그러나 그렇다고 해도 그것은 얼마나 귀하고 마음 저린 감동인가.

중철은 서울에 머무는 동안 그러한 감정의 소용돌이 속에서 순이와 그 가족들과 한림동의 돌과 나무들까지 소중하게 마음에 담았다. 그는 모든 것이 그럴 수 없이 신기하고 고마웠다.

상경할 때의 기대와는 판이한 생활이었건만 아무 불만도 없었다.

아침 저녁 순이와 눈인사를 나누고 얘기를 주고받고 순이가 챙겨주는 의복을 입었으며 그 섬세한 손이 집어 주는 버선을 신고 대님을 치고 허리띠를 맸다. 그것은 겸연쩍고 미안한 노릇이었다. 어머니나 유모의 시중을 받을 때는 지극히 당연하던 것이 순이가 해 주는 것은 미안했다. 어색하기도 했다. 그것이 속내가 다른 혼인인 탓인지 보통의 혼인을 하는 내외 간일지라도 아내라는 새로운 존재는 긴장감을 주고 미안감을 주는 것인지 분별되지 않았다.

어떻든 날짜가 지나면서 거북스럽고 시스럽던 마음이 친근감으로 바뀌는 것은 또 다른 즐거움이었다. 그것은 순이도 한가지인 모양으로, 고개를 숙이던 수줍음이 홍조 속의 정감어린 미소가 되어 가는 것이었다.

순이는 말수가 적은 편이었지만 중철로 하여금 끊임없이 말을 하도록 만드는 비상한 재주가 있었다. 중철은 자신이 굉장한 수다쟁이가 아닌가 의심들도록 벼라별 얘기를 다 했었다. 순이는 무슨 얘기건 재미있어 했고 중철은 어린시절 얘기부터 가족과 친구와 친척들 얘기까지 털어 놓았다.

아무래도 마음껏 얘기를 할 수 있는 것은 부적골 할머니라는 분의 명으로 정해지는 합방일, 밤을 함께 지내는 날이었다.
 닷새를 묵는 중 첫날과 끝날 두 번 합방이란 걸 하고 나머지 세 밤은 안사랑에서 처남과 지냈다. 아마도 세 밤이나 안사랑에서 묵은 것은 나이는 어리지만 가장으로서의 소임을 댓돌같이 해내고 있는 처남의 강력한 주장이었던 듯싶었다. 그는 되도록 합방을 막아 주는 것이 도리라 여기는 듯했고 그 마음은 중철도 다르지는 않았다. 아무래도 순이 옆에서는 마음놓고 푹 잘 수는 없었던 것이다. 그러나 중철에게는 합방일도 또 다른 기대로 기다리는 마음이 있었다. 많이 얘기할 수 있고, 그저 순이와 함께 있는 그 시간 역시 비할 수 없이 소중했던 것이다. 그러나 새신랑이 하물며 독특한 혼배를 올린 처지에 이러저러할 수 있는 입장은 아니었으므로 처남이 전하여 주는 대로 따랐을 뿐이었다.
 그러면서도 처남의 어깨 너머로 보게 되는 집안 분위기는 무겁고 답답했다. 어른들은 긴 수염을 내리쓸며 공연한 헛기침을 길게 빼기 일쑤였고 매사에 법도니 체통이니 하는 것만 앞세웠다.
 수종 녀석의 시시콜콜한 귀뜀도 집안 분위기를 읽어 내는 데는 도움이 됐다. 미리 듣고 예상한 일이기도 했다.
 의외였던 것은 아직 이십도 안 된 처남 경도의 온건하면서도 호락호락하지 않은 성품이었다. 자기가 가장이며 누이의 혼사는 가정사인만큼 문중 어른들의 뜻은 고맙게 받들되 소소한 일까지 염려를 드릴 수는 없으니 자기에게 맡겨 두라는 것이었다. 이를테면 뜻은 받들되 소소한 가정사는 가장인 자신이 알아서 하겠다는 정중한 사양인데 소소한 가정사의 범위가 어디까지인가는 언급이 없고 노인들은 이 당돌한 권리 주장에 어이가 없는 듯 긴 헛기침만을 터뜨리고 있었다.
 보다 인상적인 것은 그 자그마한 청년의 지극히 공손한 태도였다.

경도는 본래 작은 키가 아니지만 몸피가 워낙 빈약한 데다 좁고 긴 등어리가 곱사등이 비슷하게 굽어 있어서 열서너 살의 아이처럼 왜소해 보였다.

게다 다리가 허약해 일어서려면 두어 차례 궁둥방아를 찧으며 버둥거렸고 자유롭지 못한 걸음은 위태로웠다. 신체만으로 보자면 누구도 마다하지 않을 불구자였다. 그럼에도 불구하고 경도의 창백하면서도 유순한 얼굴은 의연하기 이를 데 없는 기품을 지니고 있었다. 뭉툭하게 큰 코와 크지도 작지도 않은 섬세한 눈매는 날카롭지도 유약하지도 않았다. 꽉 다문 입매와 복스러운 턱은 자애로워 보였다. 입을 열면 굵고 낮은 목소리가 흘러나와 함부로 범접하기 어려운 위엄을 느끼게 하는 것이었다.

긴 수염을 늘인 어르신네들 앞에 병신스럽게 쭈그리고 앉은 곱사등이 젊은이가 오만하지도 않으면서 창백하지만 기품있는 얼굴을 들고 굵은 목소리로 공손하게 이어 가는 간단 명료한 말들은 좌중을 압도하고도 남았다.

중철은 나날이 처남이 좋아졌고 나이는 아래지만 손위처남인 그가 진정 형님처럼 미덥게 생각되곤 했다. 말투라든지 생김새 같은 데서 우연치 않게 순이와 닮은 구석이 보일 때면 그와의 간격이 갑자기 좁아지는 듯 친근감이 느껴지곤 했다.

그들은 사흘 밤을 한 방에서 기거하며 온갖 얘기를 나누었고 함께 기도했고 몇 차례의 출입도 함께 했다. 손 회장집 바깥채의 술청과 약전을 둘러보기도 했고 야고버 신부님께 인사를 다녀오기도 했으며 참판 댁 초대에도 응했었다.

참판 댁 초대는 마지못해 다녀온 것이었다. 왜냐하면 하필 야고버 신부님 댁에서의 첨례미사 시간에 사람을 보내 새신랑 저녁 대접을 하겠다고 했던 것이다.

부득이 그 소중한 미사를 희생한 것은 그 참판이 알 수 없는 양반인 탓이었다. 그는 부인에게도 여식에게도 자부에게도 심지어 소실에게까지 성교 봉행을 권유하고 묵인하면서 신해 이후 박해자가 되고 을묘 이후 더욱 가혹한 탄압자가 되었다는 것이었다.
 그러면서도 교우 친척들에게 특별히 친절한가 하면 금육일에 교우 친구들을 초대해서 고기를 대접하는 심술인지 친절인지 모를 호의를 보였다.
 그러나 초창기엔 장인 윤하 공, 처외숙 이암 선생과 서학 토론을 주선하며 뜻을 같이했던 당대의 대학자였다.
 경도는 이 혼배에 의심을 품는 문중의 의혹을 덜기 위해서라도 지금은 박해자인 참판 댁 초대에 응할 필요가 있다고 하였다. 참판은 종중이 아니고 진외가, 그러니까 조모의 친정 조카로 문중과는 상관이 없지만 한 동네에 살고 있는 이웃인데다 세도가로서 서슬이 있는 어른이므로 그 댁에 다녀오는 것은 여러 모로 종중의 간섭을 견제하게 된다는 것이었다. 구구한 이유를 논할 것 없이 거절하기 어려운 어른이라고도 했다. 중철은 정말로 미사를 궐하기가 안타깝고 애석하였지만 대례 전날 혼배성사의 특은을 입었으므로 묵묵히 따랐다. 그 방문이 중철에게는 또 하나의 새로운 경험이었다.
 경도는
"그 어른도 서학 때문에 자주 화를 입어서 쟁쟁한 세도가 서열에는 못 들지, 학문이 특출해서 그나마 존경을 받고 있는데 정말 속은 모르겠어, 벼슬살이의 세상 호사도 누리고 천학에도 슬쩍 한 발을 드밀어서 영혼도 살려 보자는 심사인지는 몰라도, 완전한 양면작전이야, 박해에도 앞장서고 봉헌금도 톡톡히 내놓고. 아무튼 그 댁 젊은이들은 매제에게도 흥미가 있을 게야, 재미있는 친구들이거든."
 대수롭지 않게 지나가는 말처럼 설명했으나 중철에게는 어리둥절한 구석이 적지 않았다.

참판 어른은 임지에 가 계시고 그들을 초대한 것은 아들이었는데, 연세가 지긋하고 참판의 손주가 경도 또래였다.
한눈에도 재기가 있어 보이는 세련된 젊은이었다. 일부러 부른 듯한 한림학사라는 친구와 동서 역시 재치있고 친절했다.
얘기는 자연 세태로 돌아갔다. 사치가 심해져서 큰일이라는 것이었다.
아무개는 장안 어느 곳에 얼마를 들여 눈이 돌아 버리도록 호사스러운 저택을 지었고 아무네는 집이 몇 채이며 아무는 어디에 별장을 꾸몄다는 등의 개탄이었다. 얘기 내용은 중국의 유명한 먹과 벼루의 종류로부터 청국 비단, 아녀자들의 화장품과 가채머리 등 종횡무진으로 이어졌다. 그들 중 하나는 코가 없는 서양버선을 신고 있었는데 그것은 작은 발에나 큰 발에나 다 맞는 것이라 하였다.
"돈만 주면 못 사고 못 하는 게 없는 세상이야, 새록새록 별별 희귀한 것들이 다 들어온다니까, 문제는 쌍것들이지, 쌍것들이 버젓이 양반의 의관을 차려 입고 법으로 금지된 기와 저택에 살면서 백자 그릇을 쓴다니 세상에 이런 망칙한 일이 어디 있겠나."
"양반을 돈 주고 사서 위보까지 꾸며 가지고 사치 유흥을 일삼는 것은 어찌하고. 정말 참 큰일난 세상일세. 사람의 위 아래 기강이 흔들리고 있으니 망조가 단단히 들었어."
"위 아래가 흔들리는 건 그래도 낫지, 남녀 풍기가 문란되는 건 말세의 조짐인데 요즘 부녀자들의 음풍 유흥이 보통을 넘는다더군."
"사대부가의 관혼상제 사치도 진작에 보통을 넘었다네, 묘당에선 작년에도 사치금령을 내렸지만 그게 어디 지켜져야 말이지. 나날이 신분제도는 문란해지고 양풍순속이 혼란되니 큰일일세."
다행히 젊은 선비들은 경도를 보아선지 천학 비방은 삼가고 세태만을 화제로 삼고 있었다. 세태라지만 중철에게는 실감으로 와 닿지 않는 다른 세상의 이야기였다.
 중철은 사치금령의 방을 볼 때 그것이 실효성을 가지고 있다는 생각을 해 본 적이 없었다. 방이란 것이 심심하면 내다 붙이는 것은 아니라 하더라도 그 나름의 명분이나 위하는 것이려니 했었다. 설마 서울 장안 사대부들이 정말로 그렇게 사치를 일삼고 양풍순속이 흔들릴만큼 문란하게 살고 있다고는 생각할 수 없었다. 아니 양풍순속이라는 것이 주자가례 외엔 아무것도 모르는 유림들의 옹고집을 대변하는 것이라면 더 흔들려서 종당에는 고쳐져야 할 것이긴 하지만 실제 그런 줄은 몰랐다.
 그는 대체로 먹을 양식이 없는 사람들의 얘기를 흔히 전해 듣고 있었다. 비록 서울에선 지체가 낮다고 얕보는 시골 반가 자제의 신분이긴 하나 가세가 곤궁한 것은 아니었다. 들판 가득 물결치는 황금색 곡식들은 눈에 보이는 대부분이 유씨 댁 소유였고 추수 때면 수천 섬의 벼가 바리바리 실려 와 곳간에 쌓이곤 했다.
 그러나 그것들은 그의 가족을 위한 것이기보다 그 고장 모든 사람들을 위한 것이었다. 그 고장 모든 사람들은 그 땅에 매달려 땀흘렸고 그 곡식들은 그들의 양식이었으나 풍족할 때보다는 부족할 때가 많았다. 사치같은 걸 하는 사람은 없었다. 대부분의 농민들은 소원이 배 곯지 않고 등 따숩게 사는 것이었다. 줄창 땀흘려 일하면서도 그게 쉽지 않았다.
 부친은 가난 구제는 나라도 못 한다는 말을 이따금 하셨다. 일찍 천학 사상에 눈뜬 부친은 방대한 토지를 개인 소유로 여기지 않았다. 곳간에 수천 섬의 볏가마를 쌓아 두고도 명절이나 이름 붙은 날이 아니면 이밥은 구경할 수 없었다. 밥알이 수채에 나가서도 아니 되었다.
 비단 옷 역시 명절이나 혼사 때뿐이었다. 그렇게 해도 홍수나 가뭄이 들면 죽으로도 끼니를 잇지 못하는 집이 한둘이 아니라는 것이었다.
 하인들에 대해서도 사람으로서의 천대는 거의 없었다. 하인이건 주인이건 사람이란 저마다 소임이 다를 뿐이었다.
 그런데 참판 댁에서는 하인이 사람 모양을 한 마소라는 느낌이 들었다. 그들은 표정이 없었고 실컷 두드려 맞은 가축들처럼 마지못해 움직이고 있는 것으로 보였다.
 중철은 처가가 서학을 봉교하면서도 집안에서조차 주의해야 한다는 얘기를 듣고 의아했었다. 어째서 자기 집처럼 아랫사람들과 일가친척들에게 전교하지 않는지 이상하게 여겼었다. 문중 일가 중 교우가 거의 없다는 것은 더욱 이해되지 않았다. 그러나 막상 와서 보니 문중 어른이라는 분들은 거죽은 같은 사람이지만 뱃속내장의 순서가 틀리거나 생판 다른 오장육부를 지닌 게 아닐까 싶었고 집안밖에 두루 전교하지 못한 것이 결코 처가의 잘못이 아니라는 걸 알게 되었다. 집안 구석 구석에는 귀신을 모셔 두고, 사람살이의 매사에는 법도라는 상전을 모시고 사는 어른들에게의 전교란 어느 누구도 쉬운 일이 아닐 터였다.
 하인 중에도 종중에 적을 둔 가비이거나 종중 세도가 댁으로 심부름을 다니는 노복 중에는 문중에 기대고자 하는 사람이 많아서 혈육 같은 심복 외엔 숨기는 것이 상책이라는 아내 순이의 설명을 듣고서야 자기 고향이 얼마나 천국인가 생각했던 것이다.
 그의 고향에는 일가붙이가 수없이 많아도 눈치 살펴야 할 만큼 마음 멀고 생각 다른 사람은 별로 없었다. 하인도 그러했다. 소작인조차 먼 지방 사람까지는 몰라도 인근 마을은 신경세워 경계할 필요가 없었다.
 다만 관아 사람들의 출입이 적지 않고 낯모르는 손객도 끊이지 않으므로 조심은 하지만 집안 사람끼리는 터놓고 지낼 수가 있는 것이었다.

중철은 멀어져 가는 서울 쪽을 돌아보았다. 상경할 때의 무덤덤했던 마음과는 아주 다르게 이제 서울은 그에게 더없이 중요하고 밀접한 고장이었다. 전에는 고작 신부님이 계시던 머나먼 서울이 이제는 아내와 그 좋은 장모님과 마음맞는 경도 형과 귀엽고 사랑스러운 아우들이 있는 다정한 곳이 된 것이었다.

먼 곳에서 산뻐꾸기가 우는 소리가 들려 왔다.

"스승께선 그 동안 서울을 두루 보셨는지요?"

중철이 말 머리를 스승 가까이로 하며 여쭈었다.

"봤지, 좋은 벗들도 충분히 만나 보고. 세상 돌아가는 얘기도 듣고."

"용당포에 가셨다던 약전 어른께선 그저 아니 오셨습니까?"

"어제 만났지. 그 친구가 희한한 것을 보고 왔고만. 아오스딩이 들으면 아주 반가워할 게야."

"그 어른께서 동래에 가신 게 교중일이었습니까?"

"아니 아니지, 일이 그렇게 된 것이지, 요한이 너도 생각이 나겠지만 벌써 십 년 전인가, 그저 다급한 생각에 몇몇 신자들이 신부님 대리격으로 첨례 주관을 했던 때 말이여. 북경 주교님께서 전교와 성세만은 가능하지만 그 외의 성직 수행은 불가하다는 서한을 보내 오셨당게, 말 나오기 시작한 게 그때부터였다. 우리가 성교 봉행을 제대로 하려면 나라에서 허락을 해야 할 것인데, 나라에서 허락을 하려면 중국처럼 서양 국왕이 친서를 보내 오고 북경 천주당에 있는 망원경, 자명종, 지구의같은 과학 기구 선물을 보내 와야만 할 것이다. 그렇게 해서 나라끼리 친교를 이루고 조정의 허락이 내린다면 신부님도 모셔 오고, 우리도 자유로 천주 봉행을 하고 얼마나 좋겠느냐, 그래서 그러한 서찰을 보내기 시작한 게 경술년부터인데 신부님은 겨우 한 분 모셔 왔지만 서양 국왕의 친서야 아직도 요원한 일 아니겄남. 주교님께서도 수만 리 밖 수로에 큰 선박을 타고 오는 일이 쉬우냐고 거절하셨으니까 말여. 그래도 우리가 바랄 일은 그렇게 해서라도 우리 천주학이 나라의 허락을 받는 것 아니겠어. 그런데 약전 친구가 용당포에서 서양의 큰 선박에 올라가 보았다는 게여, 배가 얼마나 큰지 한 마을만이나 하더라누만. 그 배는 국왕 친서를 가지고 다니는 게 아니고 물자를 바꾸러 다니는데 풍랑을 피해서 잠시 머물렀다든가, 아무튼 그런 배가 서양 국왕 친서하고 과학 기구 선물만 가져온다면 나라에서도 틀림없이 천주학을 허락할 것인데, 정말 답답하고 한심하당게."
"그래도 지금은 신부님이 계시니까 전에 비하면 얼마나 다행입니까."
"그야 이를 말인감, 허지만 나라법이 풀리지 않는 한 신부님 신변은 항상 위태롭고, 지금도 서울만은 내놓고 잡아들이지 않지만 시골이야 어디 그래야 말이지, 내포 어른(이존창)도 본향[10] 안치되신 게 삼년 아녀.
이제 요한이 네가 소원을 이루었은 게 다음 소원은 나라법 풀리는데 두어야 할 것이고만. 그래야 또 천주 섭리께서 이끌어 주실 테니께."
"네, 스승님."
크지 않은 회오리 바람이 그들이 가는 앞길에 먼지 기둥을 세우며 맴돌다 사라졌다. 그네 일행은 남녘으로 뻗은 고갯길을 향해 힘차게 걸었다.

3
초남 마을

새 우짖는 소리가 감미로웠다. 제각기 다른 음정, 다른 발음의 그
것들이 서로 화답하며 자연스러운 화음의 조화를 만들어 내고 있었다.
 야트막한 뒷동산의 품에 안기듯 능선이 완만한 반원을 이룬 산기
슭에 아늑하게 자리잡은 마을은 동구 앞 버들숲과 시내로 하여 한결
평화로워 보였다.
 그 한적하던 마을 길에 사람 꽃이 피어나듯 일찍이 볼 수 없었던
흰 옷자락들이 고물고물 움직이고 있었다. 대소가의 일가친척들이
모여 서울의 귀한 각시를 맞이할 준비로 여념이 없는 것이었다.
 항검공은 여느날보다 늦은 시각이지만 여느날과 다름없이 행보를
나섰다. 여느날과 다른 것은 대문을 나서지 않고 아이들이나 들락거
리는 대밭 귀퉁이의 개구멍으로 해서 산길로 접어든 것이었다. 말이
개구멍이지 범이라도 드나들 만한 크기였다. 뒤울의 대밭은 산에 연
이어져 있었고 개암나무와 소나무가 빽빽한 언덕을 옆으로 두고 샛
길로 빠지면 서낭당 고개로 통할 수가 있었다.
 고개는 높지도 낮지도 않았다. 고개 위에선 산 뒤쪽의 가재울 벌
판도 마을 앞 버들숲 건너 들녘도 환히 내다보였다. 버들숲 사이로
흐르는 실개울의 보일락말락 하는 운치는 더욱 고즈넉했다.
 고개 위에서 그렇게 사방을 돌아보고 산 너머로 내려가면 완만하

게 흘러내린 산기슭에 맞물려 밭두렁길을 사이에 두고 가재울 벌이 펼쳐져 있었다. 마을 앞 들녘이나 가재울 벌이나 벼의 수확이 한창인 때였다. 그는 천천히 벌판을 바라보며 산 밑둥길을 걸었다. 부지런한 농부들의 일손이 멀리 보기에도 힘차게 움직이고 있었다. 외진 호줄 모퉁이를 돌아 사람의 발길이 뜸한 오솔길을 걸어 실개울가 버들숲 끝머리에 이르면 그곳에서는 마을 아랫녘 고샅길로 들어설 수도 있고 막바로 산비탈의 목화밭을 지나 등성이를 질러가는 산길도 나왔다. 실개울 둑길을 따라 동구 앞 큰 길로 가는 길도 있었다.

별일이 없는 한 그는 매일 새벽, 모친께의 문안을 마치면 밋밋하면서도 깊은 골짝을 가지고 있는 뒷동산을 넘어 옥수샘의 약수를 마시고 호젓한 가재울 벌을 바라보며 산 밑 논두렁길을 한 바퀴씩 돌아 오는 게 버릇이었다.

돌아오는 길에는 예외 없이 지난 가을 새로 건축한 대밭 뒤의 새 사랑에 들렀다. 마을 사람들이나 친척들은 그 외딴 사랑채를 중철의 혼인을 맞아 새로 지은 것으로 알고 있었다. 딴은 그러했다. 정혼이 되면서 새 사랑을 지을 뜻을 세웠고 중철이 초례를 치르고 온 후 공사를 서둘렀다. 그러니까 새로 지은 지 일년이 채 안 된 셈이었다.

넓은 대청과 아래 윗방과 벽장과 다락을 갖춘 새 사랑은 사실은 은밀한 용도로 지은 거룩한 집이었다. 이를테면 그 대숲 속의 새집은 천주의 종들이 모여 기도하고 먼 곳의 교우들이 어느 때라도 와서 묵을 수 있도록 일부러 하느님만을 위해 지은 것이었다.

장남인 중철이 후손을 기대할 길 없는 동정혼배를 올리게 되자 항검공은 천주님 집을 짓고 싶었던 것이다. 웬만하면 일년에 한 번씩은 전교여행을 오시고자 하는 신부님을 독립된 하느님의 집에 모시고 싶기도 했고 때때로 찾아 주는 교우들을 위해서도 집 한 채 정도의 준비는 해 두고 싶었다.

가솔들도 누구든 원할 때 들어가 기도하고 묵상하고 성서나 경문

3. 초남 마을

을 읽을 수 있도록, 오로지 영혼만을 돌보며 마음을 가다듬고 싶을 때, 호젓이 하느님과 만나고 싶을 때, 그곳에만 가면 그리 될 수 있도록 천주만을 위한 기도의 집을 마련한 것이었다. 부친으로서 자식의 거룩한 혼배 선물로 영신의 수덕을 쌓을 수 있는 처소를 장만해 준 것이라 할 수도 있었다.

 항검 공은 그 새 사랑을 지음으로써 어느 만큼 마음의 부채에서 벗어난 것도 사실이었다. 섭리임을 믿지만 행여 아비가 모르고 지었던 한때의 모성죄가 아들에게 영향을 준 것이 아닌가 마음 한구석이 언제나 켕겼던 것이다.

 항검 공의 그러한 심중은 중철로선 헤아리기 어려운 것일 터였다. 그 아이는 자기가 어째서, 왜, 언제부터 오직 주님만을 기리며 섬기며 속된 세상사에 물듦이 없이 좁고 험한 길로 가고자 했는지 생각해 본 일이 없으며 생각해 보아도 모르겠노라 하였다. 또한 이유는 중요할 것이 없고 알아 낼 필요도 없고 자신은 그저 목이 마르듯 주님만을 바라며 사는 삶이 갈구된다는 것이었다.

 그러니까 중철의 나이가 차면서 어느 총각에게나 그러하듯 혼담이 들어오기 시작했는데 항검 공은 당사자를 제쳐 놓고 부모들끼리 혼사를 정하는 비인격적 폐습은 고쳐져야 한다고 생각하는 교우였으므로 중철의 의견을 듣고자 하였다.

 중철 역시 철도 들기 전에 아버지로부터 대세를 받고 신앙 안의 개명된 교육 속에 자란 터여서 주님만을 섬기며 살고 싶다는 정직한 소망을 곧이 곧대로 털어 놓았다.

 항검 공은 그때 아차 싶었다. 당황스러운 마음을 감출 수 없었다. 아내는 어떻게 해석했는지

 "암몬 암몬 그래야지, 섭리에 순종하는 게 제일인겨, 주님만 섬기겠다는 맴만 똑바로 심어져 있으모는 다른 걱정은 할 것이 없당게."

했다. 어쩌면 아내는 주님만을 섬기며 살고 싶다는 뜻을 혼인까지도 희생하겠다는 의미가 아니라 교우 집안이라면 순종하겠다는 정도로 알아들은 것인지도 몰랐다. 그렇게 천진에 가깝도록 유순한 성미였다.

그러나 항검 공은 중철의 의중을 알고 있었다. 그 즉시에는 어찌 그런 생각을 하게 되었는지 물을 수도 없었다. 아직도 그 소리냐고 대수롭지 않은 듯 반문해 볼 수도 없었다.

항검 공이 기억하기로 중철은 아홉 살 무렵부터 사탁이 되마 했었다. 예수님처럼 살겠다는 것이었다. 혼인 아니하는 것도 좋고 집 떠나는 것도 좋고 남을 위해 사는 것도 모두 좋다는 것이었다. 천주님만 우러르며 기도하는 사람이 되고프다는 것이었다.

항검 공은 아무 데서나 그런 말을 하지 않도록 조심시키면서 열두어 살까지는 아직도 세상 다 버리고 주님만을 섬기는 사람이 되고 싶은가, 철없을 적의 한때 생각이겠거니 확인하듯 이따금 아들의 심중을 짚어 보기는 했었다. 그러면서 언제가 될지는 몰라도 이 땅에도 반드시 주님만을 기리며 사는 수도자나 사제의 길을 자유로이 걸을 수 있는 날이 오리라고 아이의 의기를 살려 주었다. 더불어 혼인해서 하느님 나라를 이어 나갈 하느님 백성을 자식으로 낳아 오순도순 살아가는 일도 수도자의 삶이나 마찬가지로 행복하고 값진 것이라고 타이르기를 잊지 않았다.

항검 공 자신이 그 문제에 있어서는 마음이 오락가락 하였다. 이도 좋고 저도 괜찮다는 식이었다.

아들의 거룩한 소망에 온전히 동의하는 마음이었다가 어느 때는 남들처럼 혼인시켜 손주 손녀 보며 살고 싶어지기도 하는 것이었다. 결국 그는 자신의 힘으로는 마음을 정할 수 없으니 천주께서 이끌어 주소서, 이끄심에 순종하겠사옵니다. 하고 지극히 무책임한 아비가 된양 천주 대전에 의탁하고 마는 것이었다. 그러면서 아들이 어떤 길을 가건 그와는 상관없이 이 미개한 땅이 복음화되기를, 누구라도 자유로이 수도자나 사제의 길을 선택해 살 수 있고 어디서나 떳떳이 미사성제를 올릴 수 있기를 기구하는 것이었다.

중철의 남다른 원의가 다시 거론된 것은 그의 생애에 삶의 기쁨을 뚜렷한 큰 획으로 각인한 을묘해 봄이었다.

그렇게도 오래 소망하며 오래 애써 온 사제 영입 운동이 결실을 본 것이었다. 그는 고작 자금을 냈고 아우와 번갈아 서울을 오르내렸을 뿐이지만 연경을 오가며 애쓴 교우들의 노고란 이루 말할 수 없는 것이었다. 그리고 그 노고가 헛되지 않았던 것이다.

이 땅에도 이제 그리스도의 대리자가 오시어 모든 성사를 직접 받을 수 있으리라는 희망은 기막힌 것이었다. 그는 아우를 서울로 보냈다. 신부님을 모셔 오기 위해서였다. 신부님은 양근과 고산을 들러 초남에 오셨고 서울 양근 고산의 몇몇 교우들도 신부님과 함께 와 묵었다. 그 일주일은 그대로 전주 고을에 펼쳐진 하느님 나라요 명실상부한 하느님 백성의 시간이었다.

야고버 신부님은 참으로 조용하면서도 자애로운 분이었다. 열일곱 살의 중철에게는 예수 그리스도로 보일 만도 했다. 신부님은 항검 공에게도 그리스도를 느끼게 하고 하느님 나라를 실감할 수 있게 했던 것이다. 그 깊은 표정과 묵직한 음성, 누구에게나 성실을 다하는 관심과 이해는 나의 하느님에게로 이르는 애덕을 묵상하게 했다. 그렇게 오래 바라고 기다리던, 한없이 가까이 다가가고 싶으면서도 방법을 알 길 없던 그리스도에게의 길을 신부님은 당신의 모습만으로도 분명히 일러 주시는 듯싶었다.

신부님 옆에서 그 일거수 일투족을 보고 있노라면 마치 예수 그리스도를 곁에 모신 사도가 된 듯 마음에 미쁨이 넘쳐 흘렀고 그분의 서툰 우리말, 조용한 웃음, 기침소리까지도 그렇게 감동스럽고 존귀할 수가 없었다. 강론을 해 주실 때는 면구스럽도록 목이 메고 가슴이 화끈거렸다.

　신품성사로써 그리스도의 숨결을 생생하게 실감할 수 있도록 후계자와 대리자를 세워 주신 그 뜻과 사랑에 절절하게 감읍되는 마음이었다. 그리고 다시 한번, 모르고 저지른 죄라고는 하지만 그 무엄했던 시절이 담담하게 떠오르는 것이었다. 아마도 항검 공에게 그 시절만큼 송황무지(悚惶無地)하면서 어리둥절한 행복감에 젖었던 때는 달리 없었을 것이었다. 환경이 사람을 만든다던가, 다시 돌아보아도 어찌 그럴 수 있었을까 싶을 만큼 수계정덕에 정성을 기울였었다. 처음 얼마 동안은 정결의 덕까지도 꽤 오랫동안 제법 쌓을 수 있으리라 싶었다. 그러나 어려웠다. 결국 무너졌고 괴로움에 빠졌다. 그는 신품성사에 대하여 좀더 소상히 알고자 골똘하여 애썼다. 책을 찾아 볼수록 성사집전이란 신성한 자격을 갖추어야 한다는 걸 알 수 있었다. 수도만으로도 아니 되는, 성사로써 세움을 받은 사제라야만 대사제이신 그리스도를 이어받을 수 있는 것이었다. 결국 만천(이승훈) 베드로에게 서찰을 보내는 한편 양근의 이암 스승을 찾아가 의논을 드리게 되고 북경 주교님께 성사집전의 자격을 여쭙는 서찰을 보내게 함으로써 일단락이 지어졌었다.

　그런데 신부님이 와 계신 동안 항검 공보다 더 어쩔 줄 모르게 기뻐한 것은 중철이었다.

　그 아이는 잠시도 신부님 곁을 떠나지 않았다. 신부님은 호남 각처에서 성사를 받고저 찾아드는 교우들 때문에 조금도 쉴 틈이 없으셨고 중철은 그러한 신부님 곁에서 온갖 잔시중을 도맡아 들고 있었다. 신부님도 그러한 중철을 어지간히 귀여워하셨고 웬만한 심부름은 복사나 항검 공을 제쳐 두고 그 아이를 시키셨다.

　그리고 떠나시기 전 항검 공과 부인을 부르셨다. 종달이 우짖는 소리가 아이들의 피리소리와 어우러지던 무르익은 봄의 저녁 나절이었다.

"아드님이 독신의 수도 생활을 원하고 있습니다. 나라법이 금하지만 않는다면, 아니 국경을 넘는 일이 웬만큼만 수월해도 요한에게는 사제 수업을 시켜 보고 싶지만 지금으로서는 언감생심이지요. 독신의 수도 생활조차 이 나라에서는 어떤 방법으로 길을 찾아야 할지 막연한 터이니 말씀입니다. 그래도 우선 아드님의 성소에 대해 아오스딩은 어떻게 생각하시는지 심중을 듣고 싶군요."

이미 짐작한 일이었지만 막상 신부님께 아비된 심경을 말씀드리려니 마음이 착잡했다. 그러나 그는 아들이 그림자처럼 신부님만을 따르는 것을 보면서 은연중 마음의 준비를 해 온 터였다. 신부님과 중철의 사이에는 아비인 그가 뚫고 들어갈 수 없는, 어떤 무엇도 침범할 수 없는 그 둘만의 독특하고 공통된 분위기가 있었던 것이다. 아브라함이 외아들 이삭을 바치던, 인간으로서는 모질기 짝없는 결단을 조만간에 그 자신도 내어야 하리라 생각했었다.

"제가 좀 마음에 걸리는 게 있습니다. 고해도 드리고 성사를 받았지마는, 독성죄가 뭔지도 모르면서 신자들은 자꾸 냉담해지고 전교길은 하 막막하고 해서 몇 사람이 지역을 나누어 책임자 노릇을 하던 때 말입니다. 그때 이 아이가 아홉 살이었는데 어찌나 좋아하던지, 지금 신부님 곁을 떠나지 않듯이 아비 곁에 지켜 앉아 가지고 예수님은 하느님이신데 왜 십자가에 달리셨느냐, 하느님이 그렇게 힘이 약하시냐 벼라별 것을 다 묻고, 저도 아비처럼 탁덕이 되겠다고, 죄송합니다, 신부님, 죄 중의 죄가 얼마나 큰지 모르겠습니다. 아무튼 그때부터 이 아이는 예수님 아이가 된 셈입니다. 그 일을 중도 폐지했을 때도 제일 실망한 것이 이 아이였지요, 신통한 것은 어린 소견으로도 이해가 가는지 북경 주교님께 여쭙고 답서받고 한 것을 얘기해 주자 수긋하게 머릴 끄덕였습니다. 그리고 그 후로도 다른 아이들과는 다르게 책도 천학서만 읽고 도무지 세상일에는 흥미를 보이지 않습니다.

제가 염려스러운 것은 저 아이의 성소 씨앗이 아비의 죄 중에 떨어진 것이라며는, 그것이 어찌되는 것인지, 잘못 현혹된 것이나 아닌지, 그런 점입니다."

야고버 신부는 빙긋이 웃었다. 그는 모성죄에 대한 항검 공의 고해를 들었다. 그는 절절하게 뼛속 깊이 통회하고 있었다. 더욱이 주교님의 답서를 받기도 전에 이미 중단하고 있었으며 모르기 때문에 그리했던 것은 결코 모성죄가 아닌 것이다. 그는 성사를 주면서 알아듣도록 설명했었다. 지나친 가책을 삼갈 것을. 하느님은 용서해 주심으로써 그것을 잊으셨는데 용서받은 당신이 가책을 계속한다면 그것은 주님의 뜻에 합당한 일이 아니라고. 그런데도 또 그 소리가 나오고 있는 것이다. 야고버 신부는 웃으며 입을 열었다.

"염려하실 것 없어요. 저는 부친의 동의를 구하고 싶었을 뿐입니다. 그리고 하느님의 씨앗은 죄 중에 떨어져도 거룩합니다. 어떤 무엇도 하느님 씨앗의 완전한 거룩함을 다치지는 못해요. 요한도 하고 싶은 얘기가 있을 듯한데, 잘못 현혹된 것인지도 모르겠다는 아버지의 염려를 어떻게 생각하는지 얘기해 보겠나?"

중철은 눈을 내려뜨고 있었다.

그는 부친의 속깊은 회고를 들으면서야 아버지도 그 일을 마음에 담아 두고 계셨구나 깨달았다. 또한 철모르던 어린시절 부친이 첨례 주례를 하던, 말할 수 없이 신비스럽던 기억도 어렴풋이 떠올랐다. 그러나 중철의 희망이 그때 씨뿌려진 것인지는 몰라도 오직 예수 그리스도의 발자취만을 더듬으며 자신의 모든 것을 아무 흠없이 온전하게 봉헌하고 싶은 간절한 소망은 결코 한때의 기분이거나 어린시절에 싹튼 감상일 수만은 없었다.

어렸을 땐 그저 좋았었고 자라면서는 모든 소망과 모든 의미가 천주님께로만 쏠렸었다. 눈에 보이는 모든 자연과 사물이 창조하신 분을 생각하게 하고 사람살이의 수많은 갈등과 모순과 복잡다단한 이해 관계들을 보면서 예수님의 수난을 생각하지 않을 수 없었다.

그는 늘 기도했고 늘 그분을 생각했다. 세상을 만들어 주관하시고 손수 만든 인간을 구원하기 위해 사람까지 되신, 십자가 치욕과 죽음을 거쳐 부활에 이르신 그 무궁한 사랑의 깊이를. 그 위대함을. 그 겸허한 진실을.

모든 것을 주님의 눈으로 보며 모든 삶을 주님의 정신으로 겪고자 애쓰는 것도 그 무궁한 사랑의 주님에 대한 흠숭 때문이었다. 그리고 그분을 그리도 좋아하고 사랑하면서 자신의 조그만 악습조차 고치지 못하는, 너무나 나약하고 보잘것없는 자신이 부끄럽고 슬펐다.

중철은 천주님만을 기리며 섬기며 살고 싶다고 생각만 하는 것이 아니라 이미 그렇게 사는 일 이외의 인생살이에 대해서는 관심도 의미도 없었다. 그는 우선 아버지를 향했다.

"장남으로서 아버지께의 죄송스러움은 이루 다 말씀드릴 수 없습니다. 하지만 제가 천주님만을 섬기며 살고 싶다는 결의가 굳어진 것은 열세 살 때였습니다. 아홉 살 땐 그저 좋기만 했었지요. 하지만 열세 살 땐 그게 아니었어요. 진산 이종당숙(윤지충)과 외당숙(권상연)께서 순교하신 지 아흐레 만에야 시체를 가져가도 좋다는 허락이 내려서, 아랫집 숙부하고 고산 숙부하고 관을 준비해 가지고 갔는데 저도 따라갔었지요. 아버진 먼저 가 계셨구요. 동짓달이었는데 굉장히 추웠습니다. 논이 꽁꽁 얼었으니까요. 근데 결안이 쓰였던 명패하고 참수되실 때 머리를 놓으셨던 목침에는 피가 금방 흘린 것처럼 생생했어요. 조금도 얼지 않고, 말라 붙지도 않구요. 목침 가운데가 우묵하게 패여 있었는데 거기 생생한 피가 고여 있었어요. 할머니가 성호를 드리시며 손수건을 피에 적시자 다른 분들도 그렇게 했어요. 그 유품이 아픈 사람들을 많이 낫게 했다는 소문이 돌구, 그 후에 입교한 외교인도 많았지요. 그리구 나서 순교자 숙부의 공술서 일기를 읽고, 베끼고, 언문으로 옮기시는 스승님 옆에서 책을 맸습니다. 그러면서 원의가 굳어졌어요. 순교자 숙부님들 때문이라고 할 수는 없을지 몰라도 점점 더 천주님께로만 마음이 기울고 그분을 위해서가 아니라면 사람살이가, 특히 이 조선땅에서는 짐승하고 다를 게 없다는 생각이 들곤 했습니다. 만일 사람에게서 그분의 섭리를 뺀다면 인간은 짐승 중에서도 가장 고약하고 교활한 동물이 아닐까 하는 생각이 들기도 합니다. 감히 신부님처럼 되고 싶다는 소망은 못 가질지언정 최소한 주님만을 우러러 모든 것을 삼가고 모든 것을 버리고 끊고 주님의 눈과 귀, 주님의 정신으로 사는 수도적 삶만은 바라고 싶습니다."
중철의 말은 떨렸다. 신부님과 부친 앞이라 더 긴장이 된 듯했다. 야고버 신부는 중철의 손을 잡아 쓰다듬어 주고 어깨를 두드려 주고 등을 쓸어 주기까지 했다.
"요한의 소망을 위해 특별히 기도하십시다. 나라에서 금하고 풍속이 맹렬하게 거부하고 혼인을 아니하는 것만도 불효죄가 되는 터에 수도자의 길이란 참으로 암담합니다마는, 기도하며 기다려 봅시다. 언제나 기다림의 기도 속으로 그리스도는 오십니다. 또한 주님의 섭리는 항상 인간이 생각 못할 신묘한 길을 열어 주시곤 하지요."
야고버 신부님의 말씀은 그리스도의 약속처럼 들렸다.
중철은 그야말로 기다림의 기도 속으로 오실 그리스도만을 바라듯 아비가 보기에도 기특하고 대견한 나날을 보냈다.
틈틈이 기도하고 묵상하고 성서를 읽으며 부친을 도와 일을 배워 나가고 동생들을 돌보아 주었다. 연경에서 가져온 포도나무 기르기에도 열심이었다.
그리고 인간이 생각 못할 섭리의 길이 열린 것은 윤유월이 든 정사년이었다. 서울의 박해로 신변의 위험 속에 전교여행을 한해 거르신 신부님은 첫 전교여행의 동반자들을 박해의 제물로 주님 대전에 바치고 다시 초남 들녘을 찾아 주셨던 것이다.

항검 공은 망설이지 않고 신부님 일행을 따라 상경했고 어느 누구도 상상하지 못한, 오직 천주 섭리만이 안배하실 수 있는 기막힌 혼배를 성사시켰다. 그것은 정말 신부님 말씀대로 인간으로서는 도저히 생각해 낼 수 없는, 섭리만이 열어 줄 수 있는 새로운 길이었다.

서울의 한 소녀와 천리 밖 초남땅의 한 소년이 미리 마음을 맞추어 약속이라도 한 듯 같은 원의를 품고 그것을 신부님께서 맺어 주시어 교우들을 짐승으로 여기는 세상을 함께 헤쳐 나갈 수 있도록 혼배의 울타리를 세워 주시다니 기다림의 기도 속으로 오시는 그리스도의 손길이 아니고선 있을 수 없는 일이었다.

항검 공은 아득하게 펼쳐진 황금물결의 들녘을 바라보다가 둥성이 길로 올라섰다. 활짝 피어 너울거리는 갈대들이 꽃보다 보기 좋았다.

눈 아래로 보이는 산밭의 목화들은 사람 손을 기다리듯 탐스럽게 영글어 있었다. 그는 결실의 그 계절이 흐뭇했다. 산에서도 들에서도 무르익어 가는 곡식과 과물은 보기만 해도 든든했다.

이루 다 이름짓기 어려운 여러 가지 빛깔로 물들기 시작한 나뭇잎들이며 풀잎들도 살아온 세월의 시름을 달래듯 한들거렸다.

그 잡목 사이로 아이들이 보였다. 여럿이었다. 둘째와 아직 어린 여식과 아이들의 사촌들이 떼를 지어 고목나무께로 달리고 있었다. 치맛자락과 댕기를 팔락이며 오라범들에게 질세라 뜀박질에 가까운 걸음으로, 그러나 아녀자가 뛰어서는 안 된다고 배웠으므로 뛰지는 않으면서 뛰듯 걷고 있는 앙징스러운 여식은 여섯 살의 섬이였다. 그 옆으로 앞서거니 뒤서거니 섬이를 호위하고 있는 녀석들이 수염이 돋기 시작하는 문철과 그 또래들인 중성 중희 들이었다.

중철이 고목나무 아래 있었던 듯 마주 나가 섬이를 안아 올렸다.

"오빠, 서울 새성이 천사야? 그짓부렁이지? 천사는 서울서 오지 않어, 천사는 하늘에서 오는 거야."

오라비에게 안겨 조잘거리는 목소리가 새소리보다 투명하게 오솔길가로 번져 항검 공의 청각을 간지럽혔다.
"천사만치 곱다 그 말이야, 하늘에서 선녀가 내려와두 그만 못할 거라구 할아범이 그랬어."
문철이가 행여 말을 잘못했던 것은 아닌가 하는 투로 해명하듯 늘어놓는 것을 중철이 돌려 세우는 모양도 보였다.
"싸게 싸게 신랑 찾아오라고 할머니께서 성화시요. 각시가 아랫말에 당도했응게 신랑이 데블러 가얀담시롱 싸게 오랍디여."
"아녀라우, 헹님. 각시 데불러 가는 건 신랑이 아니고 다른 어른이지라우. 헹님은 좌정하고 기둘려서 각시 온담에 상견례시키고 폐백하는 것이 법도라고 김제 노마님이 말리셨어라우. 신랑이 각시 마중가는 거는 법도가 아닝게 체모를 지켜야 쓴담시롱, 그란데 헹님. 아짐씨가 참말로 선녀만치 곱다요? 선녀만치 고븐 각씨 본다고 사램이 각처에서 자꼬 모여 쌓는디, 뭣이랑가 선녀만치 고븐 각시는 우리 아짐씨란 말시, 우리가 되렌님이랑게."
강아지풀 줄기에 논메뚜기를 잡아 석 줄이나 꿰어든 중희가 입담 좋게 능청을 떨다가는 풀숲에서 방아깨비를 잡아 섬이에게 주었다.
항검 공이 헛기침을 했다. 비탈길을 질러 내려오자 바로 아이들의 몇 발짝 뒤가 되었던 것이다. 섬이가 방아깨비를 자랑하며 중철에게서 내려 아버지에게로 오고 사내아이들은 뒤로 처졌다.
길가의 들국화가 살랑거리는 바람결에 향기를 실어 보내고 있었다.
"새 식구에겐 네가 여러 모로 마음을 써 주어야겠다. 이 여러 아이들하고 여러 식구들하고 집안내 어른들이며 마을 사람들이 여간 중구난방이랴지, 그 댁은 가풍도 남다른 데가 있었겠지만 원래 조용조용한 모양이던데."
중철이 빙긋이 웃었다. 순이의 초남리 마을 생활이 잘 상상되지 않으면서도 어쩐지 유쾌한 느낌이 들었던 것이다. 이 철부지 아이들 속에서 순이는 어쩌면 생각 이상으로 잘 어울릴지도 모를 일이었다.

"아버님이 마음 쓰시지 않도록 하지요. 거기도 아우들이 여럿이니까 괜찮을 겁니다. 또 식구가 아주 많으면 재미있을 게라고, 많은 사촌들이 할머니 모시고 한집에서 사는 게 부러운 모양이었습니다."

아이들이 아랫집 뒤꼍으로 통하는 샛길로 빠지자 섬이가 따라가고 부자는 마을 앞길로 접어들었다. 버들숲 너머로 끝모르게 펼쳐진 누리끼리한 들녘에 여기저기 사람이 보였다.

그 탁 트인 들은 아들에게도 부친에게도 깊이 정든, 눈을 감고도 떠올릴 수 있는 삶의 터전이었다. 계절의 오묘한 변화를 말없이 시각에 속삭여 주고 사람의 땀과 힘으로 낟알이 생겨나는 수고로운 과정을 낱낱이 깨우쳐 주었다.

움트고 자라고 열매 맺어 여무는 동안 그 곡식들이 겪는 시련과 그것에 쏟아붓는 사람의 정성은 대단한 것이었다. 이제 그 들녘을 순이도 한식구가 되어 바라볼 것이었다.

"지난번에도 얘기했다마는 이제 웬만한 작물 관리는 네가 하도록 해라. 신부님께서도 말씀하셨듯이 너희 두 사람의 신앙은 너희 둘만의 은밀한 문제이고 생활에는 아무 지장도 없는 일이니까. 이젠 젊은 주인으로서의 기틀을 잡아 가야 할 게야. 내 진작부터 앞이 허전했다마는 머리도 올리지 못한 아이를 장손이라고 앞세우고 다닐 수도 없고, 심사가 편치 못했지, 네 생각을 알고 나서는 별수없이 장남은 주님 대전에 봉헌하고 문철이를 일찍 장가들여 가업을 상속받도록 해야 할지 심기가 미편했는데 천주 섭리가 이렇게 자비의 길을 열어 주시는구나. 우리네 속담에는 머리 검은 짐승은 은공을 모르는 법이라 했지만 섭리의 은공이야 어찌 잊겠나.

모쪼록 유씨네 땅을 부치는 사람은 모두 내 식구라는 마음으로 단단히 꾸려 가야 할 게다. 참 왜미 논은 정혼을 하면서부터 며늘아이 몫으로 치부해 놓았다. 작년 동지에 올려 보낸 게 그 소출이었지. 올해는 물론 해마다 왜미 논 소출은 한림동 사돈댁으로 보내도록 해, 네 외가에도 외조부가 살아 계실 때까지 볏섬을 보내 드렸느니라. 네 외조부 별세하신 후로는 네 어미 말이 자기 몫으로 떼어 둔 논이라면 논째 친정 아우에게 맡기는 게 좋겠다 하여 그리했지. 들어오는 식구건 나가는 식구건 몫을 정해 주는 게 우리 집안의 내력이다.

　아마 아비가 하던 대로만 따르면 실인심은 아니할게야. 하느님 보시기에 어떠실지, 좀더 나은 방도는 두고두고 궁리해 가는 수밖엔 없을 게고.

　내가 근력이 떨어질 때까지는 봐주겠지만 어차피 앞으로는 네 살림이라는 걸 명심하도록 해."

고추잠자리떼가 부자의 앞에서 맴을 돌다가 훌쩍 달아나 여산 댁 마당가에서 다시 맴을 돌고 있었다. 마당섶 대추나무에서는 햇살을 받은 초록 잎새와 붉은 열매가 다투어 반짝거렸다.

　중철은 부친께 깊이 머리를 숙였다.

　아버지께서 안심하시도록 농지 관리에 성심을 다하겠다고 말씀드렸다.

　그 동안 항검 공이 얼마나 속을 태웠는지, 사람이 생각 못할 천주 섭리의 이끄심에 부친이 얼마나 뜨거운 감동으로 안심을 얻으셨는지 짐작할 만했다.

　부자는 울타리를 겸한 대숲을 끼고 걸었다. 새 사랑은 집안을 거쳐서 갈 수도 있었지만 대밭을 돌아서 갈 수도 있었다.

　"쯧쯧, 이런 부전자전을 보겠나. 각시가 아랫말에 당도했다는 기별인데 신랑짜리도 시아범짜리도 가뭇이 없더니만 대체 어디서 어슬렁 어슬렁 나타나는 게야?"

"흐흠, 잔칫날이라고 논배미 돌아보는 일을 작파할 내든가? 또오 아랫말까지는 아우에게 마중을 하도록 일러 놓았는데 흐흐음, 한시라도 잔소리를 아니하면 직성이 안 풀리는 심술이 발동하셨구면."

"쯧쯧 쯧쯧, 저 점잖지 못한 입하구는, 개천에서 용 났지, 아비를 본즉 개천인데 아들만은 앞으로 보거나 뒤로 보거나 용이 틀림없단 말씀야."

훈장 어른과 부친은 때와 장소를 가리지 않고 농을 나누는 사이였다.

두 분이 나란히 앞서자 중철은 좀 떨어져서 따랐다.

뒤에서 누가 부르는 기척이 있어 돌아보니 고산 이종당숙(윤지헌)이었다. 중철은 이미 새 사랑으로 들어가시는 부친과 스승을 바라보고 아랫집 행랑가에 뒷짐을 지고 서 있는 고산 당숙에게로 갔다.

고산 당숙은 순교하신 진산 이종당숙의 아우였다. 큰숙부께서 순교하신 후 마음을 못 잡고 교우 집안을 멀리하다가 신부님께서 순회 오신 것을 계기로 영세도 하고 내왕도 잦아진 터였다. 양반의 신분이면서 중인들이 하고 있는 의원 노릇을 하고 계셨다. 중인 의원과는 별개의 유의(儒醫)도 없지 않았지만 하느님 법을 알게 된 이후 당숙은 의업을 한결 소중히 하시는 듯했다.

"어딜 갔었나, 아무리 찾아도 없더니마는."

"논에 나갔다가 임피 댁 소가 탈이 난 것 같다고 영감님이 하 걱정을 하시기에 가 봤지요."

"아무리 교우끼리 맺는 혼사지만 그럴수록 조심을 해야 하네. 천학을 집안 망해먹는 사교로 아는 친척도 적지 않고 순전한 외교인 지방에서도 하객들이 줄이어 오는데 신랑이 사랑을 비워서야 쓰겠나."

"숙부님께서 사랑을 지키셨군요. 죄송합니다."

"죄송할 거야 뭐 있어, 내가 유씨가 아니니 손님들 모시기가 좀 거북했을 뿐이지. 손님들께도 미안하구 말야, 그런데 양근 고모가 뉘신가? 자네 고모 뻘 중에 양근으로 출가해 가신 어른이 있어?"
"양근 고모요?"
"안에서 두 차례나 나왔었네, 양근 고모가 살구잿골 친정으로 오셔가지구 아침에 넘어오셨는데 자넬 보자신다구, 그 고모되는 분보다 할머님 재촉이 심하신 모양이네만."
"숙부님, 선암 선생 아시지요?「주교요지」저술하신 양근의 아오스딩 회장님요. 작년 서울 초례 때 선암 선생이 오셨었는데 그때 절더러 사돈 간이라 하셨습니다. 집에 와 여쭈었더니 살구재 너머 재당고모 한 분이 선암 선생께 출가하셨다더군요. 필경 그 고모님이 오신 모양입니다."
"선암은 내 고종이니 그 살구재 안어른은 고종형수님이로군. 우선 안에 들어가 인사나 여쭙고 사랑으로 나오게, 그 고모님은 좀 한가해진 연후에 새 사랑으로 모셔서 교중 소식을 듣기로 하고."
방지거 당숙께서 사랑으로 들어가고 중철은 머리를 들어 하늘을 보았다. 티 한 점 없이 파란 하늘이 은총처럼 쏟아져 내리고 있었다. 그 투명한 하늘이 주님의 숨결을 간직한 채 그대로 마음으로 담겨 오는 듯싶었다. 중철은 천천히 음식 냄새 가득한 집안으로 들어갔다.

순이의 혼행길은 사흘이 걸려 탁 트인 야산과 들녘이 가슴을 시원하게 해 주는 호남평야에 이르렀다. 경기땅을 벗어난 지역에서 한밤을 묵고 호중지방을 지난 금산땅에서 또 한 밤을 지낸 것이다.
후행으로는 경도 오라버니가 연소한 데다 몸이 부실하여 백부 댁의 연세 지긋한 요한 오라버니가 수종들과 함께 가마 뒤를 따랐고 하님으로는 분금 에미가 동행하였다. 순이와 동갑인 분금이는 초남에서 순이와 함께 지낼 것이었다.

그네는 금산 여각까지 마중을 나온 신랑 댁의 청지기 안내로 우선 초남 마을 못미처에 마련해 놓은 임시 거처로 들어가게 되었다.

순이는 가마를 내리면서 오라버니의 몹시 초췌한 안색을 살폈다. 경도는 염려 말라는 듯 고갯짓을 해보이며 사람 마음을 한없이 따스하게 해 주는 미소를 지어 보였다.

아담하고 깨끗한 초가의 임시 거처에는 신부의 옷시중을 위해 중년의 침모와 시숙모가 기다리고 있었고 후행의 접대를 위해서는 시숙이 나와 있었다.

"천리 밖에서 시집 찾아오느라 고생했네."

서글서글한 목소리의 훤칠한 여인이 새색시를 맞고, 손에 골무를 낀 채로 저고리 섶에 바늘을 꽂은 여인은 서글서글한 분이 시숙모이며 자기는 침모라고 조신하게 설명하며 순이를 안내했다.

"차차 알게 될 테지만 자네네와 우린 대문만 둘이고 담이 없다네. 자네 시조부께서 한 울타리 속에 작은 집을 지어 살림을 내주신 게야. 그래서 사람들이 우리집을 아랫집, 큰집을 윗집이라 부르지, 왼종일 폐백드리고 색시놀음 하려면 대간할 테니 여기서 노독도 풀고 옷단장을 해야지, 편히 앉게나. 여긴 어려워할 사람 아무도 없네."

시숙모의 시원시원한 설명을 들으며 순이가 문지방 옆으로 앉으려 할 때 경도가 옆으로 스쳐가며 멈칫거렸다.

경도는 그 창백한 안색에 땀까지 흘리고 있었다. 누이동생의 염려스러운 시선을 의식했는지 경도는 다시 한번 특유의 미소를 띄었다. 그의 창백한 얼굴이 한순간에 빛이 되는 듯한 환한 웃음이었다.

경도는 이목구비가 뚜렷했던 부친의 용모에 잔잔하고 넉넉한 분위기의 모친을 섞어 닮고 있었다. 등이 굽지만 않았어도, 아니 얼굴의 누런 병색만 아니어도 그의 모습은 빠질 데 없이 수려할 것이었다. 그러나 하반신이 부실한 데다 등이 굽은 체구는 병신스러움의 불균

형을 드러내고 있었고 생기없는 얼굴은 눈만 달린 듯 멍청하였다. 하지만 그렇게 히마리 없는 얼굴에 빙긋 미소가 떠오르면 그 모습은 금세 살아나는 빛이 되었다. 마음의 투명함이 그대로 비쳐 보일 만큼 해맑은 정결감을 주었다.

그래서 누구나 처음엔 이상해 하고 어려워하다가도 경도의 웃는 얼굴을 몇 번만 보고 나면 그 웃음에 녹아 버리듯 친밀감을 느끼게 되는 것이었다.

이미 경도의 사람 마음을 따스하게 어루만져 주는 듯한 웃음은 일가친척이나 교우들 간에 정평이 나 있었다. 그 웃음을 보면 세상 근심이 사라진다는 사람조차 있었다. 그러나 그 좋은 웃음으로 보는 이를 안심되고 즐겁게 하는 것과는 상관없이 경도의 건강은 여간 걱정스러운 게 아니었다. 혼행을 앞두고도 때아닌 해소 때문에 모두 마음을 졸였다.

결국 부친 생가의 요한 오라버니가 후행을 대신하기로 했는데 한사코 경도도 함께 따라 나선 길이었다. 순이가 내내 마음을 졸이는 것도 무리가 아닌 것이다.

"아주 좋은 곳이군. 산세와 지형이 특별하게 안정감을 주는 것 같아. 사람들도 지형이나 산세처럼 너그러워 보이고. 누이의 시댁이 이렇게 좋은 곳이라니 모든 것이 고마울 뿐이야. 그리고 내 걱정은 말아, 안색이 어떤지는 몰라도 마음의 상태만은 쾌적이니까. 그보다도 누이는 색시놀음 걱정이나 해야 할걸, 색시놀음 하다 하품이라도 하면 평생 놀림감이 되지 않겠어?"

경도는 그 환한 미소에 그치지 않고 부드러운 목소리로 속삭이듯 순이에게 농담을 건네고 윗방으로 넘어갔다. 순이도 말없이 시숙모가 권하는 대로 아랫목 쪽에 조신하게 앉았다. 그러면서 목 속이 뜨거웠다. 오라버니가 그녀의 혼행길을 진실로 기뻐하고 있음이 마음 찌릿했던 것이다. 또한 경도의 그 여린 마음, 속 깊이 감추어진 다정

다감한 감성이 새삼스레 애석하였다.

 그렇게 일찍 부친을 여의지 않았던들 그렇게 일찍 지아비가 되고 아이 아버지가 되지 않았던들 오라버니는 좀더 패기있는 젊은이가 될 수 있었을지 몰랐다.

 문중 어른들이 조금만 아량을 보였더라도 아니 더 이상 줄일 수 없는 규모의 살림이 그렇게까지 곤궁하지만 않았더라도 오라버니는 좀 달랐을 것이었다.

 아마도 백부 댁 요한 오라버니가 아니었던들 순이 일가는 파적 후 집까지 내놓고 아무도 모를 시골 같은 곳으로 거지 신세가 되어 숨어야 했을지도 몰랐다. 그만큼 그 곤궁함은 심했고 절박했었다. 그렇다 해서 아랫사람들을 거두어야 하는 책임을 버릴 방법도 없었다. 양근 외가에서 아랫사람들을 나누어 가고 곡식을 보내 왔으나 턱없이 부족했다.

 아버지 생가(生家)의 요한 오라버니가 나서서 종중 농지와 함께 몰수해 간 토지의 일부분을 찾아 주고 아버지 친형제들로 하여금 노복을 나누어 가게 하면서 도움을 주게 하지 않았던들 그 곤궁함을 이겨 낼 수는 없었을 것이었다. 그리고 경도는 가까스로 파가를 면한 속 곯은 살림의 나이 어린 가장이었던 것이다.

 그 오라버니를 이제는 언제 다시 보게 될지 모른다. 어머니와 아우들과 자라 온 집을 천리 밖에 두고 자신은 낯선 집안의 일원이 되어 미지의 생활을 해야 한다. 남달리 어려울 것이 틀림없는 섭리의 길, 수덕의 길을 걸어야 한다. 남다른 기쁨의 길인 것이 분명한 반면 남달리 고통도 많을 것이 자명한 일이있다.

 "여자 팔자라는 게 뒤웅박 팔자라고 하네마는 자네는 그 무슨 복이 그리 좋은가. 처자 때는 서울 귀한 댁에 태어나 곱게 자라고, 인물은 또 어찌 그리 곱상하며 출가까지 세상에 없는 집으로 오게 되었으니 그런 복이 어디 또 있겠나. 차차 알겠네마는 자네 시엄

씨는 세상에 없는 양반일세, 인정 많고 자상하고 양순하고, 아마 그리 착해 놓으니까 참한 메누릴 보는 게야."
순이는 시숙모의 말에 마음을 가라앉히며 버선을 바꾸어 신었다. 순이는 아무리 살림이 어려워도 아무리 몰락한 양반이라도 왕손이라는 허울은 남들에게 좋아 보이는 것일까 생각했다. 왕들이 고작 혈육 간의 싸움질이나 하며 여색만 밝혀 씨만 잔뜩 뿌려 놓았는데도 왕손이라면 뒤에서는 손가락질을 할지언정 앞에서는 절절매는 백성들의 마음을 알 수 없다던 오라버니 말을 생각하며 분금 에미가 꺼내 주는 진솔 버선을 한지로 발싸개를 하고 힘들여 신었다.
이틀 밤을 객지에서 지낸 새색시는 초례는 지냈지만 대부분의 시가 식구와는 생면 전이라 옷단장을 말끔히 새로 하였다. 활달한 시숙모가 분금 에미 젖혀 놓고 시중을 들려 해서 거북스럽기도 했지만 분금네 모녀가 손발 맞추어 속옷과 겉옷을 깔축없이 갈아 입도록 해 주었다.
또한 별로 튼튼하지 못한 순이를 염려하여 요기하기를 강권하다시피하는 분금 에미에게는 시숙모가 오히려
"은행하고 잣, 호두나 좀 먹어 둘까, 괜히 기운 빠진다고 음식 권하면 새색시한테는 더 폐가 되네, 그건 내가 겪어 본 바라 아네마는, 이삼 일 대재지킨다 생각해 두는 게 뱃속도 편하고 탈이 없다네, 온종일 눈도 깜짝 않고 색시놀음이나 해야 할 각시가 밥술이라도 얹혀 보게, 당사자는 어떠할 것이며 보는 사람들은 또 어떨 것인지."
이해성 있는 말을 해주어 순이의 불편을 덜어 주었다.
마을 앞에는 서울서 오는 색시를 보기 위해 동구 밖 버들숲까지 사람들이 구경을 나와 있었다. 구경을 좋아하는 백성이었다. 비가 세차게 퍼붓기만 해도 사람들은 청계천변에 나와 흙탕물이 격렬하게 흘러내리는 물구경을 했고 더러는 천변 주막에서 약주를 들고 비를

맞기도 하면서 그 물구경놀이를 관창(觀漲)이라 이름하였다. 하물며 전주 고을의 으뜸가는 대갓 댁 개혼에 신부는 서울 왕손가의 규수였다. 복되고 즐거운 잔치마당의 색시 구경을 마다할 사람은 없었던 것이다.

새색시를 태운 꽃가마는 천천히 아랫말을 떠나 초남리 윗말로 들어섰다. 분금네는 어느새 시숙모와 침모와 허물없는 사이가 된 듯 귓속말을 나누며 가마 곁을 따랐다.

순간적으로 쏘는 듯 향긋한 냄새가 코끝을 스쳐갔다. 가마의 움직임이 천천히 멎을 때 탱자 향기는 다시 한번 스쳤다. 아랫집 마당가의 노랗게 익어 가는 열매가 바람이 불 때마다 냄새를 실어 보내는 성싶었다.

"아가, 잘 왔다. 네 집 찾아오느라 먼 길에 수고가 많았구나."

시어머니 신씨가 정감 있는 목소리로 순이를 맞았다. 순이는 목례를 하고 부액해 주는 이들의 인도대로 당혜 신은 발로 깨끗한 마당을 딛었다. 값진 당혜는 함에 넣어 온 것이었다. 몇 걸음 안 걸어 봉당으로 올라서고 다시 몇 발짝 옮긴 후 댓돌 위에 신을 벗고 마루로 올라섰다. 마루의 둔중한 나뭇결이 거무스레 윤이 났다. 순이는 내려뜬 눈에 들어오는 사물만을 보면서 조심스럽게 방으로 들어가 시키는 대로 시부모께 상견례를 드렸다.

그리고 잠시 방석 위에 앉혀졌다. 여인들이 새색시를 보기 위해 방 안을 넘겨다 보고 곱다고 경탄하는 소리, 서울 귀한 댁 규수라는 소곤거림들이 순이의 귀에 들려 오기도 하고 폐백에 대한 준비와 의논이 분분하게 오가기도 했다.

순이는 조금도 지루하거나 갑갑하다는 느낌은 없었다. 새색시도 사람인데 이렇게까지 정물과 같은, 꼭두각시와 같은 역할을 시켜야 할까, 의구심이 들지 않을 수 없었지만 사람보다 예법이나 형식 따위가 더 중요하게 여겨지는 세상이었다. 그래서 사람의 존엄됨과 평

등 사상의 천주 신앙이 마음 바른 사람들에게 불처럼 번져 가는 것이었고 오로지 천주 신앙만이 미개하고 야만적인 세상을 고쳐 갈 수 있다는 희망의 등불이 되고 있는 것이었다.

사람들은 새색시를 보고 큰 소리로 인물평을 하는 것이 예의이며 의무라고 생각해서 순이가 다 듣도록 면구스러운 칭찬들을 했다. 순이는 그 민망스러운 분위기의 모든 것들을 선의와 연민으로 느끼면서 남편이 된 중철도 이렇게 뭐가 뭔지 알 수 없는 들뜬 물결에 휩쓸린 듯한 시간을 보내고 있을 테지 생각했다.

"폐백을 너무 약해서는 안 됩니다. 형님은 무조건 다 약해 번지라고 허시는디 상것도 아니것고 버젓한 유씨 문중 개혼에 폐백을 약할 수는 없습니다. 서울도 아닌 촌에서 흉잡힐 일은 허들 말아야지, 아 이 좋은 경사에 뭐하자고 말 만들기 좋아하는 사람들헌티 말 만들 종자를 냉겨 줄 것입니까, 사당치례 안 하는 것이야 신주도 불살라 버렸고 우리 교의 본분이 상극잉게 절대로 해서는 아니 되지만 폐백이야 식구들 간의 인사가 아니것소잉? 그렇게 폐백은 약해 번지면 안 되더라고, 그러고 아그야, 내가 늬 시숙인디 너도 내 말이 맞는 줄 알 것이다. 그런 줄 알고 식구가 좀 여럿이더라도 쪼매 참더라고."

우렁찬 목소리에 이어

"아이고, 조카 며느리가 흉보것소. 어느 세상에 폐백도 받기 전에 숙부가 말을 시키는 범절이 있는가."

시숙모의 퉁박이 이어지고 폐백은 빠짐없이 할 것이니 모두 그 방에서 나오라는 낯선 목소리가 있었다.

그 설왕설래 속에서 문득 귀에 익은 목소리와 웃음이 들린 듯했다. 분명 중철의 것일 터였다. 순이는 진실로 그의 집이 이제 자신이 살아갈 집이라는 새삼스러운 실감을 느꼈다. 바라볼 수도 반가운 인사를 나눌 수도 없는 기묘한 상황이지만 그가 가까이에 있다는 것만으로 미덥고 든든했다.
 두 사람은 폐백을 드리기 위해 나란히 섰을 때에야 비로소 서로를 알아 느끼며 표현할 수 없는 반가움에 젖었다.
 순이가 부액하는 하님의 옷 틈서리로 겨우 본 것은 중철의 댓님친 버선발뿐이었다. 그러나 그의 옷 스치는 소리가 들리고 그의 숨쉼이 공기에서 느껴졌다.
 이제 한 쌍을 이룬 순이와 중철은 할머님께 큰절의 인사를 드리고 술을 올렸다. 할머니는 아들 딸을 많이 두라는 덕담을 건네면서 잣 박은 대추를 뿌려 주셨다. 다음은 시부모 내외분께, 그리고 시숙 내외, 홀로 된 강주 백모, 시외숙, 시고모, 시이모, 시당숙 순으로 절을 하고 술을 올리고 백년 해로하라는 덕담을 들었다. 손위 어른들께의 폐백은 재당숙까지만 드리고 문중 어른들께의 인사로 이어졌다.
 일가친척의 숫자가 많은 탓으로 손위 어른들께의 인사만으로도 시간은 많이 걸렸고 같은 항렬들과의 맞절 인사는 한 쌍씩이 아니라 두세 쌍씩 한꺼번에 나누었다. 어른들의 큰기침에 잔뜩 압도되었던 방안 공기는 농담과 웃음소리가 많아지면서 어느만큼 활기를 띠게 되었다.
 뻐근하던 다리는 마침내 감각이 마비된 양 둔했지만 순이는 식구 한 사람 한 사람과 정성스러운 인사를 나눈다는 것이 의미있게 여겨졌다. 마주 바라볼 수는 없지만 시댁에 어른이 누구 누구 계시고 한 항렬의 친인척이 누구 누구이며 집안의 인적 사항과 규모를 알아 두는 것도 필요할 것이었다. 또 할아버지 때 형제였던 사이가 손주인 삼대에 와서는 육촌이 되고 할아버지 때의 사촌이 삼대 자손에겐 팔촌이 된다는 혈족의 촌수가 새삼스럽게 어른들이 일쑤 말씀하시듯 열촌 안은 집안이란 것이 정말이구나 싶었다. 그래선지 폐백에서도 열촌 이상은 그저 일가로 소개되었다. 어떻든 시가의 일가분들과 인사를 나누며 집안의 규모 전체를 웬만큼 파악할 수 있다는 것은 막연히 생각했듯 폐습이라 할 수는 없는 듯했다. 방법만 인격적인 만남이 되도록 고쳐진다면 생각하기에 따라서는 아름답고 뜻깊은 전통일 수도 있을 것이었다.
 그러나 시아우들이 포함된 한 항렬에게의 폐백이 끝나고 손아래의 당질, 재당질, 외당질 등으로 항렬은 아래건데 연세는 연만하신 분들의 순서가 되자 혼란이 일었다. 조카뻘되는 일가붙이도 적지 않고 중철의 할아버지뻘이 되는 손자 어른들도 계시어 더 이상 혈손 내막을 정리해 보기는 어려웠던 것이다.
 폐백이 끝났을 때는 사위로 어스름이 스며들었다. 순이는 모란꽃 수가 화려하게 장식된 폐백 때의 활옷을 새색시의 원색 의상으로 바꾸어 입기 위해 머릿방으로 안내되었다. 다리가 남의 살 같았지만 잔치의 흥겨움은 웬만한 고통조차도 즐거움으로 바꾸는 마술적 요소가 있었다. 집안에는 웃음이 넘치고 있었고 갖은 음식이 오가는 소란은 기쁨의 활기였다.
 문이 벙싯 열리면서 의관을 바꾸어 입은 중철이 들어왔다.
 "미안하오, 다리가 많이 아프지요? 가를로 형님께서도 루갈다가 혹 오금이 붙어 못 일어날 지경이 되는 건 아니냐고, 웬 폐백이 이리 요란하냐 걱정이시오."
 시가의 식구로는 조신해 보이는 침모뿐, 방 안에는 분금 모녀가 폐백 비녀를 평상 비녀로 바꾸느라 순이의 머리에 매달려 있었다. 중철은 순이의 곁에 와 앉으며 하얀 소매수건 속의 손을 수건째 덥썩 잡았다. 그리도 침착한 성미면서 순이에게 마음 쓰이는 것을 더 이상은 참아 낼 수 없는 모양이었다.
 "서방님, 의관정대 마치셨거든 사랑으로 나가시지요. 아무리 초례를 지냈지만 벌써부터 색시 방을 기웃거리시면 놀림은 아씨가 받으십니다."
 분금 에미가 순이의 뒤쪽으로 물러앉으며 하님다운 참견을 하자 중철이 무어라 할 사이도 없이 침모가 가만히 대꾸했다.

"괜찮을 줄 압니다. 저의 댁에선 원래 천주 계명이 가훈인지라, 반가의 법도란 명색뿐이지요. 새아씨께서도 서울 사대부가의 예법보다는 교우의 본분을 따르는 저의 댁 가풍을 눈여겨 두심이 옳을 줄 압니다. 일가 댁들도 대개가 교우이시니까요."

"그렇소, 루갈다. 우리집은 일찍 개명한 편이라오. 그래서 폐백도 약하자 했던 것이 더 요란하게 되고 말았는데 정말 힘들었을 게요."

침모가 예장에 쓰였던 낭자며 낭잣비녀, 예복일습을 농장에 챙겨 넣고 조심스럽게 방을 나갔다.

순이는 다소곳이 중철을 바라보며 미소지었다. 차꽃의 은은한 향내가 풍기는 듯한 미소였다.

"부모 형제, 고향 산천을 떠나 시댁 식구가 되는데 그만한 인사치레도 없으면 어쩝니까. 와보니 시어른들 좋으시구 가세 풍족하시구, 개명까지 하신 댁이라니 더 바랄 게 없는데, 딱 한 가지가 흠이군요, 원, 반만 멀어도 좋으련만 천리 길이니 아씨하고 딸년을 언제나 또 보게 되는지요."

"염려 말아요 분금네, 내 일년에 한 번씩은 상봉할 수 있도록 주선하리다. 그보다 사윗감이나 찾아보시구료. 지난 봄에 여회장님이 데려온 아낙은 벌써 결발을 했다오. 조모님께서 원래 혼배 맺어 주시기를 좋아하시니 아마 분금이도 어지간히 성화를 받을 게요."

"그야 서방님과 아씨께서 어련히 알아 해주실라구요. 그저 몸이나 튼튼해서 청상만 만들지 않을 사람이라면 뭘 더 바라겠습니까요, 믿음으로 개명하셨다니 첫째 근심이 풀린걸입쇼, 아마 그것이 박복하지는 않으려나 봅니다. 배 안 곯고 등 따수면 그게 상팔잔데, 이 고장에선 드난꾼도 배는 곯지 않는다 하니, 이렇게 고마울 데가 어디 있겠어요. 한시름 덜었습지요."
 중철을 찾는 전갈이 오고 색시 방을 기웃거리는 걸음들이 잦아졌다. 중철이 나가고 순이는 분금네의 속삭임에 따라 다소곳이 앉아 있었다. 지루하다거나 답답하다는 느낌보다는 정물처럼 앉아 있어야 하는 자세가 우스운 일이라는 느낌이 들었다. 보이기 위해서도, 또한 새 식구를 보는 입장에서도 정물같은 자세를 고수해야 할 이유는 찾기가 어려운 것이다. 다만 감각이 둔해진 다리를 쉰다는 의미라면 우습다고만 할 수는 없을지 몰랐다.
 순이가 자신이 거처할 뒤안방으로 나온 것은 저녁상이 준비되면서였다. 뒤안방은 새 사랑에서 대밭 속 샛길을 질러오자면 첫번째로 만나게 되는 안채의 끝머리에 돌아앉아 있는 방이었다. 안채의 광 뒤쪽으로 누마루와 골방이 달린 간반 정도의 방이 붙어 지어져 있었다. 서울에서는 보기 힘든 가옥 구조였다. 안사랑과는 좀 떨어져 있으나 새 사랑과는 가까우므로 항검 공이 아들과 며느리의 신심 생활을 위하여 뒤안방을 새로 단장한 것이었다. 이를테면 서울의 보통 사대부가(家) 가옥의 몸채가 광 뒤로 한 번 더 꺾이어 있는 셈이었다.
 "아씨, 생각보다 부엌이 가깝습니다. 바른쪽으로 죽 돌아가면 바로 우물로 가는 부엌 뒷문이예요. 왼쪽은 고방 지나서 건넌방 뒷마루 지나서 안마당이구요."
 둘만 호젓이 남은 틈에 분금이 그렇게 속삭였다.
 시댁에서의 첫날은 조용히 저물어 갔다. 중철이 들어온 것은 사위가 어둠에 묻힌 초저녁이었다.
 "뭘 좀 먹었는지 모르겠소. 어지간히 시장도 하고 고단할 텐데."
 "저녁은 좀 드셨습니다. 섬이 아기씨가 지켜 앉아 재촉을 하는 통에 아니 드실 수가 없었지요."
 분금이가 야참상을 윗목으로 들여 놓으며 저녁 때 있던 일을 설명하였다. 색시놀음 할 때도 어른들 눈을 피하며 새댁 주변을 맴돌던 여섯 살짜리 시뉘가 뒤안방에 나와서까지 재롱을 부렸던 것이다.
 "아우들에겐 처음부터 좀 엄해야 할게요. 도무지 버릇들이 없어서 받자해 주면 아버님 상투 위도 마다하지 않을 아이들이라오."
 "서방님도 과한 농을 다 하시네요. 그럼 아씨, 자리끼는 소반 위에, 소세물은 뒤주 아래 두고, 전 그만 나가 보겠습니다. 편히 쉬세요."
 분금이가 나가고 방 안에는 잠시 어색한 공기가 감돌았다. 호롱불만이 무심하게 깜박거렸다.
 "오늘은 정말 힘들었을 게요. 아버님께서 최소한으로 간소하게 하라고 하셨는데 중간에서 일이 비딱했어요. 교우 본분은 분수 넘치는 허례허식을 아니하는 데 있지 분수에 합당한 개혼의 즐거움까지 없애는 게 아니라고 하객들이 중언부언하자 숙부며 스승이며 합당한 예는 지키자 해서 뒤죽박죽이 되고 말았소."
 "모두들 즐거우셨다면 고마운 일이지요. 저희 두 사람을 아끼고 축복해 주는 뜻일 텐데요."
 "그리 이해해 주니 고맙소. 그럼 오늘은 약주를 한잔씩 하기로 할까."
 중철이 야참상을 그들 사이로 끌어 놓고 상보를 벗겼다.
 "약주를 아니 즐긴다 하시지 않았던가요?"
 "서울에서야 신부를 빼앗아 와야 하는 적진의 몸이니 여유가 없었지만 여기서야 발 달리고 문초당하면서 벌주를 마셔야 할 신세도 아닌데, 한잔 술이야 어떠하겠소. 루갈다도 오늘은 한잔만 들어요. 우리의 서원(誓願)을 위해서."
 "우리의 서원을 위해서라구요?"
 순이가 물으며 중철을 바라보자 중철이 머리를 끄덕였다. 호롱불빛을 받은 그의 그림자도 커다랗게 흔들거렸다.

"그렇다면 조금만 기다리셔요. 준비해 둔 것이 있습니다."
순이가 살며시 몸을 일으켰다.
그녀는 병풍 뒤에서 반원 모양의 귀상소반을 조심스럽게 들어 내었다. 작은 귀상에는 하얀 보가 덮이고 십자고상을 중심으로 두 개의 은촛대가 놓여 있었다.
반원 모양의 상은 처음 보는 것이었지만 은촛대는 중철의 눈에 익은 것이었다. 그것은 한림동 고가의 뒷방에 있던 것임을 그는 금세 알아볼 수 있었다.
순이는 문갑 위의 꽃병에서 하얀 국화 두 송이를 뽑아다가 고상 앞에 살며시 놓았다. 국화 꽃내가 향긋하게 두 사람 주변을 감돌았다.
그녀는 천천히 초에 불을 댕기고 초례 후 정성을 다해 필사한 「천주성교일과」를 꺼내 놓았다.
순이가 하는 모양을 대견하게 바라보던 중철이 나직하게 입을 열었다.
"아버님께서 나오신다 하셨으니 정식 서원 기도는 그때 올리고 우선은 우리끼리 감사의 기도를 드립시다."
순이의 얼굴이 놀라움과 기쁨으로 물들었다.
"그럼 아버님을 모시고 서원을 하나요?"
"아버지, 어머니, 스승님만 모시기로 했어요."
순이는 자기도 모르게 예수 마리아 요셉을 입속으로 부르며 성호경을 드렸다. 은총의 감격이 불이 되어 가슴 속을 타오르게 했다.
둘은 뜨겁게 마주 보다가 나란히 무릎을 꿇었다. 말할 수 없는 감회와 열정 속에 그들은 조용히 묵상에 잠겼다.
부모님과 스승이 소리없이 뒤안방으로 찾아든 것은 별빛만이 영롱한 자정 무렵이었다. 두 사람이 오랜 묵상과 매괴경 십오단을 정성스럽게 끝내고도 한참을 지나서였다.

「주년첨례광익」책에 따른 말씀의 예절 해설을 스승이 맡고 말씀과 복음은 항검 공이 그 부드러우면서도 힘있는 음성으로 봉독하였다. 두 사람의 서원을 축복하듯 이따금 가을 풀벌레 소리가 간주곡처럼 들려 왔다. 대숲을 지나가는 바람소리도 하느님이 보내 주시는 음악처럼 느껴졌다.

두 사람은 부모님과 스승을 모신 자리에서 분명하고 똑똑하게 주님을 향해 정결을 서원했다. 주님께서는 바로 그 방안 공기 속에 와 계신 듯했다. 그 방의 다섯 사람에게 뜨겁게 와 계셨고, 귀상제대뿐 아니라 화각장과 문갑과 사방탁자 등의 집기에까지 온 세상의 주재자이신 하느님 압바의 강복이 새겨져 있었다. 공기의 입자 자체가 모두 그 어른의 숨결이었다. 사람도 초목도 동물까지도 한 호흡 한 호흡 숨을 쉬면서 생명작용을 이어 가는 것이 모두 그분의 숨결로 이어지는 것이었다. 그 어른께 정결을 봉헌하는 것은 말할 수 없는 특은이며 영광이었다. 형편상 신부님을 모시지 못하고 식구끼리 은밀히 치른 나름대로의 정결 예식 후 서원자 두 사람과 세 증인은 기도를 드렸다.

순이가 손수 베껴 쓰고 책으로 맨「성교일과」에서 성심 호칭기도를 중철과 순이가 조용히 먼저 읽고 합송 부분은 다 같이 했다. 온 마음을 모아 조용조용히 뜨겁고도 열렬하게 성심께 기도를 드렸다. 이어 성모 성인 호칭기도까지 교송으로 끝냈을 때는 촛불의 키가 반으로 줄어 있었다. 그러나 순이도 중철도 시간을 느끼지 못하였다. 둘은 완전히 결합된 한마음이었다. 그 한마음은 그리스도에게의 일치였다. 그들은 새벽이 멀지 않은 시각에 부모님과 스승을 배웅하고 나서도 오래오래 무릎 꿇은 채 움직일 줄 모르고 나란히 앉아 있었다.

4
나의 사람
그리고 나의 하느님

4. 나의 사람 그리고 나의 하느님

경도 오라버니가 상경하고 며칠씩 묵은 축하객들이 떠나가면서 초남리 유씨 댁은 집안 분위기가 새로워졌다. 노할머니부터 사사건건 손주며느리를 찾아 될 수 있으면 온종일이라도 곁에 두고 싶어했고 시아우들은 그들대로 무슨 핑계를 만들어서라도 형수와 올케를 찾고자 했으며 시부모 내외는 또 나름으로 은밀한 배려를 아끼지 않았다. 존귀하기 짝없는 천주님의 정배를 새며느리라는 명분으로 집안에 들였음을 시부모 내외만은 마음에 새기며 각별한 주의를 기울였던 것이다.

그러나 순이는 어머니 권부인의 간곡한 가르침을 잊지 않았다. 남편을 섬기는 방법만이 다를 뿐 그녀는 유씨 댁의 엄연한 새 식구였다. 할머니와 시부모에게의 봉양은 물론 티없이 귀여운 시아우들에게도 좋은 형수 좋은 올케로 가족 간의 우애를 다하고 싶었다.

자연 시부모 내외는 새며느리가 자유주의자로 길들여진 수많은 식구 사이에서 혹 괴롭힘을 당하지 않나 마음을 썼고, 순이는 나름대로 어느 누구와도 다정히 지내려 했으므로 모든 가솔들이 새 식구를 중심으로 생활을 해 나가게 되었던 것이다.

순이는 부엌에도 빨랫간에도 우물에도 소리없이 모습을 나타냈다. 아랫사람들은 처음 기겁을 하다시피 놀라 새아씨를 따라다니며 궂은 일을 하지 못하도록 말렸다. 아궁이에 불이라도 넣는 걸 보면 한 걸음 반에 달려와 부지깽이를 빼앗으며 아씨가 불을 때시다니 그런 법은 없노라고 쉰네들을 시키라고 밀어 냈고 잿물에 빨래 담그는 걸 보거나 우물에 두레박 드리우는 걸 봐도 소스라쳐서 못 하게 했다. 그러면 순이는 별로 고집부리지 않고 웃으면서 물러서곤 했다. 그러나 필요가 생기면 다시 일감을 잡고 대개는 누군가가 쫓아와 해 주지만 끝내 순이가 하는 때도 적지 않았다. 집은 넓고 식솔은 많고 살림이 큰만큼 시어머니의 주관 아래 그 많은 일손이 노는 법 없이 팽이 돌아가듯 해도 늘 분주하고 일거리가 많은 탓이었다.

순이는 그 모든 일이 흥미로웠다. 몸이 재고 날렵한 데다 손뿌리가 야물어서 무슨 일이건 쉽게 배우고 솜씨 있게 해냈다. 시어른들의 상차림부터 의관 손질에 이르기까지 순이는 일일이 묻고 배우며 익혔다. 솜털이 가시지 않은 앳된 얼굴에는 언제나 공손한 미소와 조심성이 떠돌고 있었다.

며느리를 지극히 어려워하던 시어머니도 차츰 매사를 순이와 의논하며 맡기게 되고 고부 사이는 모녀나 다름없이 아낌성이 깊어졌다. 혼기를 앞둔 한 또래의 시뉘 점이는 특히 새 올케언니를 따랐다. 순이 역시 온실의 꽃처럼 마음이 고운 시뉘가 마음에 들었다.

혼기를 앞둔 시뉘는 자수며 글씨 쓰기며 일일이 올케언니에게 상의하고 도움을 청하곤 했다. 반가의 처녀들에게 필수적인 혼수품의 하나는 부덕을 가르치는 교훈서를 손수 베껴 수택본으로 만들어 가는 일이었다. 순이는 같은 또래의 시뉘 점이를 위해 유한당 권씨[11]의 「언행실록」을 필사본으로 만들어 왔었다. 아까운 나이에 요절한 권씨가 외사촌이어서이기보다는 「언행실록」의 문장이 아름답고 내용도 옛 교훈서보다 쉬우면서 혁신적인 탓이었다.

시뉘도 한번 읽어 보고는 자연히 「내훈」이나 「규합총서」는 밀어 놓고 「언행실록」을 가까이 두고 베끼며 익혔다.

"이 책에는 옳은 말은 뭐든지 천주 가라사대라고 했는데 이상하지요? 설마 공맹자나 성현의 말씀인 걸 몰라서 천주 가라사대라 했을까요?"

"아가씨 생각엔 어때요? 공맹자를 몰라서 그리했을 것 같아요?"

"그걸 모르겠어요. 공자 말씀 맹자 말씀 천주 말씀을 다 구별해서 합당하게 밝혔으면 더 좋았을 텐데, 엄연한 공자 말씀을 천주 가라사대 그래 놓으니 좀 못미더워요."

"이렇게 생각해 보면 어때요. 하늘과 땅과 사람과 세상 모든 만물을 다 만들어 다스리시는 어른이 천주이시니 공맹자에게 명석함과 학식, 지혜를 주신 것도 천주가 아니겠어요."

"아아, 그러니까 공맹의 석학이나 성현들로 하여금 교훈을 남기게 한 것도 근본은 천주 섭리니까, 크게 보면 천주 가라사대가 된다, 그렇게 생각하면 천주 가라사대가 틀리지 않는군요. 아주 옳아요."

둘은 그러며 웃기도 했다.

시어머니는 친가에 보내는 서찰을 며느리에게 대필시키기도 했다. 여자라는 것이 한번 출가를 하면 죽어도 시집 귀신이 되어야 한다고 믿는 세상이었기에 아낙들은 혈육에게의 그리움조차 가슴에 묻고 살아야 했다. 고작 할 수 있는 것이 서찰로 기별을 전하는 것인데 살다 보면 그것조차 쉽지 않았다. 언문이라도 깨달아 서찰을 쓸 수 있는 것도 반가의 부녀자들뿐이었다.

순이는 동네 아낙들이나 부엌 어멈들의 서찰을 기꺼이 써 주기도 했다.

중철은 그러한 아내를 염려하였다.

"가족들과 가까이 지내는 것, 살림 돌보는 것 모두 좋은 일이지만 지나치게 분주한 생활이 되는 것은 경계해야 하지 않겠소. 어느 무엇보다 중요한 것이 영혼의 상태인데 충분히 묵상하고 마음 기울여 기도하지 못한다면 어찌 안심할 수 있겠소. 충분히 묵상하고 기도하고 독서해도 마음놓을 수가 없는데 부질없는 집안일로 지나치게 분주하게 지내는 것은 유혹을 자초하는 일이 되지 않겠소? 그러하니 웬만한 것은 적당히 시키도록 하고 루갈다는 무엇보다 기도가 부족하지 않도록, 영신수련에 좀더 힘써 주기 바라요. 몸도 튼튼하지 못한 사람이 저러다 병이라도 나면 어쩌나 우려될 때가 한두 번이 아니라오."

중철은 진실로 걱정스러워하고 있었다. 좀처럼 잔소리 같은 것을 하지 않는 성격으로는 무던히 지켜보다가 하는 말임에 틀림없었다.

순이는 그러한 중철을 보며 소리없이 방긋 웃었다. 대추꽃이 잔가지에 다닥다닥 붙어 있다가 바람이 스치면 하얗게 웃는 듯한 해맑은 미소였다. 순이 자신은 모르는 일이지만 그 웃음은 경도의 생기라고는 없는 얼굴을 한순간에 환한 빛으로 만드는 그 티없는 웃음과 적지 아니 닮은 것이었다.

"그러지 않아도 요즘 저는 좀 생뚱스러운 생각을 하곤 해요."

"생뚱스러운 생각이라니?"

"일도 생활도 기도일 수 있지 않을까 하는 생각요. 가령 손으로 일할 때는 마음으로 기도드릴 수 있거든요. 그럴 수 없을 때라도 봉헌은 될 수 있는 게 아닌지, 잘 알 수는 없지만 요즘은 이상하게 생뚱스런 생각이 많이 듭니다.

예수님께선 저희에게 생명을 주셨지요. 제게 주신 성체는 그분의 생명이예요. 제가 모신 성체를 잘 보존만 한다면, 그러니까 저의 이기심과 육신의 편안만 바치는 성향을 죽이고 제 몸 속의 예수께서만 사실 수 있도록 한다면 저는 영생의 길을 가는 것이지요. 어쩌면 성체께 일치함으로써 잠시 머무르는 차세(此世)에서까지도 영생복락의 천국 생활을 실현할 수 있을지 모르겠어요. 그런데 그분의 생명을 모신 제가 과연 제 이웃에게 내 줄 수 있는 것은 무엇인지요. 아마 가족들, 이웃들을 위해 정성스러이 기도하는 것도 그 중 하나일 거예요. 또 몸을 움직여 그들을 돕고 제 일상의 모든 생활과 조그만 노동까지 모두 바치는 것도 그 중 하나의 방법, 기도와 같은 봉헌이 아닐는지요. 땀과 시간과 살고 있는 마음 모든 것이 봉헌이 될 수 있지 않겠어요?

 예수께서는 우리 가운데의 미소한 사람, 보잘것없는 사람에게 계신다 했으니 가족이나 아랫사람들의 일을 성심으로 돕는 것도 결코 성체께 거스르는 생활은 아니리라 생각합니다. 전 정말로 할머님이나 섬이 아가씨, 일석 도련님, 부엌어멈이나 행랑 사람들에게서 살아 계신 그리스도를 때때로 느끼는 걸요. 천덕꾸러기 무식꾼 뱃사람을 분신이라 할 후계자로 뽑으신 그분은 세리도 죄녀도 구원의 밥상에 불러 주셨습니다. 재산을 내놓은 쟈캐오도, 향유를 붓고 머리칼로 주님의 발을 씻어 준 죄녀도 용서하셨으니까요. 다만 제가 염려하는 것은 제가 혹 성령에 거스르는 육신의 안락에 빠져서 그 안락을 성령으로 잘못 분별하는 것이나 아닌가 하는 점뿐입니다."

"루갈다의 심중은 알겠소마는 일상 생활의 짐이 과중하지 않은가 염려하고 있었소. 그런데 그리 분주하게 집안의 온갖 대소사로 종종거리는 중에도 육신의 안락을 걱정하다니 뜻밖이오."

"육신이 삼구의 한 가지임을 잘 아시잖습니까."

"세속, 마귀와 함께 영혼의 세 가지 원수가 육신이라는 것이야 아이들도 아는 일이지요. 사실 육신이란 영혼을 담는 그릇이니 그릇만으로선 물질의 성질을 고스란히 가지고 있게 마련이오. 속이 비면 배고프고, 때가 되면 자고 싶고 추우면 따듯함을 원하고."

"그 기본 성질 자체가 경계해야 할 요소 아닌지요. 불편이나 고통을 싫어하면서 끝없이 편하고 싶어하고 향락을 추구하는 몸이 가진 성질 말입니다. 몸이란, 더위나 추위 정도의 불편을 싫어하는

데 그치지 않고 마냥 편하기만 한 게으름을 원하고, 마냥 쾌락을 탐하고 호사만을 바라지요. 보고 듣고 먹고 입고 하는 모든 감각까지도 그러해요. 그리고 전 조금 분주하기는 하지만 불편도 고통도 없어요. 절제나 극기의 단련조차 잊어버리고 지낼 만큼요. 모든 것이 온 가족의 신덕과 아량으로 그런 것이지만 가끔 불안이 느껴지곤 합니다. 이렇게 아무 희생 없이 어려움 없이 그저 즐겁게만 살면서 어찌 천주 대전에 공로를 쌓을 수 있을까 하구요."
"루갈다. 그렇게 천진난만한 소리를 하다니, 우리가 정말로 한어머니에게서 태어난 오누이라면 그럴 수도 있겠지만, 루갈다는 나의 누이이면서 아내가 아니오? 우리의 모든 시간 속에 유혹의 함정이 도사리고 있는데 루갈다는 그걸 모르겠소?"
"…믿어요…오…라버니를."
"아니 난 내가 못미더워. 내 자신이 의심스럽소. 루갈다는 믿지만 나를 믿을 수는 없는걸. 내가 얼마나 잦은 갈등과 유혹을 느끼는지 안다면 루갈다도 그렇게 태평한 소리를 하지는 못할 게요. 루갈다. 아니 당신은 내 누이오. 하늘에 계시는 압바께서 나만을 위해 존재하게 해 주신, 진정한 누이, 사랑의 누이, 누이요, 누이, 누이의 기도가 필요하오, 나를 위해 기도해 주시오, 다른 식구들에게 당신을 나누어주기 이전에 나를 위한 나눔으로 기도해 줘요. 난 자신이 없어요. 때때로 미친 바람이 내 몸 속에서 요동을 칠 때가 있어."
"죄송해요. 그렇게 어려워하시는 줄 몰랐어요."
"눈치 안 채게 하려고, 혼자 묵묵히 이겨 내려고 꽤 애썼소. 천진하기 짝없는 루갈다를 보면 내가 부끄럽고. 용기를 얻은 적도 있소. 나도 루갈다처럼 완전히 초월해 보리라. 루갈다가 완전하게 초월하고 있다면 나라고 못 해낼 것도 없지 않겠소.
천상의 세계를 배회하는 듯한 당신의 잠든 얼굴을 보면서 나는 그렇게 결심을 굳히곤 했어요. 결심을 굳히고 묵주신공을 올리면 그럴수 없이 마음이 맑아지고 기쁘고. 의심스럽고 못마땅하던 내 자신이 성령으로 단단하게 무장된 듯 새롭게 소중하고 나는 못 해 내지만 압바께선 하도록 해 주신다는 믿음과 자신이 샘솟기도 했지. 그런데 이젠 루갈다, 누이의 도움이 필요해요. 기도의 도움을 구하고 싶소. 한 번씩 이겨 내는 일이 갈수록 어렵고, 유혹은 잦아지고, 잦아지면서 점점 강렬해지고 있으니 내가 부끄럽고 두렵소."

순이는 계절이 세 번째의 변화를 보이도록 그야말로 천진난만했었다. 명색뿐의 합방일이긴 하지만 그때마다 중철과 한방을 사용하는 거북스러움도 점차 시스럼이 없어지면서 지낼 만하게 되었고 많은 가족과 낯선 이웃과도 웬만큼 사귀게 된 것이었다.

사람들이 초내미라 부르는 마을은 아름답고 인심 좋은 고장이었다. 무엇보다도 살림이 풍족하였다. 한림동에서의 그 어렵던 생활을 생각하면 시댁의 넉넉한 가세는 마음에 여유를 주었다. 행랑 사람이나 마을 사람들 역시 궁끼에 찌들거나 물 마시고도 이 쑤시는 위선의 모습이 아니었다. 모두가 부지런히 일하며 오붓하게 살아가고 있었던 것이다. 때로 못 알아들을 사투리에 당황하기도 했지만 식구들이나 반가의 안주인들은 대부분 서울 말씨인 경사를 알았다. 늘 글을 읽고 쓰며 책을 벗하는 탓으로 표준어에 밝은 것이었다. 책은 수신서나 고전의 서책 외에도 언문 이야기책이 많이 나돌았고 항간에 떠도는 가담항어를 모아서 베낀 「파수록」은 누구나 좋아하는 잡시였다. 애기꾼 영감이나 애기꾼 노파도 자주 드나들었고 소리꾼이 와서 묵는 일도 있었다. 순이에겐 초남 마을의 시집살이가 여러 모로 흥미로웠던 것이다. 무엇보다도 낯선 시댁 식구들과 잘 융화해야 한다는 책임감이 막중했었다.

중철이 그렇게까지 유혹과 갈등으로 혼자 고뇌했으리라고는 짐작을 하지 못했었다. 열여덟의 순이에겐 아직 중철이 무작정 좋고 미더울 뿐 애정의 구체적 갈증 같은 것은 절실하지 않았다. 어쩌면 그녀는 이성 간의 구체적인 연정에 대해 이제 비로소 눈을 뜨기 시작한 것인지도 몰랐다.

그것은 아름다움에 대한 새로운 인식이기도 했다. 순이는 남편의 몸에 걸치는 옷가지에 각별한 정성을 기울였고 그의 몸을 감쌌던 것은 낡은 버선짝 하나라도 소중하고 친근했다. 그 버선에 담겼던 중철의 발을 생각하면 그녀는 사람 몸의 생김새와 쓰임새가 연상되면서 신기해지기도 하고 아름다움이라는 것에 대해 숙연해지기도 하는 것이었다. 남자의 몸이 여자와는 사뭇 다른 낯선 느낌에 자주 직면하면서는 아름다움의 의미를 배워야 한다는 생각을 하기도 했다. 애덕송을 드릴 때면 천주가 아름답다는 대목이 뭔지 모르게 미흡한 느낌이었는데 차차 그것이 아름다움에 대한 인식 부족이라는 깨달음이 왔던 것이다.

아름다움이란 달리 말하면 완전함이 될 터였다. 진리도 소망도 선도 그 극치는 완전의 아름다움일 것이었다. 그렇다면 모든 것을 창조하신 분은 마땅히 아름다움의 근원이고 또한 그분의 모상대로 지음받은 사람은 아름다울 것이었다. 예쁘거나 보기 좋은 것에 그치지 않는, 아무리 보고 보아도 결코 싫증을 주지 않는 모습이라면 아름다움이라는 이름 외에는 달리 표현할 방법이 없는 것이었다.

처음 순이는 중철의 크고 깊은 마음, 무슨 일에나 누구에게나 성실을 다하는 그의 진국스러운 사람됨을 좋아했었다. 그 사람 전체 중에서 눈에 보이는 생김새보다는 안 보이는 인품을 신뢰했던 것이다.

어머니 권씨가 무엇보다 준수한 이마와 콧마루에 신심과 심덕이 다 쓰여 있으며 어질고 따스한 눈빛, 잘생긴 귀, 반듯한 두상이 모두 마음에 든다고 하실 때도 귓결로 들었다. 생김새가 뭐 그리 대단한 것이람, 눈에 안 보이는 마음이 중요하지 하는 생각이 마음 한구석에 도사리고 있었던 탓이었다.
 그러나 이제 순이는 그의 생김새가 모두 소중했다. 그를 보고 있으면 하느님의 모습도 상상이 가능해질 듯했다. 그것은 잘생기고 못생기고의 문제가 아니었다. 그를 볼 때 마음에 차오르는 아주 좋은 무엇이었다. 그 사람의 비뚤어진 손톱도, 못생긴 이빨도, 저고리를 벗어야 드러나는 목 뒤의 괴상스러운 사마귀까지 그럴 수 없이 좋고 미덥고 소중했다. 때로는 그의 그러한 부분들을 만져 보고 싶기도 하고 볼을 대보고 싶은 때도 있었다. 이따금 스치는 그의 냄새 역시 그러했다. 그 품에 안겨 보았으면 하는 때도 없지 않았다.
 하지만 만져 보고 싶고, 볼을 비벼 보고 싶고, 품에 안겨서 그의 냄새에 젖어 보고 싶은 것은 아무래도 좋았다. 그것은 조금도 중요하지 않았다. 순이에게 더없이 중요한 것은 그러한 그를 알게 되었으며 그 좋은 사람이 항상 가까운 자리에 있다는 것이었다. 그와 더불어 살아간다는 점이었다.
 순이는 그를 앎으로써 막연하고 애매했던 예수께의 사랑을 비로소 실제로 맛보며 배우는 심정이었다. 아득히 멀던 천주님을 바로 옆자리의 가까운 곳에서 구체적으로 느끼는 듯했다.
 그를 알고 받아들이고 이해하고 아끼며 함께 살아간다는 것. 하루하루 그를 좀더 깊이 알게 된다는 그것은 진정한 사랑이 무엇인지를, 자신의 전존재로 원하는 하느님에게 가까이 다가가는 방법을 경험으로 터득해 가는 과정일지 몰랐다. 어쩌면 사랑이란 안다는 것, 바르게 제대로 깊이 알아서 그를 많이 이해하는 능력을 키워 가는 것인지도 몰랐다. 그리고 그것은 인간의 심성이 미지의 신비로 채워진 그만큼 끝없이 무궁한 미지를 동반하고 있을 터였다.
 어떻든 그녀는 중철이 정말로 좋았고 조금씩 더 많이 그의 자질구레한 버릇이며 식성 같은 것을 알게 되고 그의 모습을 눈 감고도 그려 낼 수 있을 만큼 익숙하게 알게 되면서 아끼고 존중하는 마음도 그만큼 커지고 깊어지게 되었다. 그를 아끼는 마음에 점점 더 절실한 진실의 무게가 더해 가는 것이었다. 그리고 그것이 그들 내외에게 있어 두려운 시련의 시작이 되는 줄은 미처 몰랐다.

중철이 기도를 부탁할 때만 해도 그의 괴로움을 알아채지 못했던 게 미안하고 뉘우쳐졌을 뿐 그 갈등이 자신의 내부에서도 싹트고 있으리라고는 짐작을 못 했었다. 그만큼 그 문제는 순이에게 아득하게 먼 미지였었다. 낯설고 생소한 시댁 분위기에 적응해야 하는 일이 더 시급했던 때문이었는지도 몰랐다. 그리고 어느 만큼 새로운 환경에 익숙해지자 내외 간의 일에 마음이 쏠리게 되었는지도 몰랐다.

서울의 엄동에 비해서는 한결 푸근한 겨울을 보내고 온갖 생물이 마음껏 기지개 켜는 봄이었다.

순이는 시어머니의 권유에 따라 시숙모와 시뉘들과 이른 아침 차순을 따라 나갔다. 시할머니께서도 지팡이에 몸을 의지해 부엌어멈을 앞세우고 뒷산 기슭의 차나무밭으로 나오셨다. 애기 손톱같은 차순을 따는 일은 신선놀음에 비길 만한 것이어서 할머니도 동참하신다는 것이었다.

아닌 게 아니라 포근한 봄날 이른 아침의 산기슭은 산안개와 아지랭이만으로도 선경의 싱그러움이 있었다. 온갖 소리로 우짖는 새소리도 바람소리도 오묘한 생기에 차 있었다. 영롱한 아침 이슬 속의 어린 차순은 손을 대기가 망서려지도록 여리고 예뻤다. 참새 혀와 같은 어린 차순만으로 만들어 작설차라 불리워지는 재미스러운 이름에 비로소 공감이 느껴졌다.

차나무는 꽤 여러 그루가 옹기종기 모여서 보일 듯 말 듯 새순을 틔우고 있었다. 시어머니가 출가도 해 오시기 전 항검 공의 사별한 친모생가, 그러니까 중철의 진외가에서 묘목을 옮겨다 심었으나 십수 년 전까지만 해도 예사 나무로 여겼다고 한다. 뒷밭에 차나무가 있으니 봄이면 습관적으로 잎을 따 찌고 덖어 두었다가 사랑에서도 안에서도 심심파적으로 마셔 왔다는 것이었다.

 그러던 것이 항검 공이 입교를 하고 서울 내왕이 잦아지면서 교우들과의 친분이 두터워짐에 따라 의외로 차를 아끼고 즐기는 교우가 많다는 것을 알게 되었다. 서울 사대부가에서는 사랑에서나 내당에서나 예외 없이 차를 즐겼고 값비싼 남녘의 차와 함께 청국에서 흘러든 중국 차가 적지 아니 애용되고 있었다. 세도 높은 고관댁들은 남녘의 사찰에 불공과 함께 차 재배를 의뢰하는 것이 연례 행사이기도 했다.

 항검 공은 뒤늦게 차나무 가꾸기에 마음을 쓰게 되었고 그 여리고 고운 잎을 더운 김에 쪄내거나 직접 열을 주어 덖어 내는 방법에까지도 정성을 기울이게 되었던 것이다. 찻잎을 가루로 내어 덩어리로 응고시키는 단차도 두어 차례 만들어 보았으나 단차만은 아직 제대로 만들 솜씨가 못 된다고도 했다. 근래에는 중철이 북경에서 들여온 포도나무와 함께 차나무의 가지치기며 뿌리의 자양 상태 등을 세심하게 돌보고 있었다.

 순이는 한 잎 한 잎 연두색 순을 땄다. 향내가 말할 수 없이 여리고 은은했다. 손가락에 물드는 연두빛의 연한 색깔도 점점 검어지는 것이 신기했다. 그 여린 냄새와 아기 손톱만한 크기의 갸름한 모양과 말할 수 없이 부드러운 차순의 감촉 속에 부친이 떠오르고 이암 외숙의 소탈한 모습이 떠올랐다.

 두 어른 모두 차를 즐기셨었다. 어머니 역시 즐기셨지만 부친을 여읜 후로는 오래도록 차를 가까이할 가세가 못 되었다. 초례를 치르고 순이가 친정에 머물던 정사년 동지에 전주에서는 가을걷이 햇곡의 추수 인사로 곡식 바리를 보내 왔었다. 찰볏섬과 멥쌀, 오곡이 갖추갖추, 대추, 모과 등의 과물, 그리고 녹차가 있었다.

 어머니는 혼수 예물로 온 비단 피륙을 일가 댁에 고루 나누어 돌렸 듯이 모든 곡식과 과일을 고르게 나누어 일가 댁에 돌렸다. 순이의 시댁에서 햇곡 추수 인사로 보내 온 예물이라는 설명을 잊지 말도록 을쇠에게 당부하며 그리했고 혼례 때의 비단 예물과 함께 동지의 햇곡 예물은 예상대로 일가 어른들의 입막음 구실을 톡톡히 했다.

그러나 녹차만은 한켠으로 밀어 두었다가 양근 큰외숙께나 좀 보내겠다는 요량을 비치셨다. 서울 시전에서는 첫물도 아닌 덖음차가 한 홉에 쌀 몇 말 값이라는 것이었다.

출가를 해 오기 전까지 큰외숙께 나눠 드리고 남긴 첫물의 중제차인 작설차를 어머니와 오라버니 내외와 아끼며 오붓하게 우려 내던 것도 그리운 추억이 되었다. 특히 만과 후에 드는 그 차맛과 향기는 언제까지라도 잊을 수 없을 것이었다.

녹차는 모든 것이 흔하고 풍족한 초남에서도 아끼는 귀물이었다. 새 사랑의 교우 손님에게만 내는 것으로 시어머니만이 꿀단지 같은 것들과 함께 따로 두고 관리하셨다.

새 사랑에는 팔도 각 고장의 교우들이 무시로 드나들며 묵었고, 차는 주로 중철이 물을 달이고 차를 우렸다. 서울 교우들의 여러 소식이며 전교 상황, 옥에 갇힌 이들의 근황, 고을마다 소리없이 스미며 번져 나가는 전교 소식이 은은한 녹차 향내 속에 오가는 것이었다.

순이가 어지럼증을 느낀 것은 그렇게 마냥 한가로운 마음으로 그 연한 차순을 반 소쿠리나 땄을 때였다.

연두색 나뭇잎들이며 거뭇거뭇한 나뭇가지들이 출렁출렁 눈앞을 어른거리다가는 정신이 아뜩해졌다.

"예수 마리아 요셉, 예수 마리아 요셉."

손으로 눈을 비비고 머리를 조금 들자 차나무 가지 사이로 시어머니의 밋밋한 허리가 여전히 출렁거렸다. 시어머니 신씨는 산달을 두어 달 앞두고 있었다. 네 살 된 일석 도련님이 알맞은 터울로 아우를 보는 것이었다.

　어지럼증은 순이가 아주 이따금 앓아 본 병이었다. 대개는 봄에 입맛을 잃고 어지러움으로 기동을 못 하곤 했다.

　그녀는 입 속으로 예수 마리아 요셉을 계속 부르다가 쪼그리고 앉았다.

　시어머니께 여쭐까 했으나 조금 견디면 그런대로 가시겠거니 싶기도 했다.

　튼튼한 체질은 아니지만 순이는 스스로 강단이 있다고 믿는 터였다. 그것은 가족 모두가 그러했다. 어머니도 아버지도 기운이 많거나 혈색 좋은 분들이 아니었지만 잔병치레는 없었고 아이들도 다르지 않았다. 오라버니만이 허약했었다. 하기야 아이고 어른이고 갖은 병치레를 하다가 덜컥 덜컥 죽어 가는 것이 예삿일이고 보면 오라버니도 강단은 있는 셈이었고 강단이 있다는 것은 특별한 은총이었다.

　순이는 쪼그리고 앉아서 소쿠리를 내려놓고 귀 위의 관자놀이를 양손으로 지그시 눌렀다. 숨을 깊이 들여마신 후 가운데 손가락으로 잠깐 누르다 떼며 숨을 내쉬고 다시 숨을 깊이 마신 후 누르다 떼며 숨을 내쉬고 귀 뒤의 아래 경혈과 목 뒤 경혈도 세 번씩 눌러 주었다. 머리가 아프거나 어지러울 때 그렇게 지압을 하면 어느 정도는 가라앉는 것이었다.

　결국 순이는 찻잎을 많이 따지는 못했지만 어지럼증을 견디면서 점심때가 되어 식구들이 모두 차나무밭을 내려올 때까지 버티어 냈다.

　그날 저녁이었다.

　만과를 끝내고

　"루갈다. 무슨 언짢은 일이라도 있었소?"

　중철이 물었다.

　"언짢은 일은요, 차순 따는 일이 얼마나 신기했는데요."

"안색이 좋지를 못해요. 목소리에도 힘이 없고."
"조금 머리가 무겁고 어지러운데, 자고 나면 괜찮을 거예요."
그러나 밤새 순이는 신열이 높았다. 중철이 찬 물수건으로 열을 식혀 주었지만 별 소용이 없었다. 다음날 순이는 일어나지 못했다.
예사롭게 여긴 어지럼증이 자리 보존을 하고 병치레를 하게 된 것이었다. 의원이 다녀가고 집안에는 약 달이는 냄새가 그치지 않았다. 중철은 지극 정성으로 간호하고 기도했다. 사흘을 인사불성으로 앓던 순이는 차츰 열이 내리면서 회복되기 시작했고 집안에 무겁게 끼었던 근심의 안개는 서서히 걷혀 갔다.
순이가 중철의 체온과 손길에 더할 수 없는 충족감과 안일을 느낀 것은 그 무렵이었다. 아플 때는 아무 의식도 느낌도 없었지만 기운을 차리고 보니 중철은 한 발짝 성큼 다가와 순이에게 밀착해 있는 듯했다. 그는 염려 가득한 얼굴로 순이의 이마나 볼을 쓰다듬어 주었고, 머리칼을 가지런히 해 주었으며 몸을 부축해 주고 이불깃을 눌러 주었다.
순이는 모든 것이 부끄럽고 민망했지만 맨발을 그에게 보인 것은 정말로 창피스러웠다. 할 수만 있다면 물리고 싶도록 몹시 부끄러웠다. 요한은 펄펄 끓는 신열을 내리게 하기 위해서는 버선을 벗길 수밖에 없었다고 그것이 무슨 대수로운 일이냐는 듯 가벼이 말했지만 순이는 자신이 몹시 갱충맞게 생각되는 것이었다.
그러나 그때까지는 아무 위험도 유혹도 없었다. 어떤 한계 안에서는 서먹서먹하던 둘의 사이가 한 발짝 더 가깝게 밀착함으로써 좀더 허물이 없어졌을 뿐이었다.
그리고 중철의 비뚤어진 손톱까지도 좋아하는 순이의 마음이 막연한 두려움을 의식하리만큼 그를 무척 무척 그리게 된 것이었다. 한 집안에 살면서도 그를 그리워할 만큼 순이의 감정이 은밀하게 진해지고 있었으며 그것은 갈등이었다.

그녀는 때때로 그를 골똘히 생각하다가 하느님 생각을 잊어버린 자신을 발견하고는 소스라쳐 놀랐다. 그것은 스스로 생각해도 기막힌 일이었다. 하느님 생각을 잊어버리고 사람 생각에 빠지다니, 하느님 생각을 잊어버리고 사람 생각에 빠지는 일이 자기에게 생기다니.

아무리 자연 경관이 좋고, 의식주의 모든 물자가 풍족하며, 식구들이 다정다감하고 화기애애하다 하더라도 그 복된 호사를 누리게 해 주신 은총에의 감사는 습관적이 되고, 중철이라는 사람에게만 사로잡힌다는 것은 잘잘못을 따지기 이전에 실망스럽고 한심한 노릇이었다. 자기 자신이 형편없이 천한 여자가 아닌가 하는 생각조차 들었다. 아마도 사람 마음 속을 보시는 천주님께서는 자기의 한심한 속마음을 안타까이 여기실 것이었다.

순이는 오래 오래 기도하게 되었다. 밤 늦도록까지 우선 자기 자신을 위해 기도드리고 묵상했다. 새벽이라기보다는 한밤중이라 할 축시 무렵까지 불도 없이 중철과의 사이에 세운 병풍 뒤에서 귀상의 십자고상을 모시고 꿇어앉아 밤을 밝히곤 했다. 중철을 위한 기도란 자신을 성화하는 길일 터였다. 그 길의 고뇌는 어렵고 힘겨웠다.

어쩌면 중철이 단순한 육신의 본능과 싸우고 있다면, 순이는 육신만이 아닌, 이를테면 마음과 감정이 모두 육신으로 결합되어 생겨나는 사람에게의 애정 전체와 싸우는 것인지도 몰랐다. 그것은 남성과 여성의 본성의 차이일 수도 있었다. 하느님까지도 잊어버리면서 골똘하게 그리게 되는 중철에게의 애정은 인격 전체가 기울어지는 영육의 이끌림인 것이었다. 순이는 오랜 기도와 묵상 속에서 나의 사람이 나의 하느님을 잊어버리게 하지 말고 사람에 대한 절실한 열정이 그대로 하느님에게까지 이르도록 눈물로 통회하곤 했다.

그로부터 밝기만 하던 두 사람의 생활에는 이따금 그늘이 어렸다. 많이 좋아할수록 서로 깊이 아낄수록 몸의 요구는 강렬해졌고 순이는 비로소 몸 속으로 전류가 흐르는 순간을 알게 되었다. 그것은 갈증의 신호였다.
　여름이었다.
　정사년에 결발을 하고 무오에 혼행을 와서 기미년의 사계절을 보내고 윤사월이 든 경신 칠월에 교중 손님이 은밀하게 새 사랑으로 찾아들었다. 국상 중이라 나라 안에는 모든 백성들의 관혼상제가 중지되거나 금지되고 있었다. 초남리에서도 가을로 예정했던 점이 아기씨의 혼행이 자연히 미루어졌다. 순이는 찻물을 가지고 분금이에게는 쑥인절미 목판과 꿀종지의 소반을 들려서 대밭 오솔길을 지나 새 사랑으로 나갔다.
　새 사랑에는 시부와 아랫집 숙부, 고산 당숙이 토마스(황 심)님과 얘기를 나누고 있었다.
　이어 훈장과 중철, 숙부 연세의 육촌형 중태가 들어왔다. 무심한 매미소리가 대숲의 푸르름을 방 안으로 옮기고 있었다.
　"서울엔 불미스러운 소문이 소리없이 퍼져 나가고 있습니다. 돌아가신 상감 약제가 온당치 않았다는군요."
　토마스 님이 담배통을 훈장 앞으로 밀어 놓으며 헛기침을 했다.
　"약제가 온당치 않다니요? 그럼 시해란 말씀입니까?"
　아랫집 숙부가 반문했다. 놀라거나 흥분하면 그러듯이 숙부는 손놀림을 멈추고 있었다. 주먹 안에 가래 두 알을 쥐고 쉴새없이 굴리는 것이 숙부의 버릇이었다. 호도나 가래를 손 안에서 비벼 길들이는 것은 수족이 냉한 노인들이 심심풀이삼아 손을 덥게 하자는 요법이었으나 아직 젊은 숙부는 노마님을 위한 일이었다. 검푸른 과육을 벗겨 낸 가래는 딱딱한 껍질이 거칠므로 억센 손으로 알맞게 길들여 노모님 손에 쥐어 드리는 것이다. 성격이 호방한 아랫집 숙부에게는 그런 어울리지 않는 자상한 면이 있었다.
　"보위에 오른 상감은 겨우 열한 살의 어린 춘추가 아니시오? 수렴

청정이 불가피한 일인즉 대권에 눈독을 들이는 측에선 농간을 부렸을 수도 있다는 게요."
"약제가 온당치 않았다는 건 그런 어림 짐작이 아니지를 않습니까. 약제에 혹 불미한 조화라도 있었다면 그건 엄연한 시해지요."
"소리 죽여 떠도는 소문일 뿐 대권은 이미 넘겨진 터에 그걸 무슨 수로 가려 낼 수 있겠습니까. 공연한 헛소문일지도 모르구요. 어떻든 교중 어른들도 크게 애석해 하고 계십니다."
아우와 토마스의 얘기를 묵묵히 듣고 있던 항검 공이 조용히 입을 열었다.
"종교로서는 아니지만 신학문으로서는 아끼고 수호해 주시던 상감이 아니신가, 대신들의 파당싸움에서 우리 천학이 회자거리가 되지 않도록 주의를 기울여 주시기도 했고. 이제 말이지만 선왕의 유화정책이 아니었던들 번암 정승 타계한 즉시 우리는 군란을 면치 못했을걸세."
"옳은 말씀입니다. 벽파에서 아무리 용을 써도 중앙에선 군란을 못 일으켰지요. 지방에서는 그렇지도 않았지만."
고산 당숙이 얘기에 끼여들다가 말끝을 흐렸다. 그는 방안 사람들을 둘러보다가 시선을 뒷문 밖 대숲으로 보냈다. 토마스가 없는 사이 순교한 토마스의 젊은 처남을 생각한 모양이었다.
황 토마스는 을묘 이후 윤 바오로와 지 사바 어른의 뒤를 이어 중원 천주당으로 야고버 신부님의 심부름을 다니고 있었다. 을묘에 윤유일, 최인길, 지 황 세 교우를 잃고 야고버 신부는 중원 천주당에 편지 보낼 근실한 사람을 구해 달라고 항검 공에게 부탁해 왔으며 항검 공은 아우들과 상의해 덕산 고을의 황심 토마스를 천거한 것이었다. 토마스는 사람이 신실한 데다 신부님 입국하시기 전에도 국경을 내왕했다. 조선까지 가본 일이 있었으므로 신부님의 심부름을 하기에는 안성맞춤이었다. 항검 공 형제는 노자를 든든히 주어 토마스를 상경시켰고 북경으로 떠날 때는 오백 냥의 경비를 댔다. 그후 황 토마스는 사 년을 한해도 거르지 않고 동지부연사신 일행을 따라 북경교회 현황을 알리는 야고버 신부님의 사목 보고서를 주교님께 전하고 한해 동안 세례와 견진 예식에 사용할 성유를 받아 오는 것이었다. 주교님께 축성받은 성유와 함께 교구청에서 지급되는 야고버 신부님의 전교비를 받아 오는 것도 중요한 임무의 하나였다.

황 토마스는 해마다 교우 한 명씩을 동행했는데 무오년에는 초남댁에 묵고 있는 김유산 토마스와 북경까지의 길동무를 했었다. 내포 어른을 따르다가 그분이 본향에 안치된 뒤로 항검 공의 일을 거들며 교우들의 옥바라지 심부름을 도맡아 하고 있는 김 토마스는 황 심 토마스의 처남인 이보현 방지거의 해미 순교를 지켜본 증인이기도 하였다. 그러지 않아도 오며가며 무람없이 초남을 왕래하던 황 토마스 님은 서울 교중 소식도 알리고 처남의 순교 소식도 소상히 듣고 싶었을 것이었다.

"방지거 도련님의 치명은 장렬했습니다요. 영감마님 분부따라 망나니들을 미리 구슬러 칼까지 잘 갈아 두도록 했습지요. 칼날이 무디어 칼질을 거듭하면 치명의 고생이 더하니까요. 그런데 허사가 되었어요. 글쎄 그게, 그러니까 장터에서 조리를 돌리구는, 순식간에 칼이 아니라 매로 변동이 되어설라무네 손을 쓸 도리가 없었습죠. 그런데도 방지거 도련님은 비명도 없이 어찌나 참하게 견디는지, 외레 쇤네가 엉엉 울었습니다요."

김 토마스는 짙은 눈썹의 눈을 껌벅껌벅하였다. 또 눈시울이 더워 오는 모양이었다. 김 토마스를 데리고 함께 순교자의 유해를 거둔 고산 당숙이 말을 이었다.

"나흘을 기다려서야 유해를 거두었는데 얼굴만은 상처 하나 없이 잔칫상이라도 받고 있는 표정이었지요. 그림이라도 그려서 토마스 어르신께 전해 드렸으면 싶더군요. 어르신께서 그 어린 처남 때문

4. 나의 사람 그리고 나의 하느님   139

에 얼마나 심려가 많으셨습니까. 조실부모하고 술청이나 기방만 기웃거리더니, 어르신께서 자식처럼 돌보며 입교시키신 후엔 출중한 단사(端士), 진실된 교우가 되지 않았습니까, 그에 합당한 치명을 했으니 이젠 진복자가 되어 하늘나라에 어르신의 자리를 마련하고 있겠지요."

황 토마스 님은 묵묵히 듣고 나서 차를 들었다. 그리고 항검 공에게 깊이 머리를 숙였다. 자기가 북경에 간 동안 잡혀 순교한 처남의 모든 뒷배를 항검 공이 돌보아 준 것이었다.

"참, 한림방에서 서찰 받아 온 걸 잊었구먼, 별일은 아니고 안부 편지라 하시더군."

토마스 님이 생각난 듯 품 안에서 서찰을 꺼내 중철에게 주었다. 갑자기 구름이 몰려드는지 날씨가 컴컴해지면서 매미 소리가 약해지고 있었다.

중철은 순이에게 서찰을 건넸고 그들은 얼마 뒤 앞서거니 뒤서거니 새 사랑을 나와 대밭 사이 오솔길로 접어들었다. 그 길은 언제 걸어도 운치 있었다. 새들이 푸드득거렸다. 오솔길은 새 사랑을 지은 후 그들의 발길로 호젓하게 길이 들어 있었다. 중간쯤 왔을 때 소나기가 후드득거리더니 이내 빗줄기가 세차졌다. 변덕스러운 날씨의 복중이었다. 그들은 걸음을 빨리 했다.

그러나 뒤안방에 이르렀을 때는 두 사람 다 조르르 젖어 물이 뚝뚝 떨어져 내렸다. 둘은 마주 보고 웃었다. 쫄딱 젖은 모습이 생소했다. 순이가 수건을 내다가 중철 얼굴의 빗물을 닦아 주자 중철도 수건을 받아 아내 얼굴의 물기를 마주 닦아 주었다.

순이가 몸 속으로 전류가 지나가는 순간을 경험한 것은 그 순간이었다. 순이의 이마와 머리와 코, 입, 턱, 볼의 물기를 천천히 닦아 준 중철이 자신의 이마를 그녀의 이마에 얹어 왔던 것이다. 그것은 조금도 어색하거나 서먹한 일이 아니었다. 그들은 아주 이따금 지극히 평화로운 마음으로 손을 쓰다듬거나 어깨라든지 볼이라든지 가만가만 쓸어 보는 때가 있었다. 중철은 특히 순이의 풀어 내린 머리결 쓸어 보기를 좋아했다. 순이도 한두 번쯤 그의 코와 귀와 수염과 눈썹같은 것을 만져 본 적이 있었다. 그리고 그러한 동작은 어머니가 품안의 아가를 어루만지는 성스러운 사랑의 범위를 넘지 않았다. 그 어루만짐은 아주 자연스러웠고 둘 다 한계를 알고 있다고 생각하였다. 그랬기에 손을 만지고 머리칼을 만지고 살며시 안아 보고 가까이에서 바라보며 볼을 대어 보는 것은 말없는 촉감으로 둘 사이의 다정함을 확인하게 할 뿐 욕정을 자극하는 것은 아니었다.

빗물에 젖은 이마를 마주 대고 중철이 순이의 젖은 어깨를 감싸 안은 동작 역시 그 다정한 어루만짐의 연장이었다. 그러나 젖은 두 눈이 빗물 냄새 속에서 아주 가까운 거리를 사이에 두고 부딪었을 때 순이는 숨을 가만히 멈추었다. 혈관 속으로 전류가 지나가면서 스르르 맥이 빠졌던 것이다. 중철의 타오르는 듯한 눈빛이 그렇게 낯설고 두려울 수가 없었다.

중철이 순이의 이마에 살그머니 입술을 얹어 왔다. 차가운 빗물의 감촉이 다시 한번 생소하게 찌르르했다.

그러나 중철의 눈은 더 이상 낯설게 타오르지 않았고 그는 자연스럽게 아내의 어깨를 돌려 세우고 손을 거두며

"감기들겠어, 어서 옷을 갈아 입어요."

벽 쪽으로 접혀 있던 병풍을 방 가운데에 세우고 병풍 뒤로 돌아갔다.

순이는 농장에서 남편의 의복을 꺼내 병풍 뒤로 넘겨 주었다.

그리고 그후 그녀는 오랜 기간이 걸려서 가까스로 아무렇지 않게 된 일들에 망설임을 느끼곤 했다. 자주는 아니지만 등물을 해 주거나 지압을 해 주는 일들이 어느 만큼 익숙해져 있었는데 비에 젖었던 날 전류를 경험한 후로는 그런 일상에조차 낯선 느낌이 생기면

어쩌나 걱정스러워지는 것이었다. 그러나 대식구의 번잡한 집안 분위기는 그러한 은밀한 위험을 예방하는 데 도움이 되었고 그 무분별한 감정의 짓궂음은 금세 금세 다스려지기도 하였다. 다만 아주 당치 않은 때에 예기치도 못하게 습격처럼 스쳐 지나가는 찌릿한 느낌들은 순이를 당혹스럽게 했다. 어떤 때는 눈만 마주쳐도 열이 오르듯 그럴 때가 있었다.

두 사람은 차츰 자연스러운 어루만짐조차 삼가기 시작했다. 그들은 서로가 몸 속에 불을 가지고 있음을 알게 된 것이었다. 성스러운 어루만짐조차 둘의 사이에서는 불씨가 될 수 있을 만큼 몸 속의 불은 분별을 모르는 것이었다.

중철은 오밤중에 일어나 앉아 오래오래 기도를 하기도 하고 뒤꼍 우물에 나가 물을 뒤집어쓰고 들어오기도 했다. 유혹이 강렬할수록 그것을 이겨 내려는 노력 또한 극기에 가까울 만큼 치열해지고 있었다. 더불어 이겨 낸 후의 기쁨은 그만큼 컸다.

돌쟁이 막내 시동생 일문을 아예 뒤안방에 데려다 놓고 순이가 전적으로 돌보게 된 것도 쓸데없는 유혹을 피하려는 의미가 없지 않았다. 속 모르는 사람들은 순이가 자식이 없어 그런다고, 어서 자식을 두어야 한다고 걱정을 해 주기도 했다.

아가란 참으로 경이로운 존재였다. 순이는 아기가 태어날 때부터 속깊이 경탄했다. 전에는 그저 그런 것이려니, 동생을 어머니가 낳아 주시듯 어머니들은 아기를 낳는 것이려니 여겼으나 이제는 달랐다.

내외 사이에서 사랑의 힘으로 아기가 태어나도록 섭리하시는 은총이 너무나 신비스럽고 감격스러웠다. 아마도 하느님은 여인의 배를 빌려 사람 하나 하나를 만드실 것이었다. 하나하나 귀한 생명을 주실 것이었다. 어머니는 아기를 낳지만 아기를 만드시는 것은 하느님이신 것이다. 내외는 서로 사랑하면서 사랑의 순간에 창조주 어버이의 소중한 도구가 되는 것이다. 두 내외는 사랑하고 하느님은 생명을 창조하시고, 여인은 협력자로서 아기를 낳는다. 하느님이 아니시고 어느 누가 그처럼 신비로운 일을 할 수 있을까.

아기는 기막히게 예쁘고 신기했다. 오로지 우는 능력 하나로 자기가 사람임을 주장함은 물론 그 괴상한 울음 하나로 어른도 아이도 할머니까지도 절절매게 만드는 것이었다. 대체 천주님께선 어떤 모습을 지니셨을꼬 싶었다. 그 모상대로 지음받은 인간이 그리도 사랑스러울진대 천주님의 모습은 오죽하랴 싶은 것이었다.

시어머니는 일부러 그러시는지 며느리가 아기를 예뻐하자 젖만 먹이면 본 척을 안 했고 순이는 씻기고 기저귀 갈아 주고 잠재우는 모든 일들을 도맡아 하다시피 하였다.

아기는 무럭무럭 잘 자랐다. 시어머니 말씀으로는 누구보다도 중철을 많이 닮았다고 하였다. 배만 부르면 보채는 법 없이 벙글벙글 혼자 놀고, 씻기 좋아하는 것이 꼭 그러하다는 것이었다.

순이는 중철이 그러한 아기였다는 게 우습고 아기가 중철처럼 그렇게 늠름하게 자라 나리라는 것이 잘 상상되지 않았다.

아기는 사람을 알아보게 되면서 누구보다도 형수 순이를 좋아했고 낯선 사람을 보고 찡그리다가도 형수만 보면 벙글벙글 웃었다. 그 분홍빛 살결은 잘못 만지면 흠이 날 것 같았고 초롱초롱한 눈은 세상에 태어난 기쁨을 속삭이듯 반짝거렸다. 명주실같은 머리칼이며 그 작은 손톱, 눈썹, 모든 게 앙징스러웠다. 하품하고 찡그리고 재채기하며 기지개켜는 모든 움직임이 재롱거리였다. 어쩌다 서럽게 울 때면 병아리 같은 눈물을 흘리는데 형이나 누이들은 그것이 재미있다고 웃어 대곤 했다.

세 살 터울로 아우를 본 일석은 혹 어머니를 이 갓난쟁이에게 뺏기는 것이 아닌가 잔뜩 경계하다가 아우를 형수가 많이 돌보게 되자 마음이 놓이는지 제 아우라며 귀여워하였다.

두 사람은 여러 가족의 화목한 일상 속에서 하루를 보내고 한 달을 보내고 한 계절을 보냈다. 가장 가까이에 있으면서도 애틋하기만 한 서로의 마음은 날이 갈수록 깊어지고 그럴수록 유혹도 강해졌다.

　두 사람은 나름으로 기회를 피할 줄 아는 슬기를 찾아 내고 본능을 극복하는 데서 오는 정신적 기쁨에 맛들이며 애정과 함께 신뢰를 쌓아 나갔다. 조심스럽게 그 문제를 의논하는 때도 있었다. 그만큼 서로의 인격이 부부애로 깊이 결합하는 것인지도 몰랐다.

"루갈다. 지금은 우리가 따로 거처를 가지는 것조차 어렵지만 앞으로의 일은 생각해 둘 필요가 있겠어요. 아버님께선 점이 출가나 시키고 나면 살림을 죄다 넘겨 주겠다고 하시는데 루갈다 생각은 어떻소?"

"무슨 말씀이신지요? 바깥 살림은 벌써 거의 인계받지 않으셨나요?"

"각 고을에 있는 농지며 수확 상황 같은 걸 파악하고 마름들의 얼굴은 웬만큼 익혔어요. 그런데 아버님은 생각이 많으신 것 같아. 장자란 원래 아버지의 후계자 아니오. 후사 문제로 고심을 하시는 것 같소."

"후사라니, 그게 무슨 말씀이신가요?"

"흔히들 하는 방도가 있잖소. 양자 제도 말이오."

"…하지만 저희들이야…"

"나도 황당하더군. 그러나 아버님 말씀을 듣고 보니 고심하시는 심중을 알 만했어요. 우리 혼배의 속사정을 나팔불 수도 없는 노릇이고, 또 신앙은 지키더라도 아버님 입장으로는 장자를 버젓이 두고 차남에게 상속을 할 수도 없고, 결국 문철이를 혼인시켜 아들을 두면 우리에게 입적시키는 것이 가장 합당한 순리가 아니겠느냐 하시더군. 그리하는 것이 집 안팎으로는 가장 무난할 성싶으니 루갈다와 상의를 해 보라시는 말씀이었소. 그러니까 우리가 상의해서 양자 입적을 하든가, 그러지 않고 문철이한테 물리더라도 그건 우리가 알아서 하라시는 거요. 아버지는 일단 나에게 상속하신다는 뜻이지, 그리고 은근히 양자 입적하기를 원하시는 눈친데 혼배까지는 불가피했지만 더 이상 마음 쪼갤 일을 만들어서는 아니 된다는 생각도 들고, 이왕이면 아버님 원하시는 대로 해 드리고도 싶은데 루갈다 의향은 어떤지요?"

"오라버님도 말씀하셨듯이 혼배까지는 섭리께서 이끌어 주셨지만, 그 이상을 허락하실는지… 제 소견으로는 장자권을 되렌님께 양보하는 것이 섭리에 순종하는 길이라 여겨지는군요."

"아무래도 그렇겠지? 그러면 말이오, 루갈다. 우리가 받아서, 문철이한테 물려 주는 방법으로 하되, 이렇게 하는 것은 어떨까. 다행으로 가산이 넉넉하니 삼분배 해가지고 그 중 큰 몫은 아우에게 후히 상속해서 부모님과 동생들을 부탁하고 또 한 몫은 내가 쓰고 싶은 데가 있어요. 근래 아버님께 일을 배우면서 보니 영세한 소작인들 형편이 정말 딱했소. 자기들 소유의 땅이 한 뼘도 없는 농민들은 아무리 땀흘려 일해도 도무지 자기 땅을 가져 볼 희망이 없다는거요. 풍년이 들어야 겨우 배곯지 않는 생활이고, 저축해서 땅마지기라도 마련할 꿈은 천국에 가서나 꾸어 볼까, 차세에서는 배곯지 않고 사는 게 소원이라는 거였소. 자기들 토지가 조금만 있어도 살림을 불려 볼 희망이 있는데 그들은 희망조차 가질 수가 없다는 것이오. 그래서 난 그러한 영세 소작인들에게 아주 조금씩이라도 자기들 토지를 가지도록 해주고 싶소. 사람이란 희망이 있어야 하는 것 아니오. 그래서 그런 농가가 얼마나 되는지 알아보는 중인데, 그들 앞으로 한 몫을 떼어 분배해 주고 나머지는 반으로 나누어서 우리가 각각 떠나 따로 지내는 것이 어떨까 생각해 보았어요. 아무래도 가족 속에서의 생활은 억매임도 많고 분심이 많이 들어요. 우리가 본디 염원하던 대로의 수도 생활과는 적지 아니 판이한 환경이 아니오. 난 때때로 안타깝고 내 자신이 왜 이 모양일까 한심스럽소. 천주님만을 향한 삶을 살겠다고 해놓고 점점 육정에만 깊이 빠지는 것 같아요.

 누이는 어떻소? 사람과 사람의 애정이 놀랍지 않소? 내외 간의 정, 혈육 간의 정, 이웃과의 정, 그런 것들이 그리도 강렬하다는 걸 전부터 알았소?"

"아니요. 이제 조금씩 알아 가면서 경탄하구 있어요. 그래서 존귀하다는 생각도 들구 왜 수도 생활에 독신이 맞는가도 깨닫게 되구요. 그러면서 식구들과 정이 깊어질수록 온전한 수도적 생활에 아쉬움이 느껴지군 해요. 결코 부족해서가 아니라 제가 약속드린 봉헌의 삶이 이것만은 아닌데 싶어서요."

"그래서 말인데 우리 교가 자유를 가지게 되면 역시 우리는 각각 떠나 자기가 원하는 수계정덕의 생활을 하는 것이 어떻겠소? 인정으로는 서운하지만 역시 성령의 길은 육정을 거스르는 길이 아니겠소?"

순이는 고개를 끄덕였다. 깊이 수긍되는 얘기였다. 서로 좋아하는 마음이 더하고 정이 더할수록 갈등 또한 더한 탓이었다. 차라리 그렇게까지 몹시 좋아하지 않는다면 갈등의 고뇌는 덜할 듯싶었다.

순이는 이따금 주님 대전에 고마움과 아픔이 접합된 모순된 감정을 호소하곤 했다. 그것은 아픈 고마움이었고 고마운 아픔이었다. 눈물의 기쁨일지도 몰랐다. 하느님 사랑의 본질이 혹 그러한 복합 요소로 이루어진 것은 아닐까 싶었다. 인간의 어리석음으로 빚어진 죄를 십자가 보혈로 씻어 내신 예수 그리스도의 수난과 부활도 무한의 슬픔과 무한의 구원인 것이었다. 아니 신이 땅 위의 인간으로 오신 자체가 무한한 슬픔인 동시 무한한 기쁨인 것이다. 순이는 그 알 수 없는 어른께 자신의 고뇌와 모든 것을 맡겼다.

 잡다하고 분주한 일상 속에 틈틈이 묵상하고 오래오래 기도하는 순이의 초남리 생활이 삼 년의 나이테를 지나 사 년으로 접어들기 직전이었다.
 국상이 끝나고 날씨는 독하게 추웠다.
 순이는 중철의 저고리에 햇솜을 고르게 펴두고 옷을 짓고 있었다. 집안에는 달콤한 냄새가 구석구석 차올랐다. 엿 고는 냄새였다. 어린 시동생들은 머슴을 앞세우고 새를 잡으러 가고 집 안은 조용했다.
 납일이었다. 서울에서도 납일이면 꿩고기를 마련하고 약을 만드는 집이 많았다.
 동지 지난 후 세 번째 술일인 납일에 아이들에게 새고기를 먹이면 두창이 걸리지 않는다는 전설은 서울이나 지방이나 한가지였다. 청심환, 안심환, 소합환 등의 가정 상비약도 대개 이날 만들었다. 한림방 집에서도 약을 만들고 있을테지, 어머니가 좋아하시는 꿩고기는 마련이 되었는지, 꿩고기를 곱게 다져 소를 만들어 넣고 만두 빚기를 좋아하시는 어머니는 새치가 얼마나 더 느셨을꼬, 조만과 시간이면 빠짐없이 어머니와 오라버니 내외, 아우들을 그리며 기도를 드리건만 그리움은 갈수록 깊어만 갔다. 다행히 드물지 않게 인편이 있어 서찰이 오가고 시아버님께서도 일년에 한두 번은 서울 왕래를 하시는 탓으로 가내 대소사는 소상히 듣고 있었다.
 엿 고는 달콤한 냄새가 다시 한번 코끝을 간지럽혔다. 그것은 서울과는 다른 초남만의 풍속이었다. 며칠 전부터 엿기름을 손질하고 수수니 찹쌀이니 형편따라 엿 고을 재료들을 마련했다가 납일에 겨우내 두고 쓸 엿을 고는 것이었다.
 찹쌀 경단만은 일반 풍속이 아니라 시어머니가 임의로 만들어 낸 가풍이었다. 엿 고을 때 두고 쓸 조청을 떠두는데 말랑한 찰경단으로 조청 찍어 잡숫는 걸 즐기시는 할머니를 위해 시어머니가 꼬바기 경단도 조금 마련하시는 것이었다. 그 조금이 찹쌀 닷 말임도 이제 순이에겐 익히 아는 사실이었다. 첫해에는 찹쌀 조금만 내라는 시어머니 말씀에 되를 잡았었다. 시어머니는 말로 바꾸어 주시고는 처음부터 닷 말이라 하지 않고 그녀가 한 말씩 다섯 번을 떠냈을 때에야 "입이 여럿잉게 맛뵈기로 쪼매만 혀도 그만큼은 혀야 써." 하셨었다. 이제 순이는 안살림에 웬만큼 익숙한 터였다.

종일토록 참으로 분주했지만 순이는 즐거웠다. 양곡이 넉넉하여 세시따라 절기 음식을 만드는 것은 기쁨이었다. 어찌 하느님께선 이 세상에 좋은 것들을 그리도 많이 주시고 또한 사람 살아가는 일이 그토록 오손도손 재미있도록 섭리하실꼬. 정말 하느님이 아니시고서는 누구도 못할 일이었다. 아무리 어렵고 힘든 일에도 사람살이에는 반드시 기쁨과 보람이 동반되는 것이었다.

중철은 밤이 이슥해서야 처소로 돌아왔다. 그의 옷에서 약 냄새가 났다.

납약 조제의 갈무리를 하고 들어오는 길이었다.

"날씨가 맹독해지는걸. 내일은 어지간히 냉할 듯싶소."

중철의 옷을 받아 거는 순이의 자태가 아주 익숙했다. 의관을 한 가지씩 벗어 아내에게 건네는 중철의 태도 역시 그러했다.

"서울에 비하면 약과지요. 서울은 아무리 따뜻하다 해두 이맘때면 고드름이 커다란데."

"동지가 지나면 점점 커지다가 정월이나 되야 풀린다는 고드름 말이지?"

"제가 그렇게 여러 번 얘기했나요?"

중철이 웃으며 머리를 저었다. 여러 번 얘기해서가 아니라 한 번 얘기하더라도 루갈다의 말에는 듣는 순간에 명료한 인상을 남기는 특별한 구석이 있었다.

고드름 얘기만 해도 입동이 지나 살얼음이 잡힐 무렵이면 추녀 끝에 구슬같이 맺히던 것이 녹기도 하고 다시 맺히기도 하면서 어느 날 부터인가 손마디만해지고, 할머니 담뱃대만큼 길어지고 동지 무렵엔 지팡이만큼 커지는 모습을 세밀하게 관찰하는 순이의 애정 깊은 마음이 그것을 흘려 들을 수 없게 만드는 것이었다. 조금만 마음 기울여 듣고 있으면 저절로 그림이 되어 눈앞에 상상되는 것이었다.
 순이는 매사에 조심스러우면서도 매사를 아끼는 천성인 것이다. 중철은 번번이 그것이 경탄스러웠다. 자기도 아내처럼 매사를 아낌성 깊게 해보려 하지만 금세 어느 일은 습관적이 되고 어느 일은 의무적으로 하게 된다. 아내처럼 매사를 성의껏 받아들이는 마음자세가 되지 않는 것이다.
 "내일쯤은 아버님이 당도하실지 모르겠소. 얘기꾼 영감이 아니 오는 걸 보면 무소식이 희소식인 듯도 하지만 그 반대일 수도 있지 않겠소. 모쪼록 한림동 형님이나 무사하셔야 할 텐데."
 "어머니가 애를 끓이시겠지요. 저도 멀리 오고, 경이까지 충주로 보내신 터에 오라버닌 그리 자주 앓으시니."
 "그래도 아래 처남들이 실하니까 든든하실 게요. 토마스님 전언이 막내처남은 인물이 출중하고 둘째는 아주 점잖고 의젓하다더구먼, 둘째는 꽤 활달한 게야, 토마스님에게 시골은 살기가 어떠합니까, 누님이 고생은 아니 하십니까, 제법 안부를 묻더라오."
 "참, 갈메 회갑 부조로 담근 만금주를 걸렀어요. 부조 술은 일찍 보내 드려야 한다고 해서요."
 "회갑이 모레라 했든가. 웬 야참상인가 했더니 이게 그 만금주인 모양이군."
 "어머니께서 맛이나 보도록 하라시기에 조금 가져다 놓았어요."
 한약재로 담근 술은 빛깔도 곱고 향기도 높았다. 항아리에 담아 밀봉해서 매일 새벽 한 번씩 흔들어 주며 익히는 약술이었다. 약재와 사람의 정성이 어우러져 그리 곱고 향기로운 빛과 냄새를 만들어 내는지도 몰랐다.
 중철은 술을 자주 즐기지는 않았지만 맛을 알고 아꼈다. 야고버 신부님이 밀입국하시기 전부터 포도주 담그는 법과 함께 묘목 들여다 기르는 일이 시도되고 그 중 한 그루를 맡은 중철은 온 정성으로 묘목을 가꾸어 포도를 딸 수 있게 되자 손수 포도주를 담그고는 했었다.

이제 묘목도 한 해에 여남은 송이의 수확을 거둘 만큼 실해졌고 포도주 담그는 데도 요령이 생겼다. 그 포도주는 야고버 신부님께서 순회 오시어 미사를 봉헌할 때마다 그럴 수 없이 성스럽게 사용된 것이었다.

그 포도주 때문이랄 수는 없겠지만 어떻든 그 일이 중철에게 술맛 아는 기회와 관심을 촉진시켰을 수는 있었다.

중철이 순이의 잔에 홍색 만금주를 따르고 순이는 중철의 잔에 따랐다.

한약 냄새를 향긋이 풍기는 꽃분홍색 술은 혀끝을 짜르르하게 했다. 그러면서 달콤한 화끈거림이 식도를 지나갔다.

"그 댁 안마님이 아기씨 잔치 때 만금주 맛을 보시고는 회갑 때 한 독만 담아 달라고 일부러 부탁을 하셨어요. 대체 어떤 맛의 술이기에 그러시나 했는데 그럴 만한 약주군요. 향기며 빛깔도 기막히구요."

둘은 한 잔씩의 만금주를 마시고 함께 기도한 후 자리를 폈다.

먼 데서 승냥이 소리가 들려 왔다.

이따금 문풍지가 울었다.

"정말 군란이 크게 일어날까요?"

"글쎄, 작년 겨울 서울로 이사를 하신 선암 선생도 군란을 염려하신 때문이라는군. 아버님께서 돌아오시면 자세한 사정을 알게 되겠지만."

"작년 겨울이면 국상도 나기 전인데."

"번암 정승 타계하신 게 남인에겐 큰 손실이니까."

"살구재 넘어 할머니께선 광주 분원 사시는 게 불편해서라구 말씀하시더군요."
"불편도 있었겠지만 심상찮은 기미를 눈치채셨던가 봐요. 선암 선생의 사위 황 알렉산더 일가도 함께 이주를 하셨다 합디다."
"군란을 염려하셨더라도 아마 말씀은 불편해서라고 하셨을 테지요."
"기쁜 소식도 있다오. 내포 어른 신수가 한결 나아지셨다고 고산 당숙께서 여간 좋아하시지 않는다오."
"토마스 편에 보내 드린 약이 효험이 있었군요? 고산 당숙께서 그리도 정성스럽게 약제를 지어 보내곤 하시더니."
"그런가 봐요. 해소도 고뿔도 쾌차하고, 치욕스러운 형리 일도 견딜 만하시다던가, 그 일 중에도 씨앗을 심으시고, 틈 보아 수인들 상처를 살펴 주시고, 거기도 어느새 공소가 된 모양이오."
"어쩌면! 그럼 방지거 당숙께서도 몸소 가 뵈었나요?"
"아버님께선 조심해서 해로울 게 없다고 말리시건마는 당숙 말씀은 다릅디다. 천안까지 가서 객주에 앉아 토마스 댕겨 오길 기다리는 게 더 위험할 수도 있다는 것이었어요. 아전들은 버선코만 보고도 교우들을 쪽집게처럼 잡아 낸다나. 번암 정승 타계한 후로 상감이 아무리 유화정책을 펴도 지방 아전들의 안하무인은 당할 수가 없었는데 국상까지 나고 보니 벽파의 세도가 태산이라는 거요. 아전들은 드러내 놓고 양을 쫓는 이리가 되어 교우들을 잡아 내고 괴롭히고, 양반도 가림 없이 천학쟁이다 하면 밥으로 안다는 군. 차라리 버젓이 근처에 가 있다가 슬쩍 처소로 숨어 드는 게 낫더라고, 한양이나 홍산에서도 그렇게들 다녀가는데 그 근처 마을에 제법 전교가 되어 여각보다 한결 안전하더라는 얘기였소."
"그래서 당숙께서도 그 어른을 직접 뵈었군요. 차정장교[12]의 수모로 그리 괴로워하신다더니 벌써 2년이나 되었어요."

"거주 제한의 고향 안치 유배형으로 을묘 병진 정사 3년을 관헌 감시 속에서 고생하시고, 천안으로 송환돼서 가석방 상태로 차정 장교의 형벌을 받으시는 게 작년부터니까 합치면 오 년째 저 고생이시오. 그런데 청주서도 천안서도 아전의 자식들에게 글을 가르치시고 모든 사람 앞에 좋은 본만 보이셔서 수인의 처지로는 괜찮으신 모양이오. 여사울에 계신 가족들의 마음 고생이야 오죽하겠지만."

"어른께서도 고생이야 오죽하시겠어요. 남다른 신심으로 화를 복으로 바꾸시는 것일 테지요."

"신해에 넘어지셨던 보속으로는 지나치게 가벼운 벌이라고, 치명만이 소원이라고 하시더라오. 하느님 마음에 든 사람은 하느님과 결합하기 위한 고통의 단련이 반드시 필요한데 당신은 단련이랄 게 없으니 치명으로밖엔 보속할 길이 없으시다고. 루갈다, 나 역시 가끔 치명을 생각하곤 해요. 교우라면 다 그럴 테지, 치명의 각오 없이 신자가 될 수는 없으니까. 아마 이 겨울이 가면 군란의 바람은 엄청 클지도 모르겠소. 그냥 지나가 준다면야 좋겠지만 일단 각오는 해 두어야겠지, 생각하면 우리는 정말 과람하도록 평화롭고 화락하게 지내는 것 아니겠소."

"쫓기고 잡혀 갇히고 고문당하고 치명하는 분들을 생각하면 저희들은 정말로 송구스럽지요. 허지만 어느 때 박해가 오더라도 신앙을 증거할 각오는 단단히 하고 있어야지요, 재작년 팔월에 공주에서 순교하신 바오로(이도기) 어른 말씀을 저는 잊을 수 없어요. '천당을 헐값으로야 살 수 있나, 고통은 곧 천당으로 가는 차표인 걸.' 그러셨다지 않습니까? 가끔 가끔 그 말씀이 생각나요."

"토마스는 공주 바오로님 말만 해도 눈물을 글썽거린다오. 나도 잊을 수가 없는걸. 인간적인 눈으로는 정말로 참혹한 고통을 당하셨는데 시신이 그리도 깨끗하고 거룩하다니, 보는 순간에 하느님의 손길이 어루만져 주셨구나 싶었다오. 정말 하느님의 뜻은 어디에 있는지, 알려 하면 할수록 더 모르겠고 멀리 계신가 하면 느닷없이 가까이 느껴지고, 가까이 계신가 하면 또 아득히 멀리 계신 듯싶고."

"가까이 계시지만 사람은 손바닥만 하고 하느님은 하늘보다도 크시니까, 무한의 어른이시니까 인간의 지혜로는 파악할 도리가 없는 것이겠지요. 저희는 그저 내 뜻 아닌 주님의 뜻을 찾아 순종하면 그분의 뜻을 다 알 수는 없지만 그분의 뜻 속에 저희가 있게 되는 것 아닐까요. 그리고 그분께 가는 가장 확실한 길이 치명이라면 고통의 단련을 차표로 삼아서 치명의 영광을 지켜야 하겠지만, 너무 무서운 것도 사실이에요. 하지만 저희 둘이 이렇게 오묘한 섭리로 맺어진 특은을 생각하면, 요한 오라버니, 저희에게 치명의 성총까지 내릴지 알 수 없잖아요? 그리고 섭리의 이끄심이 그러하다면 순종해야겠지요."

순이는 조용히 입을 다물며 중철을 바라보았다. 생각만으로도 그 엄청난 사실은 너무나 감격스러우면서 또한 너무나 무서웠던 것이다. 중철이 그러한 순이의 마음을 들여다보듯 곁으로 다가앉으며 어깨를 감싸 주었다.

그녀는 그의 어깨에 머리를 기댔다. 무어라 말할 수 없는 그의 좋은 냄새가 흘러왔다.

"만일 그런 성총까지 주신다면 루갈다 누이, 우린 한날 한시에 같이 치명할 수 있도록 기도합시다."

"네, 요한 오라버니, 꼭 그렇게 기도하기로 해요."

중철은 순이의 어깨를 감싼 손에 힘을 주었다. 그는 정말 치명의 은혜를 열렬히 바랐다. 지극히 아끼는 존재를 곁에 두고 한방에서 기거하며 정결서원을 지켜 가는 그의 고통은 순이보다 배나 어려웠다. 그는 그것을 어렵게 견딘다는 것조차 자기 자신에게 부끄럽고 천주께 부끄럽고 또한 순이에게 부끄러웠다. 그러나 이제는 부끄러움이 문제가 아니었다. 하느님께선 언제나 이겨 낼 은총을 풍성하게 주시건만 자신의 나약성은 은총 속에서조차 언제 유혹으로 떨어져 버릴지 알 수 없는 것이다. 치명의 고통이 극한의 순간을 견디는 것이라면, 혼배 속의 정결 수덕은 유혹의 함정이 숨어 있는 기나긴 일상을 견뎌야 하는 것이었다.

순이 특유의 배릿한 머릿내가 코끝을 간지럽혔다. 그는 가만히 순이를 옆으로 안았다. 따듯하고 말랑했다. 마음까지도 하나가 되는 듯 흐뭇한 충일감이 감촉으로 느껴졌다.

중철은 그녀의 볼에 자신의 볼을 비벼 준 후 팔을 풀었다.

순이는 조용히 일어나 중철의 침구를 다시 살폈다. 그리고 병풍을 가리키며 어쩔까 하는 눈을 그에게 보냈다. 그가 머리를 끄덕였다.

순이는 네 쪽의 가리개 병풍을 둘 사이에 폈다. 네 폭짜리지만 여덟 폭이나 열 폭 병풍보다 한쪽의 폭이 넓어서 두 침구 사이에 세우면 격리의 느낌이 제법 컸다.

서로의 몸 속에 불을 가지고 있다는 걸 알게 되면서 그들은 바람막이 가리개 병풍을 잠잘 때도 사용했다. 그것은 언젠가 순이를 가만히 안아 주던 중철의 팔에 힘이 주어지면서 호흡이 거칠어진 이후부터였다. 그때 순이는 살며시 그의 가슴을 밀쳤지만 그 가슴은 바윗장처럼 끄떡도 하지 않았었다. 그는 눈을 감고 있었고, 거칠고 뜨거운 숨을 내쉬는 모습은 여간 낯설어 보이지 않았다. 순이는 그를 흔들었고 불가피할 때 외에는 생략하던 호칭을 그날따라 오라버니라고 반복해 불렀었다. 그는 제자리로 돌아가 무릎을 꿇고 앉아 있더니 화가 난 사람처럼 머리맡의 병풍을 들어다 가운데 세웠다. 그때부터 두 사람은 병풍 한 겹 안의 조그만 자유도 꽤 요긴하다는 것을 깨닫게 되었다.

그리고 순이는 그 무렵까지는 자기 속의 불만은 다스릴 자신이 있었다. 그러나 중철의 불에는 두려움을 느끼게 되었다. 거친 호흡과 뜨거운 입김과 성난 듯한 눈은 별개의 중철처럼 낯설고 겁났다. 또한 겁이 나면서도 알 수 없는 이끌림 같은 것이 생기는 것이었다. 그 후 순이는 자신의 숨결까지 가빠지면서 무언지 모를 것을 요구하게 되는 불과 같은 미지에의 두려움을 어렴풋이 알게 되었다.

그 뒤로 둘은 어루만짐도 삼가는 때가 있었지만 숨결이 거칠어지지 않으면서도 서로의 체온을 나누는 평화로운 동작만은 소중하고 각별하게 간직했다.

둘은 잔잔히 갈라져 각각 이부자리 속에 들었다.

그리고 잠결에 순이는 숨이 막혀서 버둥거리다가 눈을 떴다. 아주 좋은 친근한 냄새와 따듯한 감촉이 온몸에 느껴지고 있었다.

중철이었다. 순이는 자기도 모르게 그를 밀쳐 내면서 깨어났다.

그러나 중철의 힘은 완강했다. 다시 한번 세차게 두드리고 밀치자 중철 역시 잠결이었던지 벌떡 일어나 앉았다. 두 사람 사이를 가르며 서 있던 병풍은 발치 쪽으로 밀려서 넘어져 있었다.

"미안하오, 루갈다."

중철이 들릴 듯 말 듯 중얼거리며 제자리로 돌아갔다. 순이는 비로소 안심하며 속으로 자기도 모르는 사이에 예수 마리아 요셉을 불렀다. 연거푸 예수 마리아 요셉을 부르면서 헝클어진 머리칼을 쓸어 올릴 때 언제 다가왔는지 중철이 발작적으로 순이를 뒤에서 껴안았다. 순이는 저항하지 못했다. 머릿속이 빈 듯 아무 생각도 떠오르지 않았다. 잠결이 아닌 맨 정신의 중철이 그러하리라고는 생각을 못했었다.

순이는 물체처럼 중철의 격렬한 몸짓에 흔들리면서 서러움이 복받쳐 올랐다. 서럽고 안타깝고 망연했다. 그 격렬한 사람은 중철이 아닌 듯싶었다. 모든 동물이 다 가지고 있는 난폭한 본능에 육신을 맡긴 그는 순이까지도 본능의 세계로 유인하고 있었다.

4. 나의 사람 그리고 나의 하느님

순이는 차마 예수 마리아 요셉을 부를 수가 없었다. 도움을 청하는 일이 그럴 수 없이 면목없게 여겨졌다. 자기 자신이 슬프고 부끄러웠다. 중철에게 안긴 채 자신을 그에게 맡기고 싶은, 저항을 포기해 버리고 싶은 속삭임이 자신의 몸 속에서 들려 오고 있었다. 그를 거부하기보다는 그를 받아들이고 싶은 이끌림이 강했다. 순이는 그것이 서러웠다. 그렇게까지 나약한 자신이 한없이 슬프고 미웠다. 자신의 몸은 이미 자기의 것이 아니었다. 주님의 것이었다. 성체를 모셨고 강복을 받았고 동정혼배의 성사로서 서원을 드렸다. 자기를 죽이고 자기 속의 성체께서만 사시도록 빌었었다. 그런데 이것은 그 반대가 아닌가. 자기의 나약함이 성체의 거룩한 생명을 억압하고 있는 것이다.

순이의 귀밑머리를 타고 차가운 눈물 줄기가 흘렀다. 그녀는 눈물 속에서 부끄러움을 무릅쓰고 예수 마리아 요셉을 찾았다. 자기 몸을 더듬고 있는 것이 그렇게도 좋아하는 중철이 아니라면 그렇게까지 마음 아프지는 않을 것 같았다. 밀쳐 버릴 수도 거부할 수도 있을 것이었다. 그러나 그는 따듯하고 좋고 미더운 중철이었다. 잠결도 아닌 맨 정신으로 중철의 젊은 몸은 인간의 반쪽인 여자를 요구하고 있었고 순이 역시 여자로서 자신의 반쪽인 그를 원하고 있는 것이었다. 순이는 거듭 거듭 예수 마리아 요셉을 부르며 눈물로 도움을 청했다. 속적삼 깃 속의 몸 고상을 더듬어 손에 쥐고 열절히 도움을 청했다. 자기만이 주님의 것이 아니고 중철도 주님의 것일진대, 그 피조물들의 서원이 깨어지는 것은 바로 주님 몸의 한 부분을 흠내는 일이었다. 그것은 안 될 일이었다. 두 사람이 함께 성체의 뜻을 거스르며 스스로 드린 서원을 깨뜨릴 수는 없었다.

"오라버니, 요한 오라버니, 우리는 먼저 주님의 것이에요. 오라버니가 나에게는 다시 없이 중한 사람이지만 그러나 나의 하느님보다 중할 수는 없습니다. 나는 먼저 그분의 것이고 그분께 드린 서원을 어길 수 없습니다. 오라버니도 그분의 것입니다. 우리는 각자 그분의 것입니다. 이래서는 안 됩니다. 오오, 예수 마리아 요셉 예수 마리아 요셉…."

순이는 울부짖었다. 힘으로 그를 당해 낼 수는 없었다. 하물며 순이의 육신은 그녀의 울부짖음과 상관없이 중철에게 이끌리어 함께 타버리기를 원하고 있었다. 그 순간에는 성심에게의 의지는 희미하기 짝없고 오로지 육신의 관능만이 강렬하게 요동치고 있었다.

순이는 흐느끼며 거듭 거듭 예수 마리아 요셉을 부르는 화살기도로 도움을 구했다. 그러나 이제 하느님께의 서원은 하릴없이 무너지는구나 하는 절망이 눈에 보이는 듯했다.

그때였다.

"아아, 루갈다."

중철이 손을 들어 순이의 눈물 자죽 따라 베개와 양쪽 귀밑머리와 볼을 더듬어 보다가 벌떡 일어났다. 그는 자리옷 바람으로 밖으로 달려나갔다.

순이는 일어나서 헝클어진 옷매무새를 가다듬을 사이도 없이 꿇어 엎드려 매괴를 더듬어 찾아 쥐고 흐느꼈다.

그리고 그 밤을 둘은 기도로 지새웠다.

감사와 기쁨과 믿음의 눈물 범벅의 뜨거운 기도였다.

5
폭 풍

"점이는 좋것다. 인산도 발써 끝나고 춘삼월 호시절이 왔응게 연지 곤지 찍고 시집갈 것 아니더라고."

삽살개를 앞세우고 들어오던 서글서글한 숙모가 농을 건넸다. 올케 옆에서 책 매는 노끈의 꿰는 순서를 눈여겨보고 있던 점이는 얼굴이 발그레해졌다.

유한당 권씨의 언행실록 베낀 것을 책으로 매다가 잘 되지 않아 올케에게 가져온 길이었다. 점이는 재빨리 노끈과 책술을 들고 머릿방으로 사라졌다.

어디선지 멀리 소가 울었다.

마당으로 쏟아지는 햇살은 아직 쌀쌀한 바람결을 구슬리듯 투명했다.

"엄니요, 조반은 뭐해 잡쉈당가요."

방 문턱에 선 채 문만 열고 방안을 기웃이 들여다보며 시숙모가 시어머니인 노마님께 문안을 한다. 가뜩이나 목소리가 큰시숙모는 노마님의 어둔 귀를 생각해 목청을 높이고 노마님의 말소리는 대청마루에까지는 건너오지 않는다.

"아이고, 소나 아들이 그렇게 옛날 얘기만 바치면 못쓰는 것이여, 우리 엄니 돌아가시면 큰일이랑게, 누구가 아아들 모아 놓고 고스랑 고스랑 옛날 얘기 해주간디, 으찌 노인네가 얘기 정신은 그레

좋으시당가, 얘기 잘하는 것도 큰 재주란 말시."
 저고리 앞섶에 찌르고 온 돗바늘을 뽑아 머리 속을 긁으며 시숙모는 솜뭉치 옆으로 다가앉았다. 마루에는 침모와 두섬네와 순이가 열 채나 되는 혼수 이불 속을 꾸미느라고 솜덩어리가 되어 있었다.
 "날씨가 좋아싸서 마님 장보시기는 좋겠지마는 워찌 이리 가문대요? 아침 해가 붉으면 가물 조짐이라는디 맨날마닥 햇님이 잘 익은 홍시고만이라우."
 하얀 목화 솜을 조심조심 펴면서 침모가 아침 인사 겸 숙모에게 대거리를 한다.
 구름 같은 솜이 삼간 대청마루의 면포 위에 판판히 펼쳐지는 것이 장관이다.
 "하늘나라가 이렇게 깨끗하고 폭신할까요. 신기하기도 하지, 목화낭구에서 꽃이 펴가지고 솜이 되어서는 이불도 되고 옷도 되고 버선도 되니 말예요."
 말 굼뜬 두섬네가 누구에게랄 것도 없이 한마디 거든다. 두섬네는 바로 한림동에서 내려온 그 인물 반반한 아부 댁이었다. 포천 시가에서 벙어리 삼 년 소경 삼 년 귀머거리 삼 년의 시집살이를 하다가 정말 벙어리로 취급당해 쫓겨나 골롬바 회장 집으로 흘러든 아낙, 남정네들이 보기만 하면 따라붙어 회장 댁에 두기조차 곤란한 젊은 댁이 아비 모를 자식을 낳아 업이로 들이밀고 순이를 따라 초남으로 온 것이었다. 아니 오기는 새색시보다 한 발짝 먼저 와 있었다.
 아이를 아무도 모르게 업이로 주고 나서 내동 눈물 바람으로 넋이 빠진 것을 순이의 대모님인 여회장이 마침 상경한 순이의 시숙 관검 공과 의논하여 그해 봄 야고 신부의 전교길에 초남으로 딸려 보낸 것이었다.
 순이가 가을에 왔으니 사오 개월 먼저 내려온 것인데 그 동안에 소박네는 벌써 칠칠이의 아낙이 되어 있었다. 그런데 그 튼튼하던 칠칠이가 일년도 안 되어 덜컥 급살을 맞는 바람에 과부가 되고 사내들이 보기만 하면 반해 버리는 병통은 여전하여 홀아비 노복들은 대개 욕심을 두는 눈치였다. 결국 거상을 벗은 후 두섬이와 짝지어 주었는데 순이는 어느 날 우물가에서 소리 죽여 울고 있는 두섬네를 보게 되었다.

사위가 어둑해진 초저녁, 아무도 없는 우물가에 쭈그리고 앉아 훌쩍이는 것이 바로 아부 댁이었다. 두섬이와 짝지은 지 서너 달 되어서였다. 순이가 사연을 묻자 망설이던 그녀는 느릿하게 입을 열기 시작했다.

"사람 팔자라는 게 꼭 있는가 봐요. 제 어머니가 근심이 태산이셨어요. 지가 윤달생에다 시까지 잘못 타구 났다구요. 장부가 됐으면 세상에 대구 호령 한번 크게 할 사준데 아녀가 돼놓으니 팔자치레를 어찌 하겠느냐며 잠을 못 이루고 성화를 하셨죠. 도화살인가 뭣인가까지 꼈다고.… 그래서 시집살이 삼 년간은, 봐도 못 본 듯이, 들어도 못 들은 듯이, 억울해도 입 없다 하고 견디라고 신신당부를 하시길래, 저도 이를 악물고 소경 귀머거리 벙어리 아부(啞婦) 삼 년을 견디었던 것이어요."

도무지 근심이라곤 할 줄 모르게 생긴 듯이 명랑하게만 보이는 두섬네의 샛하얗고 연삽삽한 얼굴 어디에 그러한 삶에의 성찰과 각고가 숨어 있는지 모를 일이었다.

순이는 두섬네를 다시 보게 되었다. 골롬바 대모님 댁에서 처음 보았을 때부터 사람들의 얘기처럼 그녀를 어디가 모자라거나 팔푼이 비슷하리만큼 고지식이 지나친 여인으로는 보지 않았었다. 세상 횡포의 한 희생자라는 생각에서 동정과 연민이 쏠렸었다. 한림동 행랑에서 해산을 하고 아이를 빼앗기고 넋을 잃었을 때 역시 같은 여성으로서의 동정에 가슴이 아팠었다.

초남에 와서 비로소 그녀는 안정을 찾은 듯 해맑아 보였다. 언제나 미소를 잃지 않는 명랑한 모습의 연삽삽한 얼굴이야말로 진정한 그녀인 듯했다. 칠칠이를 잃고 한동안 맥이 없었으나 아이고 어른이고 참으로 속절없이 잘 죽는 세상이었으므로 그녀는 이내 체념한 듯했다. 그리고 시할머니의 배려로 두섬이와 짝을 짓고부터 그녀는 세상에 근심이라곤 없는, 가장 행복한 듯한 얼굴로 지내던 터였다.

그 두섬네가 그리 깊고 은밀한 한을 오직 혼자만의 것으로 숨겨 가진 채 아무도 없는 우물둥치에 쪼그리고 앉아 소리 죽여 울다가 민망함을 삼키면서 조용히 심경을 토로하는 것은 의외였다.

"아씨 은혜를 입어 가지고 배도 곯지 않고, 천덕꾸러기도 아니 되고, 이만치 무던히 사니까 뭐 팔자가 그리 나쁠 거는 없다고 생각하지만요, 이따금 부모님 생각을 하며는 가슴이 미어지지요.… 그 전에 우리 동네 근방에서 불효녀가 하나 난 일이 있어요. 왜 자녀안(資女案)이라든가 행실 나쁘거나 세 번 이상 개가해서 반가의 체모를 손상시키는 아낙을 문서에 올리는 거 말예요. 그 자녀안 문서에 적히면 가문이 경을 치고, 자손들은 벼슬도 못 하잖아요. 바로 근방에서 그런 일이 나니까 고을이 시끌시끌했는데, 아씨는 혹 못 들어 보셨는지요?"

"들은 적 있어요. 세조왕 때 의정부 좌참판까지 된 분 모친이 삼가(三嫁)한 부녀라는 게 밝혀져 소란이 일었다지요. 그때까진 불개가법(不改嫁法)이 그리 엄하지 않았는데 성종왕 때 여자는 한 번 출가해서 불개하도록 엄한 금령이 내리고 자녀안도 그때 만들어졌다나 봐요."

"아녀자가 행실이 바르지 못한 것하고 개가나 삼가를 하는 것은 같은 게 아니더군요. 어려선 무슨 그런 고약한 여자가 있을까 싶고, 저하고는 상관도 없는 일이라 여겼어요. 그런데 제가 그렇게 되고 말았어요. 어쩌면 팔자 세 번 고치는 일이 그렇게 첩경으로 쉬운지, 발각이 나면 저도 자녀안에 적히고 그러면 가문에 경치는 건 둘째로 아우들, 자손들 입신양명도 못 하고요. 설마 이 천 리 밖에 와서 상것이 되었는데 발각이야 날라구 하다가두 자다 깨면 가슴이 철렁 내려앉아요. 포천 소박뜨기는 죽었고 이것은 새로 난 딴 목숨이다 열두 번씩 마음에 새기건만 이따금 잠결에 놀라고 부모님 생각이 나는 건 어쩔 수가 없어요."

그후 순이는 두섬네를 좀더 살뜰히 대하게 되었다. 원래 아랫사람들의 수효가 많고 보니 얼굴과 소임을 익히기에도 시일이 걸렸고 낯선 시댁의 여러 식구들이며 집안 사정에 마음을 쓰느라 두섬네에겐 마음을 쓰지 못했던 것이다. 두섬네 쪽에서도 순이로 인해 초남에 왔으니 각별히 따를 만도 하건만 그러지 않았었다. 분금이하고조차 특별히 가깝지 않았고 그저 소리없이 아랫사람들 속에 섞여 가장 험하고 궂은 뒷일에 몸을 아끼지 않을 뿐이었다. 막일에 단련된 처지가 아니어서 더러는 놀림도 받고 면박도 들으면서 무던히 지내는 것이었다.

순이는 그 동안 무심했던 것을 뉘우치며 두섬네를 가까이 불러 잔일도 시키고 더러 얘기를 나누기도 하였다. 언제나 웃는 낯빛으로 사근사근한 행동거지에 비해서는 말이 굼떴고 의외라 할 만큼 속이 깊었다. 차츰 순이는 두섬네를 벗으로 여기며 마음을 주게 되었다. 두섬네가 손부리 여물게 바느질을 잘하는 것은 더욱 다행한 일이어서 부엌일보다는 침선일을 많이 하게 되었고 그러노라니 순이와의 한적한 시간도 많아졌다. 글 공부도 아우의 어깨 너머로 까막눈을 면한 정도라는 본인의 말과는 달리 언문 글씨체가 활달하였고 「내훈」과 「명심보감」은 내용을 훤히 꿰뚫고 있었다.

한 가지 애물단지가, 발바라라는 본명으로 영세도 하고 성교 봉행에도 열심이건마는 매사에 미신적 풍속을 들먹이는 것이었다. 조모님은 한술 더 떠서 두섬네의 제반 시속에 관한 속신적 행위들을 감싸고 애지중지하셨다. 그러한 시속들은 미신이 아니라 사람 사는 재미라는 것이었다.
 예를 들어 지난 정월 초만 해도 순이는 아주 난처했었다. 새벽이라기보다는 한밤중이라야 옳을 축시 무렵쯤일까. 돌연 아씨를 부르며 방문을 흔드는 사람이 있었다. 하필이면 중철이 먼저 깨어나 순이를 흔들었고 그녀는 툇마루로 나갔다.
 두섬네가 하얀 사기 대접을 내밀며 마시라는 것이었다. 칠흙같이 어두운, 금방이라도 살이 얼어 버릴 듯한 추운 밤이었다.
 "정월 첫째 용날 자시에 용이 우물에 내려와 알을 낳거든요. 그 우물물을 제일 먼저 길어다 먹으면 용의 정기를 받아 큰 인물될 아들을 낳는대요. 아씨도 출가해 오신 지가 벌써 몇 핸데 올핸 득남을 하셔야죠. 그래서 제가 일년 내 맘 먹고 벼르다가 길어 온 것이어요. 사실은 상진날 첫물 길어 가는 게 보통 영약이 아니라서 저 자랄 땐 동네 아낙들이 경합을 하다시피 한걸요. 그래서 상진날 정화수 길어 가는 사람은 그 표시로 똬리의 지푸라기를 우물 물에 띄워 놓아요. 저도 지금 그러고 왔어요."
 두섬네는 덜덜 떨면서 그런 설명을 했고 순이는 어이가 없었다. 그대로 물리자니 정성이 가련하고 받아 마실 마음은 전혀 없었다. 순이는 다시는 그런 맹랑한 짓 하지 말라 이르고 물대접을 받아 방으로 가지고 들어왔다. 그리고 그 물을 윗목의 소세물에 가만히 쏟으며 웃었다. 얘기를 들은 중철도 웃었다.
 대보름날 새벽에는 그 비슷한 일로 집안이 수런거렸었다. 부럼 깨문 아이들이 귀밝이술 한 모금씩을 마시고 더위를 팔러 다니느라 흥을 낼 때였다. 집안에는 진채를 볶고 무치는 냄새가 향긋하게 감돌았다. 한여름에 정성껏 손질해 둔 묵은 나물로 진채식을 해 먹으면 더위먹지 않고 여름을 무고히 보내리라는 것이었다.
 그런데 진채를 볶는 가마솥 아궁이가에서 소곤소곤하던 어멈들이 하나씩 둘씩 바깥 대문간을 들락거리며 수런거리는 품이 심상치를 않았다. 순이는 버섯무침에 얹으려던 고명단지를 찬모에게 건네 주고 두섬네를 부엌 뒤꼍으로 불러 냈다. 언제든 이상한 낌새가 돌 땐 그 진원지가 조용하고도 상냥한 두섬네인 까닭이었다.

"제가 여기서 정월 대보름을 맞는 것도 여러 해쩬데요, 이렇게 상서롭지 못한 일은 처음이어요, 아씨는 또 미신이라 타박하시겠지만 타박만 하실 일이 아니어요, 보름날 복토 훔쳐 가는 건 아주 유명한 일이잖아요, 생각해 보면 부잣댁 대문간 흙만치 귀한 사람들만 많이 밟는 흙이 또 어디 있겠어요, 그러니까 못 사는 사람들은 부잣댁 큰대문 안의 복토를 열나흗날 밤에 주인 모르게 훔쳐다 자기네 부뚜막에 펴놓는 거예요, 그러며는 부잣댁에서 받을 복이 그 집으로 온다는 것이죠, 그래서 그전 저희 동리에서는 열나흗날 밤에 대문간을 밤새 지키더라구요, 아씨도 나가 보셔요, 대문간 문지방 안이 푹 패였어요, 누가 이 댁 복토를 훔쳐 간 것이어요."

두섬네의 특징은 무슨 일이든 가만가만 천천히 소곤거리는 데 있었다. 결코 수선을 부리거나 큰 소리를 내는 법이 없었다. 가늘고 맑은 목소리로 굼뜨게 조근조근 속삭이는 것이었다.

복토를 도둑맞았다는 얘기는 거기서 그치게 했지만 두섬네는 매사에 길흉의 의미를 붙이는 잡다한 세시 풍속들을 많이도 알고 있었다. 그리고 그러한 것들은 누구나 좋아했다. 조모님은 말할 것도 없고 시어머니나 시숙모들, 침모나 찬모, 아랫사람들, 동네 여인들 다 한가지였다. 지방에 따라 조금씩 다른 속신들이 열거되기도 하고 아랫사람들은 아예 두섬네를 우러러 아궁이 손질 따위의 조그만 일에도 방위(方位)에 따른 손 없는 날 같은 것을 묻고는 했다.

생활 전반에 두루두루 속 깊이 배어 있는 뿌리 깊은 민간 습속은 순이의 힘으로 어쩔 수 있는 게 아니었다. 우선 미신의 한계를 규정짓는 것이 힘에 벅찼다. 기껏 할 수 있는 것이 어머니 권씨의 모범을 따르는 것이었다. 어머니는 한식 송편도 동지 팥죽도 시월 시루

떡도 쌀이 있는 한 거르지 않았다. 다만 떡을 해놓고 반드시 기도했었다. 그뿐이었다. 기도한다는 것, 다른 누가 아닌 하느님께 감사의 기도를 올린 후에 조부모의 영혼을 위한 기도를 드리고 가까운 이웃집에 고르게 돌리어 나누어 먹는 것이었다. 팥죽은 동지뿐 아니라 복날에도 쑤어 먹었지만 대문 같은 데 바르거나 한 대접씩 떠서 집안의 온갖 장소의 귀신 앞에 가져다 놓는 따위의 짓을 하지 않았었다.

  시댁은 좀 우왕좌왕이었다. 조모님은 대체로 세시 음식이나 풍속을 즐기시고 그것이 천주께 위배된다는 생각이 없으신 반면 시모님은 달랐다. 시모님은 아예 아니하는 게 도리라 믿으면서도 당신 주장을 펴지 못하는 성격이어서 이게 죄를 짓는 일이지 하는 어정쩡한 마음으로 때로는 하고 때로는 아니하는 것이었다. 절기 음식의 기원이라는 것이 대개 자연 조건과 건강의 상관 관계에서 비롯된 것이고 보면 붉은 팥이 역귀를 물리친다든가 하는 식의 미신적 의미는 뒤에 생겨났을 터였다. 팥을 우선은 먹기 시작했을 것이고 먹다 보니 엄동 추위를 견디기에도 삼복 더위를 이기기에도 도움이 된다는 걸 알았을 것이며 그러다 보니 그 좋은 곡식의 붉은 색이 재앙을 막아 줄 것이라는 생각이 생겨났을 수도 있었다. 더욱이 천주님을 모르는 경우에는 이 신기하고 넓은 세상이 어떻게 만들어져서 어떻게 움직여지는지 알 수 없으니 수많은 귀신들이 제각기 다스릴 것이라 생각했을 것이었다. 그래서 집안에만 해도 집터의 터주신, 부엌의 조왕신, 곳간의 제석신, 외양간의 축신, 대문간의 수문신 등 장소별로 신을 만들어 받들었을 것이었다. 그러나 이제 하늘과 땅을 창조하신 천주께서 사람을 만들어 주셨고 하늘과 땅 사이의 모든 만물을 다스리신다는 것을 안 이상 모든 절기의 즐거움이나 생활의 온갖 재미들은 마땅히 그 어른께 드려야 할 일이었다.

  순이는 중철과 의논하면서 그 모든 뜻을 틈틈이 시모에게 여쭈었고 절기 풍속의 존속이 위태롭던 안살림은 미신을 배제한 천주 신앙 안에서 차츰 자리가 잡혀 갔다. 두섬네의 풍부한 지식들은 더러 잡음도 만들고 방해를 주기도 했지만 때로는 웃음과 더 튼튼한 신앙의 바탕으로 남기도 했다.

아무튼 겨울 가뭄에 이어 봄 가뭄도 만만치 않은 신유해 춘삼월, 두섬네는 또 작은 바람을 일으키고 있었다.

진달래를 따러 간다고 섬이와 분금이 등을 데리고 집을 나섰던 큰시뉘가 산으로 오르다 말고 돌아온 것이었다.

"하얀나비 먼저 보면 상제 된다고 두섬네가 그랬는데 나만 하얀나빌 먼저 봤잖아, 금세 있었는데 나만 보고 분금이랑 섬이는 못 봤다는 거야, 기분 없어서 왔지 뭐, 글씨나 쓸 테야."

지난 봄 초례를 올리고 가을에 혼행을 하려던 것이 국상을 만나 올봄으로 혼행이 미루어진 큰시뉘는 아침 나절에 그렇게 제 방에 틀어박힌 것이었다.

혼행 앞둔 처지에 다소곳이 글을 쓰고 책을 매고 있으니 잘된 일이긴 해도 어린 시뉘나 시동생들에게까지 두섬네가 길흉에 대한 객쩍은 생각을 불어넣는 것은 그대로 둘 수 없었다.

찬모가 찹쌀가루 익반죽 준비가 다 되었다 하여 순이는 바늘을 놓고 찬방으로 갔다. 찬방 옆 고방 골목에서는 마티아와 언북이가 절구질을 하고 있었다. 혼자 되어 아들 하나를 데리고 아랫채에 와서 살고 있는 강주 백모가 절구 속의 찹쌀가루를 절구가 쳐들릴 때마다 잰 손놀림으로 뒤집고 있었다.

"성성, 루갈다성"

찬방 문을 열려다가 순이는 몸을 돌렸다. 순이에게 친친 감기듯 따르는 작은 시뉘 섬이였다. 두 뺨이 상기되어 한층 귀여운 얼굴에 담뿍 웃음을 띠우며 자랑스럽게 바구니를 내민다. 바구니에는 처연하도록 고운 두견화 꽃잎이 소복했다.

"성성, 난 있지롱, 노랑나비 먼첨 봤다. 점이 언니는 흰나비 먼첨 봤는데 난 노랑나비 먼첨 봤어. 두섬네가 그러는데 있지, 노랑나비 먼저 보며는 좋은 일 생긴대. 그러구 좋은 데로 시집 잘 가서, 아들 딸 많이 낳고 일부종사 한댔어, 근데 성 일부종사가 뭐야? 응?"
순이는 웃으면서도 가슴이 찡했다. 일부종사에 대한 두섬네의 한을 알 것 같아서였다.
"분금이하고 아랫집 곱단이는 아직 많이 못 땄어? 아기씨만 이렇게 많이 땄나?"
"아니야, 분금이하고 곱단이하고 먼첨 내 바구니에 따줬어, 그러구 분금이 소쿠리는 크잖아, 나두 또 갈 거야 물 먹구.
성한테 노랑나비 본 거 말하구 싶어서 먼첨 왔어."
순이는 꽃잎을 채반에 쏟고 바구니를 섬이에게 주었다. 그리고 물 대신 화채를 만들기 위해 마련해 둔 밀수를 한 공기 떠주었다. 아홉살의 작은 시뉘는 일일이 귀여운 짓만 했다. 친정의 막내 아우와 비슷한 나이였고 유난히 순이를 따르면서 글씨 쓰기와 그림 그리기를 좋아하는 것도 비슷했다. 때로 어리광을 부리고 엉뚱한 얘기로 어른들을 웃게 하는 것도 그러했다. 섬이는 혓바닥을 내밀어 제 입술을 핥고 냠냠 소리를 내면서 순이의 앞치마폭에 얼굴을 비볐다. 맹물보다 달콤한 밀수를 마신 것이 그리도 좋은 모양이었다.
섬이가 바구니를 들고 춤추듯 깡충거리면서 다시 산으로 가고 순이는 부엌 어멈에게 꽃잎을 내주었다. 화전을 지지기에는 그 꽃잎만으로도 충분할 듯싶었다. 다만 시어머니는 찹쌀을 내주면서 꽃잎을 많이 따오게 하라고 이르셨다. 큰시뉘 혼수에 빠진 자자분한 일용품을 장만한다고 두섬이를 앞세우고 읍내 장에 가시면서 삼짇날 음식을 순이에게 맡기신 것이었다.
"화전에는 꽃이파리가 쬐매만 있어도쏭게, 나머지 참깨꽃은 잘 씻어서 물끼를 다 빼 두더라고, 두견 꽃술이 해소에는 직효 약이여. 늬 시부는 고뿔만 들어도 두견화 꽃술로 내치는 양반이랑게."

그렇게 약술 담을 대비를 이르셨다.

찰가루 익반죽을 치는 찬모 옆에서 대추를 씨 골라 채썰어 놓고 부침질할 기름을 뜨러 고방으로 갈 때였다.

시동생 문철이 내정 안으로 화급히 뛰어들었다.

"아주무이요, 난리가 나는갑소, 버들숲길에 나졸들이 쫙 깔려서 우리게로 오고 있소."

좀처럼 서둘거나 흥분하는 일이 없는 큰시동생이 숨을 헐떡이고 있었다. 이어 진달래를 따라 갔던 분금이와 곱단이, 섬이가 돌아왔다. 거의 동시에 동네 개들이 다투어 짖어 댔다.

"무슨 일인가 모르겠어라우, 포졸배가 새까맣게 몰려오고 있당게요, 바로 우리집 지름길로 똑바로 오는구만이라우."

행랑 영감이 구부정한 허리로 들어와서 어눌하게 일렀다. 이어 집 안팎에서 가솔들이 나오고 밖에 있던 노복들이 몰려들었다.

"바깥 사랑을 나졸들이 에워쌌고만이라우."

"영감마님 형제분 함자를 마구잡이로 입에 담으면서 호령이 태산이랑게."

마름 상득이 모두들 조용히 하라는 손짓을 보이며 순이에게로 왔다. 순이는 들고 있던 기름 그릇을 찬모에게 주고 행주치마를 풀어 두섬네에게 건넸다.

"일이 심상치 않게 돌아가는 모양인디 마님이 안 기시니 아씨께서라도 나가 보셔야 하것소잉. 댓자곳자 영감마님께 오라를 들이대는 품이, 영문을 모르겠고만요, 여직껏 관아에서 그리 막 보자 한 일은 없는디."

순이는 조신하게 사랑으로 나갔다. 이미 시아버지와 시숙부는 동저고리 바람으로 끌려나와 오라를 받고 있었다.

"아버님."

순이의 목소리가 목을 넘어오지 않았다. 눈을 감은 채 묵묵히 오라에 묶이고 있는 맨상투의 흐트러진 시부 모습이 무슨 말을 해야 할지 알 수 없게 했다.

"이 무슨 망발들이오? 일에는 선후가 있어야 할 것 아니겠소? 대체 한마디 설명도 없이 무지막지한 오라를 지우다니, 당장 풀으시오, 관가까지 내가 모시겠소."

새 사랑에 있다가 버선발로 내달아온 중철이 고함을 쳤다. 그 우렁찬 목소리는 마을을 흔들고 산천을 흔들었다. 안하무인으로 험악하게 굴던 나졸들도 손을 멈추었다. 순이도 아직 들어 보지 못한 불같은 음성이었다. 아니 가솔 중의 누구도 중철의 그러한 분노에 찬 목소리는 들어 본 적이 없었다. 오로지 항검 공만이 중철이 태어날 때 유독 울음소리가 우렁차고 청정해서 두고두고 얘깃거리가 되었던 걸 기억해 내고 있었다.

"천학 때문이라면 나를 잡아가시오. 오라는 내가 받겠소. 우리가 오라를 지우지 않는다고 도망질이나 할 잡배로 보이는 모양인데, 그건 가서 따져도 좋소. 그러니 당장 내 아버님의 오라를 풀어 나를 묶으란 말이오."

어느새 마당섶에는 마을 사람들이 몰려 나와 있었다. 햇살은 슬프도록 투명하고 제비들은 평화로이 창공을 날았다.

"걱정 말고 물러서 있거라. 그리고 이보시오 포장, 내 어디로 도주할 모리배는 아니니 노모님께 하직인사 드릴 짬이나 주시오. 백 가지 행동의 근본이 효도라 이르거늘 어찌 팔순 노모께 인사도 없이 떠나겠소. 언제 돌아올지도 모를 길이 아니오. 그러니 수고스러워도 잠시 이것을 풀어 주시구료. 오라 진 몸으로 인사를 여쭐 수는 없지 않소."

중철의 쩌렁쩌렁한 목소리와 늠름한 기상으로 찬물을 쓴 듯 조용해진 좌중에 항검 공의 온화한 말소리가 퍼져 갔다.
"잡혀가는 처지에 인사는 여쭈어 뭣합니까? 공연한 근심이나 드릴 바엔 그냥 가는 것이 낫지요."
항검 공에 비해 격하기 쉬운 혈기를 지닌 관검이 이미 체념했다는 듯 형을 만류했다.
"옥에 갇힌 죄수에게도 노부모께 인사 여쭐 기회를 주는 것이 국법이거늘 기약 없는 길을 인사도 없이 떠날 수는 없네, 그리했다가는 당장 오늘 밤부터 한숨 못 주무시고 애를 태우실 게야."
결국 나졸들은 두 어른을 묶었던 포승을 풀어 주었다.
팔순이라고는 하지만 노마님은 정확히 칠십을 넘어 팔십으로 가는 중간이었다. 사람들은 으레 칠십만 넘으면 팔순이라 이르고 육십을 넘으면 칠순이라 했다. 나이도 태어나면 그 자리에서 한 살 먹은 것으로 치듯 무슨 일이나 정확한 계산을 하기보다는 어림잡아서, 그것도 후한 쪽으로 넉넉하게 보태 생각하는 것이 야박하지 않고 덕성스러운 일이라 여기는 것이었다. 한 해라도 더 살기를 바라는 간절한 염원도 있었다. 사람 목숨이란 것이 참으로 맥없이 덜컥 덜컥 죽어 가는 탓이었다.
특히 노마님은 야박한 것은 질색이었다. 언제나 넉넉하고 후한 덕성을 제일로 쳤고 그러한 마음에 꼭 드는 것이 장남 항검 공이었다.
귀도 눈도 어두워 어린 손자들에게 옛날얘기나 해 주는 것이 낙인 노부인은 영문을 모르는 채로 장년의 아들 형제에게 절을 받았다. 관검에게는 생모요 항검에게는 서모인 본관 다른 유씨였다.
"어디들을 가시려고 형제분이 이렇게 나란히 들어오셨소? 윗고을에 초상이라도 났답디까?"
두 형제는 대충 의관을 정비했으나 노마님은 어두운 눈으로도 예사롭지 않은 입성을 살폈다.
"윗고을이 아니고요 어머니, 한성엘 다녀와야 하겠습니다."

항검 공이 하얀 머리칼의 노모를 바라보며 천연스럽게 대답했다. 관검은 그러한 형을 힐끗 보고 새꼬랑지 같은 작은 쪽머리의 모친을 보며 공연한 헛기침을 한다.

"한성에를 두 형제가 한꺼번에 간다는 말인가?"
"네, 어머니. 부득이한 일입니다."
"고이헌 일이구먼, 천 리 밖 길을 낼 죽을지 모레 죽을지 모를 늙은 어미를 두고, 하나씩 다녀오는 게 아니라 둘이 한꺼번에 간다는겐가?"

전에 없던 일이었다. 항검 공은 모친이 이순을 넘으면서 어머니 앞을 오래 비우지 않았다. 비울 일이 있을 땐 아우로 하여금 어머니를 모시도록 했고 그도 부족해 진산 이종 지헌을 불러다 놓기 일쑤였다. 진산 이종제 방지거는 어머니와는 의붓 관계였으나 어머니도 방지거도 친이질 사이처럼 시스러움 없이 지내고 있었다. 어떻든 두 아들이 한꺼번에 어머니 앞을 비우는 불효는 해 본 적이 없었던 것이다.

"허면 진산 애비가 오는가?"
"곧 기별을 보내면 이삼 일 안에는 당도를 할 겝니다."
"고이헌 일이로다."

노모는 담뱃대를 들고 공연히 대통을 두어 번 쳤다. 관검이 다가앉아 대통에 담배를 채우고 불을 당겨 드렸다.

뻐금뻐금 담배를 빨던 노인은 큰아들과 작은아들을 찬찬히 바라보았다.

"아범."

노인은 불러 놓고 잠시 뜸을 들였다.

"대장부답게 치명을 하시게."

항검과 관검과 윗목에 앉았던 중철, 항검의 친구이며 중철 형제들의 스승인 한정흠(스타니슬라오), 시숙모, 순이, 문철이 모두 놀랐다.

그만큼 노마님의 표정은 의연했다.

"늙은 에미 걱정일랑 말게, 늙은 에미는 천주님께 맡기고 자네들은 섭리를 따르게."

노모는 담뱃대를 내려놓고 돌아앉았다. 돌아앉아 치마폭 속에서 고쟁이 위로 늘였던 염낭 주머니를 꺼내 아구리를 열었다. 그리고 작은 목합과 수놓은 조그만 주머니를 꺼냈다.

노인은 목합을 큰아들의 손에, 수놓은 주머니를 작은아들의 손에 놓았다.

"이 목합은 진산 순교자 지충의 유품일세, 에미가 일구월심 기구하며 간직하던 것이니 아범이 지니게, 그리고 이 주머니는 을묘에 서울서 순교한 양근 윤 선비 유품이야, 아범이 가져다 주었네만 그 양반은 관겸이를 아우같이 여겼으니 순교한 친구를 보는 듯이 어미를 보는 듯이 품에 지니거라. 얘 아가야, 아범들 붙들러 온 나리들 찰밥이라도 해서 배불리 대접해 보내도록 해라."

나졸들은 찰밥 아닌 이밥이긴 했지만 진달래 꽃잎을 얹어 지진 찰전병과 함께 푸짐한 음식상을 받고 있었다. 시부와 시숙부의 오라를 풀 때 순이가 찬방에 일러 두었던 것이다.

노마님은 미간 하나 찡그리지 않고 두 아들을 보냈다. 대청마루 끝까지 나와 그 든든하고 미덥던 아들들을 배웅했다.

애간장이 녹아 나는 일이었으나 노인은 꿋꿋이 참아 냈다.

삼부팔모(三父八母)라 하던가. 한집에서 함께 사는 계부, 한집에서 같이 살지 아니하는 계부, 친모가 후살이로 들어가 섬기는 계부까지를 일컬어 아버지로 받들라는 것이 삼부였고, 어머니는 종류가 여덟이나 되었다. 서자가 아버지 정실인 적모, 정실 소생이 아버지 후취인 계모, 양가의 어머니인 양모, 어머니 잃은 후 길러 준 서모, 개가 한 어머니를 일컫는 가모(嫁母), 아버지에게 쫓겨난 출모(黜母), 아버지 첩인 서모, 그리고 어머니 대신 젖 먹여 준 유모까지 팔모를 어머니로 섬겨 돌아가셨을 땐 상복으로 예를 갖추라는 것이 반가의 법도이긴 했다. 아버지가 세 종류인 것에 비해 어머니가 여덟 종류나 되는 것은 그만큼 여자라는 존재가 바람부는 길섶의 가랑잎처럼 아무 힘을 가지지 못한 보잘것없는 목숨으로 여겨지는 탓이었다.

그러나 아무리 효를 백 가지 인간사의 으뜸으로 삼는 삼부팔모법의 세상이라 해도 진정한 효자란 그리 흔한 게 아니었다. 노마님이 알기로는 오직 큰아들 항검 공뿐이었다. 자기 몸 속에 길러 직접 낳은 관검이 아니라 전실 아들인 항검이었다.

노마님이 후실로 들어왔을 때 항검은 열 살이었다. 열 살짜리 도령이 그렇게도 늠름하고 기특하고 사랑스러울 수도 있다는 것을 부인은 처음 알았다. 매사에 그렇게 영특하고 진중할 수가 없었다. 도무지 잔꾀라곤 몰랐고 싫다는 것을 몰랐다. 악의라는 게 없었다. 누구에게나 성심을 다해 받들고 베풀기를 좋아하면서도 그리 겸손할 수가 없었다. 아무리 만석꾼 살림이지만 저렇게 아무에게나 다 주기만 좋아하고 누구에게든지 베풀기만 좋아하다가는 만석꾼 살림도 쉽게 거덜나지 않겠느냐고 우려하는 사람도 없지 않았었다. 그러나 그 반대였다. 어떤 고약한 사람도 항검의 그 진국스러운 겸손과 정직 앞에서는 심술을 버렸다.

관검이 자라면서 부인은 때로 시새움을 느꼈다. 형만한 아우가 없다더니 매사의 마음 씀씀이가 관검은 항검의 그릇에 미치지 못했던 것이다. 어쩌면 관검도 그렇게까지 미흡한 아들은 아니었을지 몰랐다. 인물도 그만하면 환했고 장부답게 씩씩하고 도량도 작지는 않았다. 그러나 항검에 비하면 그 진중함과 진국스러움과 입이 딱딱 벌어지는 대범함의 발 뒤꿈치에나 미칠까 싶었다. 관검이 부족하다기보다는 그만큼 항검이 출중하고 탁월했다. 그러면서 그 출중함을 본인은 몰랐다. 그러니 겸손할 수밖에 없었다.

부인은 나이들면서 차차 자기가 낳고 안 낳고를 잊었다.

있는 그대로의 항검을 깊이 아끼고 존중하고 믿었다. 세상에 사람이 많아도 자기 큰아들만한 인품은 달리 없다는 확신이 있었다.
 항검은 비단 모친뿐 아니라 주변의 어느 누구에게나 성심 성의를 다했고 특히 아우와 어머니는 그 첫째였다. 그런데다 과거를 준비하려던 무렵 서학에 발을 들여 놓은 후에는 그 어질고 진실된 심성이 하느님과 인간에 대한 바른 애덕으로 성숙된 것이었다.
 "할머님, 심려 마시고 들어가세요."
 순이는 두섬네에게 조모를 방으로 모시도록 이르고 바깥으로 나왔다. 숙모가 대성통곡을 하고 있었고 어멈들이 몰려 서서 훌쩍이고 있었다. 그리고 중철이 묶여 있었다. 순이는 잠시 서 있었다. 중철은 가장 먼저 나와서 묶인 모양으로 눈을 감고 있었고 시부와 숙부는 좀 떨어진 곳에서 다른 나졸들에 의해 오라를 받는 중이었다. 개들이 각기 주인의 주변을 돌다가 이유를 묻듯이 짖어 댔고 나졸들의 발길질에 물러났다가는 다시 기어 들고 있었다. 울음소리가 높아지고 시동생, 시뉘들이 아버지, 형, 오라버니를 부르며 몸부림을 했다.
 순이는 현기증이 났다. 중철까지 시부 형제와 함께 잡혀가리라는 예상은 아니했던 것이다. 서울의 비정하고도 전율스러운 군란 소식을 들을 때마다 박해가 목전에 이르렀음을 각오는 했었지만 포졸들이 들이닥친 이후에도 중철까지 함께 붙들려 가리라는 생각은 할 수 없었다. 그래서 그는 부친과 숙부에게 음식을 권하면서도 자신은 뒤로 처져 있었고, 다만 감영까지는 부친을 모시겠노라 했던 것이다.
 순이는 사람 틈을 비집고 중철에게로 갔다. 식구들과 동네 사람들과 노복들이 길을 열어 주었고 중철의 바로 곁에 서 있던 스승이 중철의 어깨를 가만히 두드렸다. 중철이 눈을 떴다. 그는 오래 오래 순이를 봤다. 그는 수많은 말을 한순간의 그 눈빛으로 아내에게 전하려는 듯싶었다.
 "어머니와 동생들을 부탁하오. 걱정하지 말아요. 하느님 생각부터 먼저 하고 당신 생각을 할 수 있도록 기도해 주구료. 그리고 언약한 대로 함께 치명할 수 있는 특은을 청원해 봅시다. 그럼 누이, 기도 속에서 만나요."

순이는 고개를 끄덕였다. 아무 염려 말고 한날 한시에 위주 치명하자던 지난날의 약속을 잊지 말자고 다짐하고 싶었으나 입이 열리지 않았다. 그녀는 그의 시선조차 오래 받지 못하고 자주 눈을 내리깔며 눈물을 참고 있었던 것이다. 그의 눈과 마주치기만 해도 목이 아프고 눈시울이 더워지는 격정이 입을 열면 그대로 통곡이 될 것만 같았다.

순이는 몇 번이고 고개를 끄덕여 염려 말라는 뜻을 중철에게 전하고 막 떠나기 시작한 시부에게로 가서 허리를 굽혔다. 눈물이 앞을 가려 시아버지의 그 인자한 모습이 제대로 보이지 않았다. 시부의 뒤를 숙부가 따르고 숙모가 울부짖으며, 만류하는 부엌 어멈을 뿌리치고자 용을 썼다. 숙부 뒤로 중철이 나졸들에게 둘러싸인 채 조용히 걸어가고 마을 사람들과 노복들이 그 뒤를 따랐다.

한정흠 스승이 문철과 중성과 함께 읍내 감영까지 다녀오겠다며 순이에게 가솔들을 모두 데리고 들어가라 했다. 순이는 그대로 했다. 읍내 저자거리에서 풍문을 듣고 사색이 되어 돌아온 시어머니는 몸져눕고 집안은 깊은 적막에 휩싸였다. 갑자기 아래 위 두 집이 횅뎅그러니 빈 듯 썰렁했다.

어른들의 눈치를 살피다가 살금살금 올케에게로 온 작은 시뉘가 풀죽은 목소리로 중얼거렸다.

"내가 노랑나비 봤는데 왜 존 일이 안 생기구 무서운 일이 생기지? 성 존 일은 낼 생길까? 아버지 돌아오시면 그게 젤 존 일이잖아."

"그래요, 아기씨. 내일은 좋은 일이 생길 거야."

순이의 끝말은 목 속으로 잠겨 들고 있었다. 그녀는 어린 시뉘에게 들키지 않도록 있는 힘을 다해 치밀어오르는 울음을 삼키고 있었다.

봄은 하루 하루 완연하게 꽃을 통해 새를 통해 푸른 새싹들을 통해 생명감을 더해 가고 있었다. 바람은 간드러지게 포근하다가도 해만 떨어지면 꽃을 시샘하듯 날카롭게 날을 세웠다.

문철은 하루도 빠짐없이 읍내 감영을 오갔다. 부친과 숙부와 형이 투옥되던 날은 옥 마당에서 밤을 지냈으나 다음날부터는 삼십 리 길을 하루 두 번씩 내왕하며 조석을 날랐다.

그것은 자식된 의무였다. 어느 자식이건 아버지가 옥에 갇히면 어떤 방법으로건 음식 수발을 하는 것이 도리였다. 수인이 서울 형조로 옮겨지면 따라 올라가야 하고 귀양을 가면 유배지까지 따라가는 일도 예사였으며 옥에서도 밤낮 부친 곁을 떠나지 않는 것이 효행의 법도였다.

문철은 이른 아침 조반을 가지고 가서 한 옥사에 계신 두 어른과 좀 떨어진 옥사의 형에게 전하고 나서 점심때까지 옥 마당에서 동태를 지켜보곤 했다.

처음의 심문은 그다지 가혹하지 않았다. 감사는 난처하고도 놀라운 듯 중앙에서 내려온 혐의 사실을 형식적으로 묻곤 했다.

오정 무렵이면 사촌 중성이 점심 지게를 진 두섬과 나타나고 문철은 집으로 돌아온다. 그리고 다시 저녁 진지를 해가지고 가는 것이다.

아버지와 형은 심문을 많이 당했거나 곤장을 맞은 날에도 정확하게 칠 홉 주발 정도의 일정한 식사량을 지켰으나 숙부는 기분 내키는 대로였다. 어느 날은 한두 술 뜨고 말기도 하고 어느 날은 당신 주발을 비우고 항검 공이 남긴 것까지 다 비우는 것이었다.

워낙 성미가 급하고 혈기가 왕성한 성품이었다.

부친은 처음 문초 때 감사를 타이르기라도 하듯

"신부님 모셔 오는 경비를 내가 부담했소. 아우를 서울로 보내 전주로 모신 것도 사실이고 아들 아이가 신부님 시중을 든 것도 사실이오. 그것이 죄가 된다면 달게 받겠소. 그러나 천주학은 사람이라면 누구나 마땅히 알아 모실 하느님을 섬기는 일. 하늘을 공경하고 사람을 아끼며 선을 행하고 악을 피하는 국태 민안의 도를 펴는 구국 제민의 바른 길이오."
침착하고 조리 정연하게 설명하셨다.
감사는 유씨 댁으로부터 은혜를 입은 지난 일을 생각해서인지 부친에게 함부로 하지는 못하고 입맛을 다시면서
"양박 양병 청해 오는 비용 부담, 청국인을 몰래 입국시키는 비용 부담, 청국인을 전라도에 불러 수백 명 백성에게 사학을 전파시킨 죄, 청국인을 집에 숨기고 사학을 가르치게 한 죄, 이것들이 모두 명명백백한 사실이로소이다그려?"
얼굴을 찌푸리는 것이었다. 추수 때마다 양곡바리를 보내는 것은 고사하고 감영에서는 무슨 일만 있으면 도움을 청했고 항검 공은 거절을 한 적이 없었다.
입교 전에는 감영 망궐례에까지 일쑤 참여해 주었다. 물론 그것은 항검 공이 시작한 일이 아니라 선대에서 물려 받은 일이었다. 음력 초하루와 보름이면 왕과 궁의 상징으로 나무토막에 궐(闕)자를 새긴 패를 관아의 객사에 봉안해 놓고 왕에게 인사를 드린다는 의미에서 그 궐패에 예를 올리는 것이 망궐례였다.
천주님을 알아 섬기면서부터 항검 공은 볏섬을 넉넉히 보내는 것으로 그러한 과한 일들을 피해 왔던 것이다.
부친은 처음 이삼 일은 문철에게 노복들 편에 음식이나 보내고 하루 두 번씩의 내왕은 그만두라 하셨으나 숙부의 핀잔이 있은 후로는 말씀이 없으셨다.
"형님은 형님이고 이 애는 이 애지, 아버지에 삼촌에 형까지 갇혀

있는 판국인데 안 왔다간 불효자 났다구 마을에서 몰매 맞게요, 애비가 귀양을 가면 귀양곳까지 따라가야 하는 게 조선땅의 자식된 도리인데 그걸 마다할 수 있습니까. 난 말요 형님. 예수님 말씀이 다 옳지만 아비 어미를 나보다 더 사랑하는 건 내 제자될 자격이 없다 하신 그 말씀은 말입니다. 바로 조선 유림들한테 하신 말씀이라 생각합니다. 효도가 잘못이라는 게 아니라 아버지가 잘못해도 잘못을 지적하지 못하고 맹종해야 하는 조선식 효도가 잘못이란 말입니다. 문철이 너도 언제나 예수님 가르침부터 명심해라. 네가 효도해야 하는 아버지는 겨우 육신을 주었지만 천주님께선 육신의 생명과 영혼까지 주셨으니까 말이다."

그럴 때까지만 해도 관검 숙부는 숙부 나름의 호기를 잃지 않고 계셨다.

항검 공은 대체로 두 눈을 꽉 감은 채 묵상에 잠기듯 꼿꼿이 앉아 계셨고 옥리가 부르면 몸은 움직였으나 웬만한 심문에는 침묵을 지키셨다.

관검 공은 달랐다. 워낙 활달한 성품대로 걸핏하면 옥리들을 꾸짖기도 하고 심문에도 문초의 내용과는 거리가 먼 비양거림으로 기세 좋게 응수하곤 하셨다. 곤장을 맞으실 때도 기진할 때까진 비꼬인 응수를 그치지 않으셨다.

형제분이면서 성품이 완연하게 다른 것이었다. 그러나 그때까지는 두 분께 칼도 씌우지 않았고 고문도 심하지 않았다.

중철은 아버지의 죄목이 밝혀질 때까지 그저 가두어 두는 것이 목적인지 중죄인 옥사에서 좀 떨어져 있는 잡범 옥사에 버려 두고 있었다.

형은 밥소반을 받을 때면 반드시
"할머님 어머님 숙모님 괜찮으시지?"
물은 후에 잠시 뜸을 들였다가

"형수도 별일 없지?"

한마디 안부를 하고서야 천천히 수저를 들었다. 이상한 것은 햇볕을 못 보는 탓인지 맏형의 얼굴빛이 유난히 희어지는 것이었다. 초췌함이나 병색과는 다른 생기찬 살빛이었다.

원래 초남 식구들은 혈색이 좋았다. 얼굴만 보아도 힘이 느껴지는 건강한 살결이었다. 중철은 특히 그 단단하고 건강한 살색이 돋보이던 터였다. 그런데 그 형의 얼굴이 신기하도록 희고 매끄러운 살빛이 되어 가는 것이었다.

그때까지는 옥리들도 되도록이면 편의를 보아주려 했고 조금도 천학 죄수에 대한 모멸이나 하대를 보이지 않았다.

그리스도께 악담하며 저주하라는 배교의 회유도 생각했던 것보다는 심하지 않았다.

물론 아버지 항검 공이

"천 번을 죽어도 그럴 수는 없소. 악담이나 저주는커녕 그리스도께 대한 조그만 모욕의 인사도 내 입에 담기는 일은 없을 것이오."

나직하고 분명하게 일갈한 선언이 절대로 뒤집을 수 없는 엄격한 위엄을 풍기기는 했다.

그러나 그 정도로 배교의 종용이 그칠 리는 없는 일인데 숙부에게도 중철에게도 그저 형식적인 심문만을 할 뿐이었다. 감사가 중철의 나직하고 완강한 호교론이나 숙부의 열광적인 변론을 중간에 그치게 하지 않고 끝까지 묵묵히 듣는 것도 의외였다.

문철은 옥 마당가에서 함께 지켜본 한정흠 스승에게 물었다.

"이상한 일이지요, 스승님? 소문에 듣자니 서울서는 곤장치고 주리틀고 지독하게 배교를 강요한다는데, 딱 한 번씩만 물어 보고 그만두니 정말로 그만두는 건지 뜸을 들이는 건지 전 통 종잡을 수가 없는걸요? 정말 이 정도로 마는 걸까요?"

"신세를 자그마치 졌는가. 해마다 초내미에서 관아로 실어 가는 볏섬이 얼만데, 사람 탈을 쓰고서야 은혜를 원수로야 갚을 턱이 웂지, 조정에서 잡아들이라고는 하고 게다 세상 다 아는 천학 집 안잉게 도리없이 잡아 가두기는 했지만 즈그들도 낯짝이 있을 것 아닝감, 필경 감사도 그렁저렁 눈치나 보자는 속셈일 것이고만."

하루 한 번씩 아침 나절에 문철과 동행하여 항검 공 형제와 아들처럼 사랑하는 중철을 보러 다니는 스승은 그렇게 낙관하고 있었다.

문철은 말을 내려 넓은 들길을 걸었다. 지게를 진 보위가 뒤를 따르고 있었다. 이따금 지게에 얹힌 함지박에서 그릇들이 부딪는 소리가 났다.

문철은 어린 탓인지 스승처럼 아버지 일을 낙관할 수가 없었다. 얘기꾼들이 발과 입으로 나르는 가담항어들은 모질고 끔찍했다. 읍내 거리에 파다하게 번진 서울의 군란 소식 역시 무시무시했다.

그 동안 참 용하게도 호중지역만은 풍파가 적었지만 다른 시골의 박해는 어진 임금이 승하하시기 전에도 끊이지 않았던 것이다. 그런데 천주학을 학문으로나마 아껴 주던 임금이 승하하고 인산까지 끝나면서 군란의 피흘림은 조선 팔도 각 고장에서 공공연하게 자행되는 것이었다.

문철은 묵묵히 사람들이 찹쌀배미라고 부르는 논들이 양쪽으로 펼쳐져 있는 둑길을 걸었다. 그 기름진 논에는 곧 모판을 마련하고 찰볍씨를 뿌려야 할 것이었다.

부친은 그 찹쌀배미에 온갖 정성스러운 거름을 다 했다. 볏짚거름 닭거름 돼지거름 퇴비를 해마다 했고 수많은 논 중에서 찹쌀배미만은 손수 거름 지휘를 하곤 했다.

어느 해인가는 건너 마을에서 오래된 낡은 집이 허물어진 것을 보고 오셔서 두섬에게 허물어진 집을 지붕이건 담벼락이건 할 것 없이 모두 실어 오라 하셨다. 마침 버려진 폐가였는데 수십 년은 족히 묵었을 것이니 볏짚 섞인 담벼락 흙조차도 아주 좋은 거름이 됐을 게라는 것이었다. 물론 그것도 찹쌀배미의 거름이 된 것은 말할 나위도 없었다. 그 외에도 깻묵이며 목화씨며 거름이 될 만한 것이 집안에서 나오면 부친은 모두 찹쌀배미에 주게 했다.

마을 사람들은 기름진 논이라 가물도 홍수도 타지 않고 해마다 풍작을 이룬다지만 문철이 알기로 찹쌀배미의 수확은 부친의 정성값이었다.

바람이 불어 왔다. 변덕스러운 흙바람이었으나 며칠 사이에 날카롭던 바람결은 한결 눅어 있었다. 하늘과 맞닿은 지평선 끝에는 불그스름한 노을이 한 줌 남아 있었다.

그는 형을 생각하며 하늘을 봤다. 아무 데서나 우뚝 걸음을 멈추고 선 채 고개를 젖히고 하늘을 우러르는 것은 형의 오랜 버릇이었다. 하늘이 맑을 때도 구름이 유별할 때도 별이 빛날 때도 형은 심심하면 그 짓을 잘 했다.

"너두 해봐. 은총이 하늘에서 쏟아져 내려."

회색 구름이 볼품없이 널려 있는 어둑신한 하늘에서도 형이라면 은총이 쏟아져 내리는 걸 느낄 수 있을까. 하늘이 어떤 모양이더라도 형은 그 곳에서 천주님의 모습을 떠올릴 수 있다고 했었다. 문철이 잔뜩 의심 품은 눈초리를 보내노라면 아직 나이가 어려서 모를 것이라고 형만한 나이가 되면 그리 될 게라고 했었다.

"천주님 생각을 하면 저절로 마음이 좋아지군 해. 너도 그렇지?"

그렇게 말하는 형의 표정은 문철이 감히 아니라는 대답을 할 수 없도록 만드는 신기한 구석이 있었다.

문철은 형이 자기와는 엄청나게 다른 특별한 사람이라 생각했었다. 지금도 그 생각은 마찬가지였다. 자기는 아무리 형과 아주 조금만이라도 닮으려 해 보아도 그리 되지 않았다. 형은 입성에도 먹성에도 놀이에도 무심하였다. 체모를 차리는 일에도 초연하였다. 상사람 집에 무람없이 드나들고 음식을 가리는 법 없이 식성 좋게 먹고 닭이 병들면 닭똥을 손에 묻혀 가면서 왼종일이라도 냄새나는 닭장 앞에 쭈그리고 앉아 이것저것 약초를 먹여 보며 구완하는 것이 형이었다. 그러면서 신앙과 학문의 성찰은 누구도 따를 수 없었다.

자기는 결코 형처럼 하느님 보시기에 기특한 일만 할 수는 없었다. 형처럼 너그럽게 아우의 조잡한 취미를 감싸 주며 이해해 주지도 못할 것이었다.

문철은 권선징악의 판에 박힌 양반소설에 싫증이 나서 몇 번이나 유치한 여항소설[3]을 읽다가 형에게 들켰고 투전판에 끼어 돈을 잃기도 했었다. 본전을 찾으려던 노릇이 적지 않은 액수를 잃고 말았을때 중철은

"너만 할 땐 호기심이 많은 법이야, 호기심 자체는 잘못이랄 게 없지, 허지만 절제를 못 하면 곤란한 지경으로 몰리고 특히 투전과 같은 노름은 고약한 것이니까 다시 기웃거리지 않는 게 좋아."

그러며 적지 않은 돈을 물어 주고도 범상히 넘겼다. 여항소설 읽는 것을 나무라지도 않았다. 사람은 모두 생김새가 다르듯 취향도 다르다는 것이었다. 문철은 형이 그리웠다. 형을 그 더럽고 냄새나고 어둡고 무서운 옥 속에서 나오게 하여 함께 들길을 걷고 싶었다.

어찌해서 천주님은 이 무시무시한 박해를 막아 주시지 않을까. 어째서 그다지도 온 정성으로 천주님만을 흠숭하는 부친과 형과 삼촌에게 그리도 치욕스러운 시련을 내리시는가.

그는 희끄므레한 노을이 지고 있는 들녘을 지나 집으로 돌아왔다.

집안은 썰렁하고 침울했다. 아랫사람들은 지레 풀이 죽어 어깨가 늘어졌고 마음 무른 어머니는 자리를 걷고 일어나시긴 했으나 오며가며 눈물을 찍어 냈다.

할머니만은 변함없이 어린 아우들에게 옛날 얘기를 들려주고 주전부리감을 마련해 주곤 하셨다. 형수 역시 바싹 야위긴 했으나 여전

히 막내아우 일문을 자기 자식처럼 거두고 있었다.
 문철이 안마당으로 들어서자 식구들이 모두 몰려들었다. 보위는 지게를 세우고 함지박을 들어다 우선 할머니께 보였다. 할머니는 물린 그릇들로 우선 아들 형제와 손주가 얼마나 밥을 먹었는지 어떤 반찬을 누가 먹었는지 알아 보시는 것이었다. 어머니도 형수도 말은 없지만 빈 그릇이나 남은 밥에서조차 아버지와 형의 흔적이라도 느끼려 하였다.
 "그래 오늘은 뭐라더냐, 언제 내보내 준다고도 않더냐?"
 아들들이 붙들려갈 때 장부답게 치명을 하라고 일러 보내신 할머니는 날이 갈수록 아들들이 돌아올 희망을 품으시는 듯했다. 그것은 잡혀 들어간 아들들이 그 동안 심한 고문도 당하지 않고 감사가 매우 난처한 듯 미적지근한 태도를 보이고 있다는 훈장의 전언을 들으신 때문이었다.
 문철은 그날의 문초 내용을 대충 얘기하고 아랫집으로 내려갔다. 좀처럼 앓는 일이 없는 숙모가 운신을 못 하고 누워 있는 탓이었다. 앓아 눕기 전에는 저녁 나절이면 동구 밖까지 나와 문철을 기다려 소식을 묻던 숙모였다.
 아침 저녁 읍내를 내왕하긴 해도 매일 좋은 소식을 기다리는 식구들에게 별달리 전할 소식이 생기는 것도 아니었다. 그날이 그날인 판에 박은 듯한 일상이었지만 문철은 일이 악화되지 않기만을 바라며 읍내를 오가고 식구들에게 소식을 전하고는 했다.
 며칠 사이에 꽃이라는 꽃이 모두 만개한 듯 동산도 울긋불긋하고 버들숲 길가도 울긋불긋해진 이른 아침. 문철은 세 식구의 조반을 지게에 진 보위와 함께 스승을 모시고 막 버들숲을 빠져나오고 있었다.
 아지랭이가 고물거리는 들녘에 포졸들이 새까맣게 줄을 지어 몰려오는 것이 눈에 띄었다. 문철은 걸음을 멈추지 않았다. 어쩌면 자기를 잡으러 오는지도 모른다고 생각했지만 겁은 나지 않았다.
 그러나 포졸들은 그는 본 척도 하지 않고 스승에게 달려들어 오라를 지웠다.
 "허허, 이번엔 내 차례라…."
 스승은 너털웃음을 지으며 문철에게 눈짓을 보냈다.
 "한 발이라도 서둘러 가서 조반부터 드리도록 해라. 나야 나리들과 가려면 지체될 터이니 우물거리지 말고 어서 속히 가래두, 팔삭동이 같은 나에게까지 위주 치명할 은혜를 주신다면야 뭘 더 바라겠느냐."
 포졸들은 스승을 묶어 서너 명이 지키고 나머지 십여 명은 마을로 들어갔다.
 문철은 보위를 재촉해 읍내로 향했다.
 필경 고산 당숙까지도 잡혀 오겠지 싶었다. 보위를 뒷길로 보내어 피신하시도록 할 것을, 모른 체 그냥 온 것이 잘못은 아닐까 생각이 어지러웠다.
 아버지와 숙부와 형이 조반을 다 자시기까지 문철은 스승이 오라를 졌다는 말을 삼가고 있었다. 그러면서도 이제나 저제나 하는 조바심으로 눈길이 자주 영문으로 가곤 했다.
 옥루에서 지절거리는 제비들의 지저귐이 이상하게도 듣기 싫고 낯선 느낌이었다.
 포졸들은 얼마 후 스승 외에도 고산 지헌 당숙과 김 토마스, 손님으로 와 계시던 영광 사돈 양반 그리고 노복 천애 등 다섯 명을 잡아 왔다.
 문철의 가슴이 벌렁벌렁 뛰었다. 집안이 완전히 망하는구나 싶었다. 일이 어지간하기 전에야 영광에서 손님으로 온 사돈 어른까지 포박해 올 이유는 없는 것이었다.
 한가롭게 울며 공중을 날아가는 까치소리조차 불길하기 그지없었다.

문철의 불길한 예감은 빗나가지 않았다. 일이 걷잡을 수 없이 확대된 것이었다. 곤경에 빠진 것은 관검 숙부였다.

문철이 보건대 숙부의 실수는 아니었다. 삼월 여드레 2차 심문 때였다.

감사는 같은 도당을 대라던 1차 심문과는 달리
"윤지헌, 이우집을 아는가?"
물었다.

숙부는 윤지헌은 이종사촌이며 이우집은 사돈이라 설명했다.
갑자기 감사가 언성을 높였다.
"윤지헌, 이우집, 한정흠, 김유산, 김천애 모두 같은 도당이 아닌가? 이 무리들이 그대의 사랑에서 살다시피 기거해 온 것을 익히 아는 터에 어찌 도당이 없다고 번번이 잡아떼는가?"
교묘한 유도 심문에 관검 숙부는 호방한 웃음을 터뜨렸다.
"사촌이나 사돈 그리고 우리 아이들의 독선생이 사랑에 출입하고 묵는 것도 당을 짓는 일이란 말이오? 더욱이 사돈 어른은 우리 집안으로 출가해 오신 매씨를 보러 영광에서 오셨는데 그 댁 사랑이 협소해서 오실 때마다 우리 사랑에 기거하셨소. 어찌 그 사돈뿐이겠소, 우리 일가 댁 손들이 대개 우리집 사랑에 와 묵는다는 것은 이따금 문객을 보내신 나으리께서도 아시는 일 아니오, 그리고 김유산, 김천애는 지인이고 종복인데 식구끼리 어울려 작당을 하는 일도 있답디까?"

숙부는 어이없는 듯 일소에 부쳤으나 사단이 벌어진 것은 엉뚱하게도 사돈 어른에게서였다.

선비에게는 치욕스럽고도 견디기 힘든 곤장에 굴복한 사돈 양반의 입에서 정사년 동짓달에 지은 새 사랑은 천학을 위한 것이며 서양 큰 배를 불러 오면 천주교를 세상에 크게 펼 수 있다는 얘기를 관검 숙부에게서 들었노라고 횡설수설했던 것이다.

관검 숙부가 모진 고문을 받게 될 것은 명약관화했다. 사돈 양반이 실토한 서양 큰 선박을 불러 오는 일은 그들로서는 서양의 그리스도교국과 국교를 맺으면 종교의 자유가 보장되리라는 뜻에서 오간 말이었지만 감사나 위관들은 나라를 위태롭게 하는 대역 부도로 받아들이고 있었던 것이다.

숙부는 3차 심문을 당하기 전 우선 30대의 곤장을 맞았다. 그는 서양 선박 운운의 얘기는 신앙의 자유를 위한 논의였고 그것을 전해 들었을 뿐 자신은 그 논의 자리에 끼지도 않았음을 설명하였다. 그는 항검 공과는 열두 살의 터울을 가진 젊은이였고 그러한 논의는 교회 지도자들이 하는 것이었다.

그러나 이우집의 입에서 나온 또 한마디의 말은 더욱 엄청난 파문을 불렀고 급기야 그들은 대질 심문을 받기에 이르렀다. 이우집은 관검이 '한바탕 결판을 내야 한다.'고 말했다는 것이었고 관검은 그것은 터무니없는 무함이라 했던 것이다.

마침내 대질 심문이 벌어진 자리에서 이우집은

"서양 선박이 와서 이치를 들어 말할 때 받아들여지면 좋지만 받아들이지 않으면 한바탕 결판이 나지 않겠냐고 내가 물었을 때 자네 뭐라고 했는가? 그럴 수도 있을 것이라 하지 않았냐구."

흠씬 두드려 맞은 개처럼 이 사람 저 사람의 눈치를 살피며 힘없이 중얼거리는 것이었다. 관검 숙부는 딱하다는 듯 대꾸했다.

"순순히 받아들이면 국교가 맺어져 교를 행할 수 있으나 쫓아 보낸다면 돌아갈 것이니 그러면 천주교가 퍼지지 못할 것이라 했지 내 언제 결판을 낼 수도 있을 것이라 했소?"

그러나 감사는 관검 숙부의 말보다 사돈의 말을 신용하는 듯했다. 감사는 이제 부친에게도 호통을 쳤다. 외국과 밀통하여 나라를 위태롭게 하려 했던 대역 음모를 털어놓으라는 것이었다. 감사의 태도는 완전히 바뀌어 죄인을 다루는 위압적인 자세가 되어 있었다. 평소에 품고 있던 존경심이나 은혜를 입은 것조차 대역 죄인인 줄 몰라서였다고 생각하는 눈치였다.

그러나 항검 공은 조금도 변함이 없었다. 중앙에서 독촉이 있었다는 풍문도 들었고 오랜 친구인 한정흠와 이종아우 윤지헌 등 가솔들이 모두 잡혀왔으며 사돈에게서 엉뚱한 얘기가 발설되어 화근이 되고 있음도 모르지 않았으나 항검 공의 온화하고 의연한 표정은 자기 집 사랑방에 있을 때와 조금도 다르지 않았다.

그는 천천히 입을 열었다.

"구태여 변명은 아니하겠소. 외국의 큰 선박을 청해 오기 위해 내가 자금을 부담한 것은 사실이오, 다만 나라를 위태롭게 하려고 했다는 것은 터무니없는 오해요, 그건 있을 수도 없는 일이오, 우리 교우들 모두가 그런 반역적 생각은 해본 적이 없소, 서양의 큰 선박을 청해 오려 한 것은 서양 국왕의 친서를 가진 큰 배가 와서 친목을 청한다면 나라끼리 친교가 맺어질 것이고 그리하면 조정에서도 우리 천주학을 금하지 않을 것이라는 생각에서 논의했을 뿐이오."

사실 큰 선박을 청함으로써 서양과의 국교를 열고, 서양과의 교류가 열리면 천주교도 자유를 찾으리라는 막연한 희망은 신해박해 이후부터 줄곧 거론되어 온 것이었다. 그러나 너무도 암담한 조선의 현실 속에서 단순하게 열망하던 꿈 같은 그 희망은 북경 주교의 손에서 잠자고 있었다. 그야말로 실현하기 어려운 꿈 같은 얘기인 탓이었다.

그러나 부친은 이내 서울 금부로 압송되고 말았다. 그리고 부친이 서울로 압송되자 심한 곤장으로 초죽음이 된 관검 숙부는 문철에게 숙모를 데려오라 하였다. 이미 관검 숙부는 모든 것을 체념하고 있었다.

너무 강한 쇠는 부러진다던가, 관검 숙부는 숙모에게 천주학 서적을 모두 관아에 바치라 하였다. 교우 명단이며 교중 사정도 묻는 대로 털어놓았다. 배교의 언사도 묵묵히, 시키는 대로 하였다. 그러나 관검 숙부가 그리했음에도 숙부는 스승과 고산 지헌 당숙과 사돈 양반, 김유산 등과 다 함께 서울로 압송되었다.

전주 옥에는 중철만이 남겨진 것이었다.

"문철이 네가 아버님을 따라가 보아야지, 한림방으로 가면 장모님과 가를로 형님께서 아버님 옥바라지 주선을 해 주실 게다. 내가 해야 할 일이다마는 이렇게 갇혀 있으니 네가 올라가는 도리밖엔 없구나."

그 동안에 옥의 사정도 달라져서 이제는 아무리 옥리를 구슬려도 형을 직접 면대하기가 어려웠다. 겨우 아랫집 숙모의 귀띔으로 엽전 꾸러미를 옥리의 집에 은밀히 실어 보낸 후에야 몇 마디 말이라도 나눌 수 있게 된 것이었다.

중철은 까맣게 말라붙은 입술로 아우에게 서울로 가도록 타일렀으나 서울은 사촌인 중성이 갔다. 문철보다는 더러 서울 왕래를 했던 중성이 나으리라는 것이 할머니와 어머니, 강주 백모의 생각이었던 것이다. 중성은 서울 길도 대개는 알고 교우 댁도 제법 알고 있다는 것이어서 두섬과 언북이를 거느리고 떠났다.

신유 여름은 덥지도 않았다.

군란 바람이 으시시하도록 모질고 가혹한 탓인지 한창 더워야 할 복중조차 이상하게 서늘했다. 가뭄도 심했다. 농부들은 비도 뙤약볕도 부족하니 낟알이 들겠느냐고 한숨이었다.

집안에는 남정네가 없어 놓으니 식구대로 종종걸음을 치며 궁리를 짜내고 온갖 곳에 부탁을 해도 서울 소식이 감감이었다. 그리 자주 드나들던 얘기꾼 영감이나 장사꾼들의 발걸음도 없었다. 단골로 다니던 소금 장수도 방물 장수도 오지 않았다. 아니 일가붙이나 동네 사람조차 유씨 댁 식구들을 피하는 것이었다. 천주학이 그리 무시무시한 죄라는 것도 놀라운데 천주학의 괴수 집안인 데다 역적 음모까지 했다니 그 알 수 없는 부잣댁 근처를 얼씬거리다가는 화를 입을 게라고 수군거리는 것이었다.
 읍내 저자거리에 떠도는 소문은 한층 끔찍했다. 천학쟁이를 어떻게 고통 주며 어떻게 죽게 하고 어떻게 괴롭히며 천학쟁이에게서 무엇을 빼앗고 어떻게 희롱하는지 등의 얘기들이 사람 모인 곳이면 어디서나 오가는 것이었다.
 교중 소식은 아무 데서도 들을 수가 없었다. 배교 아니면 치명이라는 소문뿐이니 이미 교중이라는 자체가 분해된 것인지도 몰랐다. 어떡하든 무사한 교우, 숨어 있는 교우라도 없을까 하여 두섬네를 여사울에 보내 보고 안식구마다 사람을 친정에 보내 보았지만 희망적인 소식은 전혀 없었다.
 들리는 것은 흉흉한 인심과 가슴 아픈 흉보뿐이었다. 내포 어른이 마침내 순교하고 여사울에 있던 가족들은 관비가 되어 천 리 길의 유배를 떠났으며 선암을 비롯한 교회 지도자가 모두 치명하고 신부님까지 순교하셨다는 읍내 저자거리의 가담항어는 고산에서 아이들을 데리고 초남으로 숨어 든 고산 당숙모가 확인시켜 주었다.
 교우들은 대개 두가지로 구별되었다.
 별로 열심을 보이지 않던 사람이 꿋꿋하게 신앙을 지키면서 어려움을 나누는 경우와 교우라는 것이 드러날까 봐 안절부절못하다가 발각이 되면 손이 발이 되도록 빌며 배교를 하는 경우였다.
 가깝다고 생각해 온 일가붙이조차 사람을 보면 진짜 교우인지 아닌지 금세 알 수 있었다. 그러나 매정하게 등을 돌린다 해서 그 사람들을 탓할 수는 없었다. 살아 남기 위해서는 그러지 않을 수가 없었다. 그만큼 인심도 세상도 무서웠다.
 그러나 문철의 누이 점이의 시댁은 더욱 야멸차고 비정했다. 국상이 아니었다면 점이는 지난 가을에 이미 출가를 했어야 할 일이었다. 그것이 국상 때문에 지연되고 국상이 끝난 겨울, 춘삼월로 혼행일을 잡았으나 항검 공이 투옥되면서 사돈 댁에서는 일언반구의 말도 없이 발걸음을 끊어 버린 것이었다.

점이 누이는 날이면 날마다 뒷마루에 앉아 먼산 바라기만 하고 있었다. 책 읽기를 그리도 즐겨 언제나 읽고 쓰고 책을 매던 누이가 책을 거들떠보지도 않았다. 왼종일 멍청히 앉아 있었다. 하늘을 보듯 먼산을 보듯 아니 아무것도 보고 있지 않을지도 모를 애매한 눈을 아득한 허공으로 보내며 그러고 있었다.

형수는 누이와는 반대로 몹시 바빴다. 일문을 돌보고 할머님과 어머니 시중을 들며 바느질을 하고 책을 읽고 베껴 쓰고 풀죽은 아우들에게 먹을 것, 입을 것을 챙겨 주느라 잠시도 쉴 틈이 없었다.

초저녁이면 온 식구를 모여 앉게 해서 눈물의 기도를 드리도록 하는 것도 형수였다. 울음 때문에 경문을 외우지 못하던 어머니조차 하루도 거르지 않고 온 식구가 모여 기도하게 되자 이제는 제법 울음을 참으시게 되었다. 여섯 살의 일석과 아홉 살의 섬이조차 조는 일이 없었고 식구들은 모두 저녁 기도 시간을 기다리곤 했다.

그 자랑스럽던 초남 마을의 유씨 댁이 이제는 온 세상 사람들에게 손가락질을 받으며 경멸당하고 조롱받게 되다 못해 전염병자모양 따돌림까지 당하고 있지만 대청마루에서 혹은 뒤란의 멍석 위에서 모깃불을 피우며 천주님을 향해 마음을 모으고 두 손을 모으면 조금 슬프기는 하지만 그럴 수 없이 잔잔한 평화가 때로는 적막 속에 때로는 서러움 속에 조용히 깃드는 것이었다.

문철은 자신이 몇 달 사이에 수십 년의 생애를 다 살아 버린 듯한 기묘한 느낌이 들곤 하였다. 그 엄청난 일들을 불과 몇 달 동안에 겪었다는 것이 실제로 겪은 일이 아니고 잠 속에서 겪은 꿈같기도 했다. 대체 형과 형수, 아버님과 할머님이 그처럼 흠숭하는 천주님께선 무슨 마음이실까. 못 하실 게 없다는 전지전능의 하느님께서 어쩌자고 한 집안이 이렇게 비참한 지경에 빠지도록 보고만 계실까, 아니 온 나라 안에 차마 눈뜨고 볼 수 없을 정도의 가혹한 군란이 자행되는 것을 어찌 내버려 두시는 것일까.

문철은 하느님을 믿고 좋아하고 의지하지만 아버지나 형, 형수처럼 전폭적으로 하느님만을 열렬히 사랑할 수는 없었다. 자기는 그저 보통의 도령이었고 보통의 선비가 되어 남 살 듯이, 그러나 초남 유씨 댁의 차남답게 호사를 누리며 하느님도 보통으로 섬기는 그러한 양반이 되고 싶었었다. 그런데 이렇게 당치 않은, 감당하기조차 어려운 풍파가 몰아치고 있는 것이다.

"도련님, 할머님 말씀이 이제는 엽전꾸러미로는 어려울 게고, 전답문서 웬만한 것이면 형님께 의관을 갈아 입게 할 수 있을 게라고 하시는군요."

핏기라고는 없이 헬쓱하게 야윈 형수가 어렵게 꺼내는 얘기였다.

이제 초남 유씨 댁을 밥으로 아는 아전들의 세도는 하늘에라도 닿을 듯 의기 양양이었다. 걸핏하면 손을 벌리거나 마름들을 괴롭히고 소작인들의 양곡을 빼앗아 가곤 했다. 그러나 그렇게 몹쓸 짓을 하면서도 중철에게 옷가지를 전해 주지 않고 중간에서 슬쩍 해버리는 일은 여전하였다. 중철은 삼복까지 이른 초봄에 입은 채 붙들려간 솜바지 저고리를 그대로 입고 있었다. 몇 번이나 손을 써보고 옥리에게 부탁을 했건만 번번이 허사였다. 어느 죄수에게나 조석과 의복은 본가에서 차입하는 것이 당연한데도 하늘 무서운 줄 모르는 승냥이들이 되어 있는 옥리들은 밥 함지 전해 주는 일에조차 손을 벌렸다. 아주 간혹 예전의 은혜를 기억하듯 동정을 보이는 옥졸이 없는 건 아니었으나 그들은 대개 아무 힘도 못 가진 경우이거나 관아에 붙어 있으면서도 천학 일당이라고 경계당하는 입장이었다.

"할 수 있으면 해봐야지요, 허지만 문서가 어디 있는지, 또 그걸 안다 해도 어느 게 어느 전답의 것인지 알 수가 있습니까? 형님께선 좀 아실지 몰라도."

"아랫집 숙모께서 문서함을 할머님께 맡기고 가셨다는군요, 할머니 말씀이 우선 그 중에서 골라 쓰고, 나중에 아버님 돌아오시면 대봉을 치자고 뒷갈망일랑 할머님께서 하실테니 줄을 좀 찾아보라 하십니다."

"그러지요. 형님께 버선짝 하나라도 전할 수 있다면 못 할 일이 어디 있겠습니까."

그러나 허사였다. 땅문서를 차지한 나졸이 중철에게 옷보자기를 직접 전할 수 있도록 틈을 마련해 주었으나 순이의 눈물과 정성이 밴 옷보자기는 문철이 보는 앞에서 다른 옥사장이가 태연스럽게 가져가 버린 것이었다. 문철은 발을 굴렀다. 줄곧 옷을 지으면서 애쓰고 있는 형수가 딱했고 누더기가 된 솜옷 속의 형은 눈뜨고는 볼 수 없는 모습이었다. 그러나 아무리 억울한 일을 당해도 그네는 호소할 데가 없었다.

문철은 사람에게서 정말로 피눈물이 날 수 있지 않을까 생각했다. 목에 쓴 칼의 무게에 눌려 몸을 움직이지 못하는 중철 형의 얼굴은 문철에게 피눈물을 쏟게 했다. 그 더럽게 엉겨 붙은 머리칼과 무섭도록 창백한 안색, 육중한 널판의 칼이라는 형구, 걸레가 되어 버린 옷, 그 거렁뱅이꼴의 형은 통곡을 해도 시원치 않은 초췌한 모습이었다.

"형님, 건강은 좀 어떠신지요?"

"좋은 편이다. 서울에선 소식이 있었느냐?"

"네, 아버님과 두 숙부께선 엄중한 조사를 받으시는 모양입니다. 일체 면회가 안 된다는군요. 아랫집 숙모님께선 친정에 들러 동생을 데리고 서울에 가보시겠다 길 떠난 지가 달포나 되었는데 아직 소식이 없습니다. 그리고 김제 훈장님께선 곧 전주로 이송돼 오실 것이라는 풍문입니다."

"스승님께서야 신앙 외에는 관여하신 데가 없으니까. 그래 할머님께선 아직도 옛날 얘기를 해 주시느냐."
"네, 형님."
"어머니는 이따금 허리 아파하시는 게 심해지진 않았는지? 혹 몸져누우신 것은 아니겠지?"
"처음에야 눕기도 하셨지만 이젠 추스르셨습니다."
"형수는?"
"형님께 전해지지도 않는 옷을 지으시느라 노상 바느질이시구, 일문이 업어 주시고 글씨 쓰시고."
"아픈 덴 없고?"
"네."
"점이는 어찌하고 있는지?"
"그냥 그럭저럭, 행여 시댁에서 소식이나 보내 올까 기다리기도 하구."
"섬이는 더러 글공부를 해야 할 때인데, 아직도 일석이와 섬이는 할머니 옛날 얘기 맛에 날 가는 줄 모르겠구나. 막내 일문은 제 형수 등에서 클 게고…."
중철은 식구들의 안부를 샅샅이 했다. 이제 그 아우나마 언제 또 면회가 허락될지 모르는 것이다. 그는 벌써 오래 전부터 옷을 거의 단념하게 되었다.

그것은 그가 알게 사라지기도 하고 모르게 없어지기도 했다. 처음 얼마 동안은 밥과 함께 당연히 옷도 올 수 있는 줄 몰랐다. 버선짝 하나 구경해 볼 수 없었기 때문이었다. 옥리들은 얼마 전까지만 해도 어려워하던 태도를 버선목 뒤집 듯 해가지고 부잣집 도령이 꼴 좋다며 비양거렸다. 초남 유씨 댁의 명망이 세상에서 버림받은 천주학쟁이로 모멸당하고 조롱받으며 짓밟히고 있는 것이었다. 설마 설마 하던 처참한 지경이 빠짐없이 현실이 되고 있는 것이었다.

한여름에 때덩어리가 되어 너덜거리는 솜 바지 저고리를 입고 칼의 무게에 육신의 자유를 빼앗긴 채 중철은 자기 몸이 추악하게 썩어 가는 것을 견디고 있었다. 살이 짓물고 냄새가 나고 물것들이 꼬여 들었다. 짓물러 상한 살에 벌레가 생겨도 끼니 때조차 벗겨 주지 않는 칼을 쓴 처지로서는 방법이 없었다. 몸이 짓무르고 썩던 첫 무렵에는 욕지기 때문에 밥을 먹을 수 없었다.

그러나 사람 몸이란, 아니 생명이란 징그럽도록 신기한 것이었다. 전혀 손을 써보지 못하는 데도 불구하고 몸의 상처들은 헐다가 낫다가 했다. 벌레가 생길 때는 곧 죽을 듯한 공포가 느껴졌지만 살아 있는 목숨이기 때문에 그의 몸은 그 불결함 속에서도 저절로 상처가 꾸덕꾸덕 아물기도 하고 덧나기도 하는 것이었다. 차츰 욕지기도 없어지면서 밥맛이 돌아오기도 하였다.

어쩌면 세상에는 산 목숨의 인간이 적응 못할 상황이란 없는 것인지도 몰랐다. 인간이란 어떠한 불결함 속에서도 고통 속에서도 일단은 살아갈 수 있도록 징그러울 만치 강인한 생명력을 가지고 태어나는 것인 듯했다. 그것이 생명의 동물성인지 창조하신 어른께 받은 신성인지는 구별할 수 없었다. 아니 하느님께 나누어 받은 그분의 생명력일 것이었다.

어떻든 그는 그 걷잡을 수 없던 분노와 오기와 비통함까지도 조금씩 가라앉게 되었다. 차츰 묵상의 시간도 길어졌다.

그는 옥에 갇힐 때부터 그리스도의 수난을 좀더 가깝게 실감한다고 생각했지만 정작 절실했던 것은 분노였다. 십자가 위에서 그리스도는 분노하지 않으셨음을 기억했으나 그의 분노는 참을 수 없이 강렬했다.

그러나 솜옷 누더기로 삼복을 지내며 살이 썩고 벌레에게 먹히는 고통에 처하게 되자, 아니 전혀 손써 볼 수 없는 상처들이 악화되기만 하는 것이 아니라 저절로 낫기도 하는 것을 보면서 그의 분노는 체념으로 사그라지고 있었다. 사람의 힘이 미칠 수 없는, 징그럽도록 강인한 생명력의 원천이신 그리스도께 다시 한 발짝 다가선 느낌이었던 것이다.
 그는 나자렛이라는 빈민촌 마을을 머리 속에 그려 냈고 양부 목수와 사생아 아들 소년을 떠올렸다. 마음씨 좋고 솜씨 좋은 목수 부친을 잃은 소년은 홀어머니를 모신 소년 가장이 되어 어떻게 생계를 꾸렸을까. 그 소년 목수는 밥벌이를 곧잘 했을까. 아니 사생아라는 치욕은 어찌 견디었을까.
 중철의 모든 시간들은 차츰 예수에게로 집중되었다. 그는 자신이 얼마나 드문, 그야말로 다복하기 이를 데 없는 소년기를 보냈는지 새삼스럽게 깨달았고 그리스도 안에서 순이를 정겹게 추억했다. 지내고 보니 그리도 어려워했던 욕정조차 희미하게 여겨졌다. 그립기까지 했다.
 지나 온 모든 일상들은 그 당시 왜 그렇게 집요했을까 싶을 정도로 사소한 것들이었다. 좀더 여유를 가지고 지냈어도 좋지 않았을까. 그러나 그 사소한 일상으로 신의를 쌓아올린 순이와의 신실한 애정은 다시 생각해도 숙연한 은총이었다. 그는 순이로 해서 세상 모든 내외들과 혈육 간의 그 진한 애정을 실감하게 된 것이었다.
 순이의 존재로 해서 그분에게의 추상적인 신앙을 순간순간 구체화할 수도 있었다. 순이로 해서 그리스도의 사랑과 은총을 받아들이는 마음의 넓이와 깊이를 배 이상 크게 가질 수 있었다.
 어쩌면 이제 살아 생전에 다시 순이를 만나는 일은 허락되지 않을지 모른다. 다시는 서로의 모습을 눈에 담지 못하고 각기 천국으로 떠나야 할지 모른다. 아아, 단 한 번만이라도 순이의 그 은은한 미소를 볼 수 있었으면, 그 잔잔한 목소리를 들어 볼 수 있었으면, 그 맑고 다감한 눈을 한 번만 마주 보았으면, 그 배릿하고 깨끗한 머리냄새를 맡아 보았으면. 참을 수 없이 간절한 그리움이 솟구치며 눈시울이 더워지는 것이었다.

 그리고 청년 목수 예수에게도 그러한 연인이 있었을지 궁금해졌다. 공생활 이전 이십대의 청년 목수에게도 차꽃 향기를 풍겨 내는 연인이 있었을까, 없지는 않았겠지, 있었을 것이다. 젊음에 연정이 없을 수는 없지 않은가, 그렇다면 나자렛 빈민촌의 그 연인들은 서로 어느 만큼 사모했을까. 아주 열렬했을까, 아니면 조심스러웠을까, 중철은 마음껏 상상의 나래를 펴는 것이었다. 상상의 나래에만은 옥도 칼도 구속이 되지 않았다.

6
봉숭아 꽃물

여름이 기울고 가을빛이 완연하건만 서울로 압송된 시어른들의 기별은 나을 게 없었다. 면회도 허락되지 않는 삼엄한 경비 속에 갇혀서 내내 문초를 받고 계시다는 것이었다.
 시어른들이 서울로 압송되면서 전주 고을은 쑥밭이 되었다. 초남 마을에서도 믿을 만한 교우 일가는 다 잡혀갔고 아랫사람들 중에서도 신실하다 싶은 교우는 모조리 데려갔다. 서울에 보내 볼 만한 마땅한 종복을 찾기 어려울 정도로 남정네들은 옥살이가 아니면 유배, 아니면 배교를 하고 나와 종적을 감추어 버리곤 했다.
 저자거리에 떠도는 말로는 이백여 명이 잡혀갔다고도 하고 삼백여 명이 잡혀갔다고도 했다. 그 중 백 명 넘는 교우들이 배교를 하고 풀려 나오거나 귀양길에 올랐다고 하였다. 그들은 어느 한 사람도 초남골 대가 댁이라 불리는 유씨 댁과 연줄이 닿지 않는 경우는 없었다. 대부분이 일가붙이이거나 친척, 혹은 마름이나 소작인이었으며 초남의 토호 댁 사람에게 전교를 받고 입교하고, 그 댁 새 사랑에서 성사를 받은 사람들이었다. 심지어 유씨 댁 땅을 부쳐 먹기 위해 천주학을 했다는 농민도 있었다. 그러나 대개는 그 댁에 선망과 동경을 품고 있었다.
 초남 마을의 유씨 댁을 중심으로 복음의 씨가 호남땅에 뿌려지던 시절, 하느님 아버지의 사랑에 눈뜨고 그 사랑이 십자가의 구원 사업에 이를 만큼 완전하고 영원한 것이라는 사실에 감동하던 교우들은 새 삶의 기쁨 속에서 초남 마을을 동경하였고 항검 아오스딩 공을 존경하였다.

청정한 대숲 속에 천주님을 위해 지어진 새 사랑은 그러한 모든 교우들에게 한번 가 보기가 소원인, 예배드리는 집이었고, 그곳에서 신부님께 성사를 받은 교우들은 자신 속에 모시고 사는 성체께의 신앙과 함께 초남 유씨 댁의 그 교회당을 잊지 못하였다. 그리 엄청난 부자이고 그리 중요한 교회의 지도자이면서도 놀랍도록 겸손하고 소탈한 항검 공을 생각하면 공연히 자랑스럽고 미더운 것이었다. 첫눈에 하느님의 사람이구나 싶게 출중한 그 댁의 장남 중철을 떠올리는 일도 교우들에게는 다시없이 소중한 추억이었다.

그리고 많은 교우들이 아주 쉽게 배교자가 되기도 하고 한술 더 떠 밀고자가 되기도 하였지만, 그 속에서도 끝까지 신앙을 지키며 치명에 이르는 교우도 적지 않았다.

한식구나 다름없는 한정흠 훈장이 서울로부터 전주로 이송되었으나 대역 사건과 아무 상관이 없으면서도 그는 풀려 나지를 못했다. 스승이 풀려 나 돌아오면 시어른들 소식을 소상히 알 수 있지 않을까 기대하던 순이와 초남집 식구들은 그가 다시 본가가 있는 김제로 압송되었다는 소식에 한숨을 쉬었다.

그러나 중철과 문철과 사촌 중성까지 학문에 눈뜨도록 가르치던 스승이 치명에 이르리라는 짐작은 하지 못했다.

원래 원만한 성품인데다 신앙이 돈독하긴 해도 교회 일에 나선 일은 없기 때문에 본향 안치의 형이 내려지려나 풀려나려나 했을 뿐이었다.

스승보다도 초남에서는 아랫사람이지만 형제와 다름없던 천애의 비보를 먼저 들었다. 스승과 함께 서울에서 이송되어 온 그가 참수

된 것이었다.

　누구보다도 할머니가 슬피 우셨고 그 안사람의 애통해 하는 모습은 고개를 돌리고픈 정경이었다. 그리고 그 슬픔이 가시기도 전에 무장 고을의 교우 최 마티아가 개개비 장터에서 참혹하게 치명했다는 소식이 들려 왔다.

　시월에 한산에서 잡힌 마티아도 전주로 압송되어 곤장을 맞고 주리를 틀리며, 초남 유씨 댁과의 교분을 문초당하고 전교 과정을 심문받으며 옥살이를 하고 있었다. 그러던 것이 천애가 참수되기 직전 본관으로 보내어지고 결국은 마지막 길이 된 것이었다.

　후에 날아든 한정흠 스승의 치명 역시 한 무렵이었다. 그리고 스승의 비보 앞에서는 아무도 소리내어 통곡하지 못했다. 한숨조차 쉴 수 없었다. 제가끔 숙연하게 성호를 드리며 기도를 바쳤을 뿐이었다.

　끔찍한 비보는 날이면 날마다 입에서 입으로 전해지고 있었고 전주 고을은 폐허가 된 양 썰렁했다. 비신자들은 전주 고을의 그 군란이 모두 초남 마을 유씨 댁 탓이라고 수군거렸고 그러한 화근덩어리 집안은 고장에서 쫓아 내야 한다고까지 입을 모았다.

　문철은 형을 보러 다니는 길에 일쑤 조롱거리가 되었고 심지어 돌팔매를 얻어맞는 일까지 생기게 되었다. 남은 식구들은 이제 마을에서조차 얼굴을 들고 다니기가 어려웠다.

　마을 전체가 태풍에 휩쓸린 꼴이 된 초남 마을에도 옥살이 하는 사람, 귀양간 사람, 야밤 도주한 집 등 무고한 가호가 없었다. 배교를 하고 놓여 난 사람들은 일가건 뭐건 상관없이 목청껏 유씨 댁을 원망하고 다니기도 했다.

　그러나 그러한 세월 속에서도 어김없이 시간은 흘러가고 계절은 바뀌고 있었다.

　집안은 적막했다. 아이들조차 숨소리가 없었다. 노마님만이 일부러라도 아이들의 의기를 살려 주시려는 듯 두섬네를 불러 먹을 것을 장만하게 하고 부채 바람을 날리며 애기장단을 벌이고 하셨다.
　두섬네는 누구보다도 엽엽하게 노마님과 순이의 손발이 되어 주었다. 지난 초여름에는 서울까지의 천 리 길을 아녀자의 몸으로 댓돌같이 다녀온 적도 있었다. 시어른께서 서울로 압송되신 후 도무지 기별이 없어 애를 태우면서도 주변을 차리지 못할 때였다. 교우들도 모두 풍비박산이 되고 길이 다 막힌 듯 암담한 지경에 사람을 보내고자 해도 마땅한 사람이 없었던 것이다.
　할머니가 미더워하시는 얼굴 얽은 삼북 영감은 허리가 굽어 들일도 안 하는지 오래된 터였고 얼마 남지 않은 젊은 일꾼들은 길도 모르는 데다 일손이 빠져 나간 빈 자리 때문에 들일도 제대로 못 꾸려가는 터였다.
　몸 속 내장이 전부 숯덩이가 될 만큼 애가 닳아도 도리가 없구나 싶을 때 두섬네가
　"저 아씨, 읍내 저자거리에 가서 소금 뒤 말 사서 이고, 서울로 가면서 팔아 볼까요? 한림방에 가서도 팔고, 사동에 가서도 팔고, 재수가 좋으면 제 서방도 만나 보고, 올 때는 남문 밖 저자거리에서 또 뒤 말 사가지고 오면서 팔면 임도 보고 뽕도 딸 수 있을 텐데요."
　했던 것이다. 말은 그렇게 쉽게 했지만 두섬네의 얼굴에는 결의가 보였다. 아녀자의 몸으로 서울까지의 천 리 길을 혼자 다녀온다는 것은 마음도 못 먹을 일이었다. 호환도 많았고 화적떼도 심심치 않게 행인들을 괴롭혔고 생판 모르는 홀아비에게 업혀 가거나 봉변을 당하기가 십상이었다. 여자가 사람으로 대접되는 세상이 아니었다. 그러나 그 위험 속의 길을 두섬네는 끄떡없이 다녀왔다. 소금 장수 행색으로 정말 이문 남기고 소금을 팔면서였다.
　두섬네가 그렇게 온갖 위험을 무릅쓰고 직접 가서 보고 온 서울 소식은 별것 없었다. 읍내 거리에 떠돌던 소문들을 확인하게 했을

뿐이었다.
 골롬바 여회장님을 비롯한 규수 교우들이며 교회 지도자 어른들이 한 분도 남아 있지 않았고 웬만한 교우 댁은 주인이 바뀌어 있었다.
 초남 어르신네들의 뒷바라지를 위하여 한양에 와 있는 중성과 두섬과 언북의 처지는 더욱 한심하였다. 그들은 조석을 사서 금부 남간옥[14)으로 들여보낼 뿐 어른들이 갇혀 계신 옥사조차 모른다는 것이었다. 누구누구 음식이라고 일러 옥리에게 전하고 한참 후 그릇을 찾아올 뿐 다른 수작은 일절 엄금이었다.
 처음 상경해서는 멋모르고 한림동에 기거했으나 서울 교우들이 시골로 피신해 있다가도 낱낱이 잡혀 오는 통에 얼마 전부터 금부옥 주위의 여각에 들고 있다는 것이었다. 한림동에 그대로 있는 것은 그댁 어른께도 중성 일행에게도 화를 자초하는 일일 듯싶었다는 것이었다.
 다만 두섬네는 한림동의 소식만은 소상하게 전하여 순이는 몇 번이나 눈시울을 누르곤 했다. 올케의 친정인 홍씨 댁과 부친 생가 형제인 매동 요한 오라버니 댁 어른들이 군란의 회오리로 치욕을 당하고 집안이 풍비박산이 되었다는 소식은 더욱 가슴 아팠다. 출가한 언니 시댁의 풍파와 언니 내외간의 언짢은 소식도 마음 무거웠다. 경도 오라버니의 건강이 더욱 좋지 않은 데다 언제 포졸이 닥칠지 몰라 어머니 권부인이 노심초사하고 계시다는 소식이 그 중 가슴에 맺혔다. 두섬네는 멋모르고
 "젊은 서방님이 운신도 잘 못 하시면서 웬 고집이신지, 마음 속이 불가마 같으실 거예요, 잠시 피난하시면 지체가 있으시니 금부에서도 준좌할 것인데 그냥 저렇게 댁에 계시니 하루하루가 바늘방석이지요."
 경도 오라버니가 피신 아니하는 것을 기이해 했지만 순이는 오라버니의 성품을 알고 있었다. 무슨 일이 있어도 신앙에 관한 한 피신

하실 분이 아니었다. 스스로 걸어나가 "나 천학쟁이오." 하고 신앙을 증거할 영웅적 용기도 없는 분이지만 피신이란 당치 않았다. 아마도 경도 오라버니는 순리를 따르는 조용한 치명을 준비하고 계실 것이었다.

그해 여름에는 매미 울음조차 힘이 없었다. 온 세상의 물기를 다 말려 버릴 듯 가뭄이 심한 것에 비해서는 더위도 없는 편이었다. 그러한 중에도 무심한 하늘은 하루하루 높아 가고 울밑에는 봉숭아가 소담하게 피어 나고 있었다. 그 붉은 꽃잎과 흰 꽃잎조차 마음 저리도록 쓸쓸해 보였다.

"성, 하얀 봉숭아도 빨간 물 들어? 초록 잎사귀가 빨간 물 드는 건 아는데 하얀 꽃도 빨간 물 드는지는 모르겠어."

섬이 시뉘의 애처로운 눈빛에 고개를 끄덕여 주며

"봉숭아 물들여 줄까?"

순이가 물었다. 여느 해 같으면 첫물들인 손톱이 다 자라 사라지고 끝물을 다시 들일 때였으나 신유 여름에는 봉숭아조차 잊고 지낸 것이었다.

시뉘가 고개를 크게 끄덕였다.

순이는 꽃잎을 땄다. 어린 잎사귀도 따고 큰 잎사귀도 땄다.

순이가 출가해 왔을 때 여섯 살이던 섬이 시뉘는 이제 처녀꼴이 배긴다는 놀림을 받을 만큼 자라 있었다. 아홉 살인 것이다.

해마다 시뉘들과 즐거움 속에서 봉숭아를 들였었다. 꽃물이 곱게 들어 줄까, 희미하게 들면 어쩌나, 봉숭아 물을 들이는 날은 잠을 설치도록 조바심을 하곤 했었다.

한림방에서도 어머니와 올케와 경이가 꽃물을 들이고 있으려니 생각한 가을도 있었고 충주로 출가했다는 경이도 자기 모양 시뉘들과 봉숭아를 들일까 궁금해 하며 으깨진 꽃잎을 손톱에 얹고 콩잎으로 싸고 실로 동여매기도 했었다. 봉숭아를 처매고 자는 날은 중철도 놀리거나 장난을 쳤다.
 "거기 백반 넣었지? 백반보다 더 잘 드는 게 있는데, 그걸 넣고 들이면 봉숭아를 세 번 네 번 들이지 않아도 돼. 딱 한 번에 다홍이 되거든."
 "그게 뭔데요?"
 "가르쳐 줄까요 말까요."
 "가르쳐 줘요."
 "가르쳐 줄까요 말까요."
 "가르쳐 주지 말아요."
 "흐흠, 요것 봐라. 가르쳐 줄까요 말까요."
 "가르쳐 줘 봐요."
 "좋았어, 그게 뭐냐 하면 말야, 소쩍새 눈물."
 그 모든 무심결에 흘려 보낸 일상들이 돌아올 수 없는 지난날이 되었다.
 중철은 때때로 사소한 장난을 잘 쳤었다. 다시 그의 장난스러운, 그 티없는 모습을 마주할 수 있을까.
 봉숭아를 찧어 섬이 시매에게 동여 주자 출가도 하기 전에 소박을 당한 꼴이 된 큰시뉘 점이가
 "성, 나도 들여 줘."
 어린애처럼 손을 내밀었다.
 순이는 유난히 희고 부드러운 점이 시뉘의 손톱에 정성스럽게 짓찧은 봉숭아를 얹고 콩잎으로 새지 않게 여며서 실을 동였다. 점이 시뉘의 손이 유난히 곱고 부드러운 것이 공연히 애처로웠다. 그 손의 연약함은 보호 속에 있을 때는 아름다울 것이었다. 그러나 그 연약한 손이 누군가를 보호해야 할 때는 무력할 것이었다. 어쩐지 점이 시뉘는 평생 각별한 보호만 받아야 할 존재로 여겨져서 시뉘 시가의 냉정한 태도가 더욱 마음에 걸리는 것이었다.

"백반이 넉넉하당가, 백반이 넉넉하걸랑 할머니도 처매 드리고 우리 아낙들도 모다 봉숭아나 들여야 쓰것고만, 섬이야, 강주 백모, 아랫집 숙모, 고산 숙모 다 오시라고 혀라, 봉숭아나 들임시롱 시름을 잊어부려야제, 사람이란 뭣이건 꿈적거리믄서 혀야 쓰는 것이여, 꿈적거려야 기운도 생기는 것이고 몸도 맴도 성한 것이여, 맥없다고 축 처져 있으므는 생사람도 진이 빠진당게."
 시어머니가 한숨을 섞으며 드물게도 장광설을 폈다. 시어머니는 몸이 남달리 잰 어른이지 입이 잰 분은 아니었다.
 장부가 잡혀간 후 낙담이 심해 한동안 기동을 못 하던 시어머니는 이제 웬만큼 몸을 추스르신 폭이었다. 눈물바람, 한숨바람도 한결 뜸했다. 한정흠 스승이 김제로 압송되어 치명했다는 소식이 날아든 후 시어머니는 벌떡 일어나셨다.
 "뭐여, 훈장 어른도? 아이고 하느님, 아니, 내가 요렇고롬 누버 있을 때가 아니랑게. 서울로 끌려갔어도 뭣이냐, 늬 시어른은 살아 기싱게, 갇혀 있어도 안즉 살아는 있응게, 우리 큰아이도 옥 속에 갇히기는 했어도 살아 있응게 앞이 있는 것이여, 안 그러냐?"
 시어머니는 그날부터 보기에도 눈물겹도록 그 기막힌 서러움을 자제하려 애쓰셨다. 항검 공 형제분과 고산 당숙이 서울에 갇힌 채 결안이 미루어지고 있고, 중철 역시 면회 길조차 막힌 막막한 처지이기는해도 어떻든 집에서 지어 가는 조석을 받으며 전주 옥에 남아 있는 것이 참수로 끝장을 보는 것보다는 백 배 낫다는 생각이 들었는지도 몰랐다.
 마음이 비단결 같은 시어머니는 그 큰 서러움으로 입맛을 젖히고 기동을 못 할 때도 당신의 심기보다는 노마님의 심기에 더 신경을 쓰고 있었다.
 "머리 허옇도록 불효라곤 혀본 일이 없는 양반인디 다 늙어 갖고 팔순 노모 가슴에 못을 박을랑가, 참말로 요상한 세상이란 말시,

천주 공경이 으찌 죄가 된당가, 천주 공경 안 허는 것이 죄제, 내 속이 이레 폭폭허니 어무이 속이사 썩어지실 것이고만, 원체 음전 하싱게 내색을 안 하시는디, 내는 뭣이랑가, 어무이 뽄도 몬 따르고 며늘아기만큼 야물지도 몬허고, 아가, 늬 시어매 푼수가 요모양인게 흉보지 말더라고잉, 이레 푼수가 모자라도 딴에는 심껏 찾는 것이 요것밖에 안 된당게."
 며느리에게 통사정을 하듯 속을 털어놓는 시어머니의 눈에서는 또 눈물이 후두둑 떨어졌다. 시어머니는 겸연쩍은 듯 입귀를 당겨 웃음을 만들어 보려 하였지만 그 얼굴은 이상하게 일그러졌고 눈에서는 다시 눈물이 넘쳤다.
 시어머니 신씨는 드물게 마음 바르고 바지런한 분이었다. 잠시 한눈파는 일도 없이 몸이 부서지도록 집 안팎으로 다니며 그 큰 살림을 불평 한 번 하는 법 없이 깔축없게 꾸려 나갔다.
 천성적으로 성깔도 시새움도 모르는 분이었다. 생전 화를 내거나 고까워하는 법이 없고 무엇이 그리도 좋고 재미있는지 늘 상글상글 웃는 낯빛이었다. 아랫사람들에게도 언성 한번을 높이는 적이 없었다.
 고을 사람들은 시어머니를 두고 심성이 고와서 그렇게 복이 많다고들 하였다. 전주 고을 첫째가는 대갓댁 안방마님이 어찌 그리 몸 적셔 살림 휘갑을 손수 할 수가 있느냐 놀라워하였다. 또한 솜씨로도 시어머니는 온 고을에서 첫손을 꼽혔다. 바느질과 음식은 말할 것도 없고 필체도 그리 단아하였다.
 그런데 그 착하고 바지런한 시어머니가 천금 같은 남편과 아들, 한울안으로 살림내 준 시동생을 한꺼번에 감옥으로 보낸 것이었다.
 아랫집 숙모가 휘청휘청 섬이를 따라왔다. 친정으로 해서 친정 아우를 앞세우고 한양에까지 갔던 숙모는 두섬네와 마찬가지로 옥에 갇힌 사람들은 먼빛으로도 못 본 채 그냥 돌아왔다. 돌아와서도 허깨비가 된 양 자기 집 안방에만 멍청히 틀어박혀 있곤 했다.
 강주 백모가 손절구와 공이를 들고 고산 당숙모에게는 봉숭아를 따 담은 소쿠리를 들려 가지고 나와서 마루 끝에 걸터앉았다. 소쿠리에 담긴 잎사귀와 꽃잎들의 색채가 햇살 탓인지 현란했다.
 꽃잎들을 찧기 시작하자, 그것들이 으스러지는 풋내가 향긋하게 감돌았다. 찬모가 백반 항아리를 들고 나와 한 덩어리를 절구 안으로 떨어뜨리고 두섬네가 콩잎을 수북하게 따서 채반에 담아 가지고 왔다.
 순이 앞에서 이것저것 만져 보며 갓 배우기 시작한 말을 토막토막 잇던 막내시아우 일문이 절구와 꽃잎 소쿠리와 콩잎이 담긴 채반을 보면서 손뼉을 치고 웃었다. 어린 눈에도 그 야단스러운 일들이 흥미로운 모양이었다.
 순이의 눈치를 슬금슬금 보면서 그 고사리같은 손으로 콩잎을 가져다 찢어 보고는 소리를 내어 까르르 웃기도 했다. 어른들도 하릴없이 따라 웃었다.
 "우리 되렌님도 봉숭아 들여 줄까요?"
 꽃잎을 움켜 내려는 일문을 순이가 뒤로부터 껴안아다 무릎에 앉히자,
 "암마 봉숭, 암마 봉숭."
 순이의 얼굴을 함부로 만지며 세 살박이는 말 흉내에 열심이었다. 암마라는 것은 일문이 형수를 부르는 그만의 이름이었다. 이제 일문은 엄마와 형수를 구별할 줄 알았지만 거의 비슷하게 엄마도 형수도 좋아하였다.
 "가을이 완연하구마는 이제 들잉게 동지까지 고울 것이고만이라."
 "손톱의 봉숭아만 고우면 뭘 하간디, 아이고 폭폭혀라, 아이고 아이고."
 일문이의 재롱으로 웃음꽃이 피려던 자리에 갑자기 아랫집 숙모의

괴상한 울음이 터졌다. 몇 달 사이에 몰라보게 수척한 시숙모가 갑자기 허리를 꺾으며 울음을 삼키는 것이었다.
 시어머니 신씨가 어머니 앞에서 무슨 짓이냐는 듯 숙모를 쿡쿡 찔렀다.
 노마님은 안방문을 열어 놓고 담뱃대를 문 채 방문턱에 앉아 계셨고 아낙과 아이들은 대청 툇마루에 모여 있었다.
 "울고 싶건 울거라. 참기만 하는 것도 병이 되니라."
 노마님이 조용히 소리 죽여 흐느끼는 아랫집 숙모의 등에 대고 일렀다.
 "네, 엄니. 이 손모가지를 잘라 번지든가 눈을 빼번지든가 혀야 쓰겄고만이라우, 옥 속의 장부는 볼기를 맞고 넋이 나갔었는지 몰라도, 어무이요 지가 마귀에 씌었었당게요. 지가 이 손모가지로, 이 눈깔로, 아이고 엄니요 이 죄를 어쩌것소, 이 태산 같은 죄인이 어찌 천주님을 뵐 것이요, 지가 미쳤고만이라우, 어찌 맨정신으로 천학서와 성물을 관아에 바쳤당가, 아이고 엄니요 천주님을 어찌 뵙것소잉, 이 죄를 어쩌것소잉, 아이고 아이고오."
 아랫집 숙모는 자기 가슴을 주먹으로 치다가 머리를 쥐어 뜯으며 몸부림을 했다.
 강주 백모도, 시어머니도, 고산 당숙모도, 할머니까지도 같이 울었다. 아이들도, 두섬네도, 순이도 함께 눈시울을 적셨다.
 그리고 어른들이 우는 바람에 어리둥절해 있던 일문이 형수와 어머니를 번갈아 보며 커다랗게 우는 바람에 어른들은 슬며시 울음을 그쳤다.
 문철이 돌아온 것은 초저녁 때였다.
 두섬이와 언북이와 함께 서울에 가 있는 중성이 인편을 구해 보내 온 소식이라며 문철은 서찰 한 통을 순이에게 건네 주고 한 통은 자신이 봉을 열었다.

그것은 중성이 할머님께 보낸 것으로 곧 항검 공 형제분의 결안이 있을 것이며 결안이 나면 전주로 내려갈 것이라는 내용이었다. 더욱이 편지를 쓴 날짜는 유월이었다.
한림동 권부인에게서 보내 온 서찰 역시 두섬네가 서울에 다녀오기 전인 유월 날짜의, 이미 들어 알고 있는 집안 소식이었다. 큰외숙 녹암의 옥사 소식과 이암 외숙의 둘째 아들이면서 녹암에게 입적한 외사촌 오라버니를 비롯한 친척들이 모두 잡혀가 있다는 것을 순이는 두섬네 편에 들었던 것이다.
그러나 석 달 전에 쓰어진 해묵은 편지라 해도 반흘림체의 어머니 필적은 어머니 모습만큼이나 반갑고 그리운 것이었다.
순이가 편지 읽기를 기다려서 문철은 서찰이 석 달이나 걸린 경위를 설명했다.
"서찰이 몇 번 건너뛰기를 했더군요. 처음 마태오에게 부탁을 받은 교우가 전주로 내려오다가 청주에서 붙들렸답니다. 그래서 배교하고 나가는 사람에게 부탁을 했는데, 이 사람이 겁도 나고 인편도 잘 모르겠으니까 그냥 자기 집에 숨겨 두었던가 봐요. 마태오에게 부탁받은 교우는 전주 옥으로 압송이 되어 가지구 여기 와 있는데 저한테 서울서 보낸 서찰을 받았냐고 물어요. 못 받았다고 했더니 자기 집 청지기를 일부러 청주에 보내서 찾아오게 한겁니다."
"원, 정말 틀림없는 진짜배기 교우로구나. 그런 일만 봐도 진짜 교우와 배교자는 그렇게 다르지 뭐냐."
"네, 할머니. 그리고 이건 그 고마운 교우분이 알려 준 서울 소식인데요, 한림방 형수님 댁 사돈께서 칠 월에 잡혀 들어가셨다구요, 팔월에는 사동 홍 필립보, 골롬바 여회장님 아들인데, 여회장이 먼저 치명하고 그 아들이 시골로 피했다 잡혀서 치명했답니다. 서울만이 아니고 양근에서도 처형이 있었다구요. 포청에선 천주교씨를 말려 버리겠다고 벼른답니다."
"오라버니가 잡혀가셨다는 건 틀림없는 소식일까요?"
"틀림없는 것 같습니다. 한림동 이 가를로 선비라면서 등이 굽고 발을 전다고, 그래서 걸음을 잘 못 걸으시니까 포졸들이 업어서 잡아갔다고 하는 게 더 이상 물어 볼 필요도 없었습니다."
순이의 목으로 왈칵 뜨거움이 치밀었다. 가슴이 콱 막히는 듯했다. 금방이라도 뜨거운 눈물이 쏟아질 것 같은 감정을 예수 마리아 요셉을 부르는 화살기도로 가라앉히며 그녀는 조용히 시인했다.
"그렇군요, 눈으로 보았다 해도 그 이상 정확한 증언은 할 수 없겠군요."
"사부인께서 을매나 애간장이 녹으실랑가. 당혀 본 사램이 그 맘도 아는 벱여. 천금 같은 아들을 옥에 둔 에미 맘은 하느님도 모르실거구먼."
시어머니가 치맛자락으로 눈물을 찍어 내고 집안은 다시 무거운 침묵 속에 빠졌다.
하품하는 아이들을 재우고 어른들은 할머니 방에 둘러앉아 정성스럽게 만과를 바쳤다.
날씨는 급격히 서늘해져 갔다. 푸르게 빛나던 초목들은 누리끼리하게 땅으로 돌아갈 날을 준비하고 있었다. 햇살은 힘이 약해지고 바람은 스산하였다.
항검 공 형제분과 고산 당숙이 전주로 이송되어 온 날은 햇살조차 엷은 구름에 덮여 있었다. 읍내 거리는 구경나온 사람들로 북적거렸다. 문철은 죄수들보다 하룻밤 먼저 당도한 중성과 두섬, 보위와 함께 구경꾼들 틈에 끼여 있었다.
사람들은 제가끔 수군거렸다. 조선 팔도 안에서도 손꼽힐 만한 대갓댁의 존귀한 영감님께서 무엇이 부족해 집안 망치는 천학을 하셨는지 모르겠다고도 하고, 부자라도 그렇게 너그러운 인품의 어른은 없는 세상인데 설마 그 어른을 참수야 시키겠느냐는 말도 있었다. 깡마른 어느 노인은 전라도 땅 농민들이 배 안 곯고 산 것이 다 그 어른의 후덕하심 때문인데 그 어른께 변고가 생겨서는 안 된다고 언성을 높였다.

 그러나 대부분의 사람들은 입을 다물고 있었고 동정적인 측보다는 천학 괴수라느니, 반역 죄인이라느니, 그 많은 돈으로 오랑캐를 불러다가 나라를 뒤엎으려 했다는 비난의 소리가 많았다.

 마침내 죄수 행렬이 보이기 시작했다. 구경꾼들이 길 가운데로 나오지 못하도록 거리 정리를 하던 나졸들이 방망이를 휘두르며 사람들을 막았다. 문철은 사람들 틈에서 이리 밀리고 저리 밀리며 호송 포졸들이 앞과 뒤와 옆에까지 에워싼 행렬 중에서 아버지를 찾았다. 두섬이가 문철을 앞으로 끌어내 주어 잠깐이나마 그는 부친과 숙부와 이종당숙을 볼 수 있었다.

 아버지는 의관이 남루한 데다 반백이던 수염과 머리칼이 노인처럼 희어져 거의 알아볼 수가 없었다. 결코 광대뼈가 솟지 않았던 둥근 얼굴이 얼마나 야위었던지 아버지가 아니라 아버지와 약간 비슷한 사람 같았다. 다만 꼿꼿이 머리를 들고 앞만 바라보는 그 잔중하고도 온화한 표정만은 별 변함이 없었다.

 문철의 눈에서는 물이 줄줄 흘러내렸다. 그 좋은 아버지, 식구에게나 남에게나 한결같이 자애롭기만 했던 아버지가, 입 가진 사람은 모두 성인군자라 칭하던 아버지가 어찌하여 저리도 처참한 행색의 죄수가 되셔야 하는가, 하느님 너무하십니다. 이건 너무하신 거예요, 어찌 제 아버지에게 이런 수모의 형벌을 내리십니까, 중철 형에게 그리 심한 고통을 내리신 것만으로도 모자라시단 말씀입니까. 눈물범벅의 얼굴을 소맷자락으로 훔쳐 내리며 문철은 하느님을 원망했다. 정말로 하느님이 원망스러웠다. 그는 형이나 형수처럼 하느님께서 죽으라 하신다 해도 단박 고맙습니다 할 그런 신앙은 없었다. 하느님이 좋고 하느님을 믿지만 덮어놓고 무작정 다 좋아할 수는 없었다. 하느님이 도대체 어떤 양반인지 알 수 없을 때가 많았고 미심쩍고 궁금한 게 한둘이 아니었다. 부모보다 하느님을 더 사랑하라는 말도 그로서는 이해할 수 없는 것이었다. 그래서 그는 진작부터 아버지와 형은 하느님만 아는 특별한 사람이고 자기는 아버지와 형을 엄벙덤벙 따라가는 보통 아이라고 쳐두었었다. 이를테면 예수님을 따를 때 아버지와 형은 맨 앞줄에 서서 따라가고 자기는 중간쯤 서서 따라가야지 했던 것이다. 꼴찌가 되는 것만은 싫었다. 맨 앞줄로 따라가지는 못해도 중간쯤은 가야지 꼴찌가 되는 것은 마음에 들지 않았다.

문철은 그립고 그리웠던 아버지만 보느라고 숙부와 당숙은 스쳐가는 시선으로 보고 말았다. 숙부나 당숙이나 사돈이나 토마스나 초췌하고 남루하기가 거렁뱅이 같았다.

온종일을 옥 마당에서 기웃거리며 행여 먼빛으로나마 아버지를 다시 한번 볼 수 있을까 고대하던 문철은 그대로 돌아오는 수밖에 없었다. 아버지가 풀려 나실 것인지 귀양을 가실 것인지, 혹은 참수되실 것인지 그것조차 알 수 없었다.

옥리들은 저마다 말이 달랐고 옥 마당을 지키는 죄인들의 가족들 역시 저마다 다른 말을 했다. 죄가 중해 서울까지 끌려갔었으니 중벌이 내려질 것이라고도 하고 서울에서 무사히 도로 온 걸 보면 풀려날 것이 아니겠느냐고도 했다. 원래 부잣댁이니 서울에서 만금을 바치기로 약조하고 내려왔을 것이라는 추측도 있었다.

"마태오, 정말 서울서 아무 소리도 못 들은 거야? 죄가 무겁건 가볍건 고향 감영으로 보내는 것은 법인데 무슨 결단이 났으니까 전주로 오신 것 아니겠어? 너만 알고 설마 나를 속이는 건 아니겠지?"

"아니라니까, 두섬이한테 물어 봐요. 서울서 우리가 얼마나 한심했는지. 그래도 한림방 사돈 어른 계실 때는 이렇게 저렇게 길을 놔서 숙부님들을 뵙지는 못했어도 무슨 심문을 언제 어떻게 받으셨는지 그런 건 환하게 알았어, 근데 사돈 어른이 잡혀가시고 나니까 길이 꽉 맥히지 뭐야, 생각해 봐. 그 많은 지도자 어른들이 다 돌아가셨잖아, 거짓말 같았어, 작년에도 인사를 드렸는데 이 세상에 안 계시다는 게 믿을 수 없었어. 그냥 어디 먼 데, 안 뵈는 데 가 계신 것만 같지 돌아가셨다고는 생각을 못 하겠더라구요. 또 용케 피신한 교우분들은 죄다 산 속이나 천 리 밖 시골루들 가셨을 텐데 눈 감으면 코 베어 간다는 서울에서 내가 뭘 어쩔 수가 있겠어, 그저 한림동만 철썩같이 믿고 있다가 사돈형님까지 잡혀가시니까 눈앞이 캄캄해진다는 게 그럴 때 쓰던 말이더라구, 안마님은 양근 권씨 댁, 거기가 친정이시래요, 형수님 외가지, 그 양근에서 자꾸 치명자가 나와 경황없으신데 아드님까지 옥으로 보내셨으니 오죽해, 형수님 올케 아씨 친정 댁도 군란 초기부터 잡혀가고 치명하셨다지, 말할 수도 없었어. 아주 난리예요. 포청에선 우리가 한마디만 물어도 무작정 너 천주학쟁이지? 이러며 옭아 넣지 못해 안달이고, 숙부님들 뒷바라지만 아니면야 까짓 것 나도 천주학쟁이요 하고 들어가서 보란 듯 치명하고 싶더라니까, 그런 처지에 내가 무슨 수로 결안 내용을 알아냈겠어, 고향으로 압송되는 것도 고약한 옥졸들이 일러 주지를 않아서 조반 가지구 갔다가야 벌써 떠나셨다는 바람에 헐레벌떡 쫓아갔는데, 따라잡느라구 얼마나 혼났는지 몰라."

"금산 못 미쳐서 잠시 아버님을 뵈었다면서 그때 정말 말씀이 없었어?"

"평택 와서 행렬을 따라잡았는데 포리들이 주막을 그냥 지나치는 법이 없더라구, 그렇게 쉬엄쉬엄 오는 줄 알았으면 첫날 그렇게 혼쭐이 나서 서둘지를 않았을 건데 내가 뭘 알았어야 말이지, 가까스로 따라잡아놓구 눈치를 보니까 그렇던걸, 금산 못 미쳐서 겨우 숙부님 묵으시는 골방을 찾았는데 그런 거 여쭙고 어쩌고 할 경황이 없었어, 우선 반갑고 눈물나고, 숙부님들은 우리가 한양까지 쫓아간 것도 긴가 민가 하셨대. 더군다나 중철 형님 소식이며 집안내 소식을 몰라서 그거 물으시느라고 무슨 판결에 수결하셨는지는 뒷전이었어. 그리구 옥에서 사돈형님 잡히셨다는 소문을 들으셔 가지고 그 얘기하는데 나장이 호령을 해서 끌려 나온걸 뭐, 포졸들에게 은근히 물어 봐두 저마다 대답이 다르구, 금산 지나서 한 밤을 더 묵길래 우린 그대로 집으로 온거라구요."

중성은 정말로 결안 내용을 모르는 눈치였다. 문철은 애가 탔다. 설마 감사도 절절매던 아버진데, 벼슬하실 마음이 없어 안 하셨을 뿐이지 뜻만 있었다면 감사보다도 훨씬 높은 지위에 오르셨을 아버진데 그 아버지가 심한 형벌이야 받으실라구 하면서도 순간순간 조바심이 쳐졌다. 스승님 생각을 하면 도무지 마음을 놓을 수 없는 것이었다.

스승이 아버지보다 죄가 가볍다는 것은 누구나 아는 일이건만 스승은 벌써 참수를 당하신 것이다. 과연 아버지는 스승보다 죄가 무거워도 감히 참형으로 다스릴 수 없으리라는 게 참말일까. 사람들은 대부분 그렇게들 말하고 있었다. 그 어른을 어찌 그러한 극형에 처할 수 있으랴 하였다. 문철 역시 설마 아버지나 숙부가 그리 심한 형벌을 받게 되리라는 생각은 들지 않았다. 어느 누가 감히 우리 아버지께 혹형을 드리랴 하면서도 순간 순간 간이 졸아붙듯 애가 타는 것이었다.

침울하게 가라앉았던 집안 공기는 조금씩 조심스러운 활기를 회복하고 있었다. 우선 음식을 넉넉히 장만하는 일이 일손의 움직임과 냄새로 생기를 주는 것이었다. 아니 항검 공 형제분과 고산 당숙이 삼십 리 밖 감영에 와 있다는 게 막연한 대로 희망을 품게 하는 것이었다. 중철을 포함한 네 식구와 김 토마스와 사돈 양반의 식사를 마련해 보낸다는 일 자체가 어둠 속으로 비치는 서광처럼 온 식구들을 생기나게 했다.
　식구들은 아무도 결안 내용을 입에 올리지는 않았다. 궁금증을 서로 나누기에는 두려움이 너무 큰 탓이었다. 다만 천 리 밖으로 끌려갔던 어른들이 가까운 내 고장에 와서 집에서 만든 음식을 들 수 있다는 단순한 변화만을 축복으로 받아들이고 있었다. 그리고 저마다 두려움 속에서나마 조심스러운 희망을 품고 있었다.
　그러나 춘삼월부터 마음 졸이던 오랜 근심 끝의 연약한 활기는 사흘을 지속하지 못했다. 삼시 세 때의 음식 냄새를 풍긴 지 이틀 만에 포졸들은 다시 초남 마을을 덮쳤던 것이다. 이번에는 순이의 잔등에 업혀 있던 세 살박이 막내 일문까지, 지팡이에 의지해야만 굽은 허리로 겨우 보행을 하시는 노마님까지 빼지 않고 식구 전부를 읊아 가축떼 몰 듯이 마을길로 내쳤다. 종복들까지도 아녀자와 늙은이를 빼고는 거의 모두 잡아 냈고 아랫집과 행낭채까지 샅샅이 뒤지며 사람들을 몰아 내고 읊아 내고 하였다.
　종복의 안사람들과 행랑 사람들이 저마다 가장을 부르며 울부짖고 얼떨결에 고함과 욕설과 발길질, 방망이질 속에서 오라를 받고 밖으로 끌려나온 사람들이 더러는 겁에 질려 어쩔 줄을 모르고 더러는 통곡을 터뜨리고 하였다. 포교들은 저마다 중구난방이었다. 죄수 한 둘을 끌고 휑하니 버들숲 쪽으로 사라지는 패거리가 있는가 하면, 부엌과 찬방에 몰려 음식 먹기에 한창인 패거리가 있었고 안방 농장을 열어 놓고 옷과 피륙을 멋대로 끌어내며 희희닥거리는 무리, 고방문 자물쇠에 매달려 끙끙거리는 패, 각양각색이었.
　마침내 묶인 사람들은 하나씩 두셋씩 끌려가기 시작하였고 집안에 있던 물건들은 모조리 마당으로 실려 나와 쌓이고 엉겹결에 주인과 가족을 빼앗긴 종복의 안식구들과 늙은이들은 집에서 내어 쫓겼다.

초남 마을의 그 화락하던 집은 역적 죄인의 집이라는 딱지를 붙인 채 문이라는 문은 모두 못질을 당한 것이었다. 특히 대문에는 석가래 같은 막대를 대각선으로 두드려 박았다.

무심한 하늘은 여전히 드높고 고추잠자리는 한가로이 마당섶을 날고 있었다. 탱자 향기도, 익어 가는 대추의 꽃다운 빛깔도 여느 해의 정경과 다름이 없었다.

순이는 등에 업고 있던 일문 도련님을 빼앗기지 않으려 싱갱이를 하다가 결국 어린 것을 나졸의 손에 넘겨 주면서 눈물을 참을 수 없었다. 애간장이 녹는다는 것이 이렇게 아픈 마음을 가리키는 게 아닐까 싶었다. 그녀는 순순히 오라를 받았다. 중철이 가 있는 옥, 그가 일곱 달을 지낸 옥으로 잡혀가는 게 겁날 이유는 없었다. 햇빛처럼 물처럼 그렇게 드러냄 없이 자애로운 아낌으로 이 집안을 지키고 마을을 지키고 고을을 지키시던 시아버지도 그 옥에 계시고 보면 차라리 잡혀간다는 것은 천주님께 이르는 지름길일지도 몰랐다. 그것은 기쁨이며 믿음이며 위주 치명에의 소망이었다.

하지만 그 소망은 눈물의 기쁨이며 눈물의 믿음이었다. 하염없이 눈물이 흘렀다. 예수 마리아 요셉의 화살기도가 그리도 하염없는 눈물일 수가 없었다. 아무 생각도 느낌도 분별되지 않았다. 눈물 속에 어머니 권부인의 얼굴이 떠오르고 오라버니와 언니와 아우들이 생각났다. 돌아가신 아버지와 어린 시절의 기억들이 두서없이 떠올랐다. 고목나무 사이로 별당이 보이던 한림동 고옥의 모든 것이 순간적으로 가슴을 깊이 치며 뇌리를 스치기도 하였다. 중철과 남다른 첫날밤을 보내던 후원 별당. 그리고 입으로는 오라버니라 부르지만 마음으로는 가장 충실한 벗으로 꼽고 있는 남편과의 지나간 나날들. 무엇보다 대숲 오솔길이 떠오르고 새 사랑의 말할 수 없이 경건하던 분위기가 떠오르고 뒷동산의 차나무밭이며 목화밭, 잡풀들이 눈에 어른거렸다. 정든 우물과 우물에 비치던 구름, 고방과 찬방과 침방과 그리고 뒤란방의 모든 것, 제대로 쓰던 귀상과 각기 정배인 그리스도께 드릴 정결을 지키기 위해 가운데 세우던 네 폭의 가리개 병풍, 고상과 성모상, 중철의 매괴, 책들, 순이는 그 하나하나에 새겨진 정과 그것들이 생각나면서 솟아나는 눈물을 모두 주님께 맡겼다. 쉬임없이 예수 마리아 요셉을 부르며 너무 많이 나오는 눈물을 참을 수도 없었지만 참으려 하지도 않았다. 예수, 마리아, 요셉의 한마디씩 된 화살기도가 서러움 속에서 어머니를 만났을 때처럼 더욱더 눈물이 쏟아지게 만든다는 것을 그녀는 처음 알았다. 예수라는 한마디 기도 속에 살아 온 온갖 상념이 눈물로 모아지는 것이었고, 마리아라는 한마디 기도 속에 울며 불며 어머니 품에 안기는 맹목적인 믿음이 들어있는 것이었다. 세상에서 가장 포근하고 좋은 어머니 품속 냄새가 마리아라는 한마디 기도 속에 따뜻하고 서럽게 떠오르는 것이었다. 예수 마리아 요셉을 부를수록 눈물은 더욱 솟아났다. 할머니가 어찌 되셨는지, 마음 여린 시어머니는 혼절이나 하지 않으셨는지, 문철 도련님은 포졸들이 함부로 휘두르는 방망이에 다치지나 않았는지, 먼산 바라보기만 하던 점이 시뉘는 얼마나 놀랐을 것이며, 그토록 귀엽고 영리한 섬이 시뉘, 의젓하게 천주경을 외우는 일석 도련님, 그리고 돌지않는 혀로 성부와 성자와 성신으로 하면서 성호경을 익히는 막내 일문 도련님, 그 귀한 식구들이 다 어찌 되는 것일까, 몇이나 잡아가는 것일까, 강주 백모와 중성 도련님, 고산 숙모와 다섯 아이들, 아랫집 숙모, 모두 다 어찌 되는 것일까. 예수 마리아 요셉, 예수 마리아 요셉, 순이는 눈물의 부르짖음 속에 밀고 당기는 포졸들에게 끌려 옥으로 갔다. 한 걸음 한 걸음마다 예수 마리아 요셉을 불렀고 걸음마다가 눈물이었다. 앞에도 뒤에도 죄인을 잡아가는 행렬은 연이어져 있었으나 종복과 행랑 일꾼이 눈에 뜨일 뿐 식구는 보이지 않았다.

날이 저물면서 처절하도록 은은한 달빛이 세상을 채웠다. 옥은 만원이었다. 옥 마당까지 손발을 묶인 죄수들이 굴비 두름처럼 엮이어 늘어서고 죄수들을 따라 온 가족과 종복들이 여기저기 기웃거리며 서성대었다.

순이는 처음 관비들의 처소에 마련한 임시 옥에 갇혔다가 이내 가족이 있는 곳으로 옮겨졌다. 한 식구도 빠짐없이 모두 잡혀 온 것이었다. 식구뿐 아니라 종복들까지 충직한 사람은 모두 끌려 왔다.

다음날은 팔순의 시조모와 초례는 올리고 아직 출가는 하지 않은, 그러나 출가 외인이 분명한 점이 시뉘, 일찍이 천학서와 성물을 관아에 바치고 배교한 적이 있는 아랫집 숙모가 놓여 났다. 삼사(三赦)법에 의하면 팔순 노인과 일곱 살 이하의 아이들, 바보나 병신은 사면하도록 되어 있는 것을 옥리들은 제멋대로 행사하고 있었다.

아랫집 숙모는 배교했던 것을 사무치게 후회하고 있었으므로 놓여 나는 것을 달가워하지 않았다. 오히려 누구보다도 치명하고 싶어하였다. 그러나 팔순 노마님을 나이 찬 손녀만을 딸려 나가시게 하는 것도 마음 놓이지 않는 일이라면서 그대로 풀려 났다. 걸핏하면 대성통곡을 잘 하던 시숙모는 울음도 잊은 듯 메마른 표정으로 시어머니와 강주 백모, 순이의 손을 차례로 잡아 보고 어느 손이나 봉숭아 물이 선연히 붉은 손톱을 쏠어 보듯 하고는 옥을 나갔다.

"호랭이 굴에 잡혀가도 정신만 차리면 산다는디 설마 초내미 대갓댁 유씨네가 요렇고럼 망해 번지기야 허겄어, 내 나가 보고 올팅게 몸들 조심하라고잉."

들릴 듯 말 듯 그렇게 이르고 옥을 나갔던 시숙모는 다음날 삼북 영감과 두섬네에게 밥 함지를 지고 이게 해가지고 찾아왔다. 중죄인이 아닌 탓인지 옥졸들은 밥 함지를 이고 진 두섬네와 삼북 영감, 시숙모를 모두 옥문까지 보내 주었다. 그러나 밥은 쌀알을 찾아 내기 어려운 깡보리밥이었고 반찬은 시래기뿐이었다. 밥 함지를 둘러싸고 다가앉던 시아우들 중에서 섬이가

"이걸 어떻게 먹어? 난 배 안 고파."
그러며 물러앉자
"난 배고파, 내 밥 줘, 내 순가락 내 밥그릇 어딨어? 내 밥 줘."
일석이 어른들 눈치를 살피며 떼를 썼다. 아무것도 모르는 일문만이 맘마라며 함지박 안을 가리키고 순이의 팔을 끌어다가 어서 달라는 시늉을 하고 있었다. 그러지 않아도 겁에 질렸던 아이들은 한 밤을 지내고 두 밤을 보내면서야 낯선 두려움을 잊고 조금씩 장난을 하기 시작하던 터였다.
"애기씨, 꼭꼭 씹어 먹으면 보리밥은 아주 고소한 맛이 나는 거야, 먹어 봐. 옳지, 도련님도 꼭꼭 한참 동안 씹어서 먹고."
순이가 덤벙거리는 일문을 안으며 섬이와 일석을 달랬다. 눈물부터 그렁거리는 시어머니도 섬이를 돌려앉히고 일석에게 놋순갈을 쥐어 주며
"천주님이 주신 음식 갖고 투정허는 것이 아녀, 사람 먹으라고 천주님이 맹그신 음식인디 오죽 좋겄어, 어서 먹어 보랑게."
섬이와 일석을 타이르고 순이에게서 일문을 데려다가 젖을 물렸다.
얼이 빠진 모양의 숙모는 막대기 모양 딴청하듯 서 있고 창살 사이로 옥 안을 들여다보고 있던 두섬네가 옷고름으로 눈귀를 훔치며 나직이 속삭였다.
"정말 아씨하고 마님 뵐 면목이 없어요. 쌀을 좀 구해 볼라고 애를 쓰다 쓰다 못 구하고 그만… 보리만 삶은 밥이라도 때를 거르는 것 보다는 낫겠어서 해왔어요."
"안방 농장 설합에 고방 열쇠가 있으니 자네가 고방문을 열게."
"아이구, 마님도 참."
"괜찮아, 어서 가서 고방부터 열고 노마님께 흑임자죽부터 쑤어 드리게."
"아이구 아이구, 마님도 참, 젤 먼저 끌려 오시느라구 아무것도

6. 봉숭아 꽃물 223

못 보셨지, 집안에 있는 건 쌀 한 톨 안 남기구 다 실어 내가구 대문엔 못질을 했어요, 아랫것들까지 다 내쫓구는 집 근처엔 개새끼도 얼씬 못 하게 하는 지가 언젠데, 노마님하구 점이 아씨, 숙모님두 드실 데가 없어서 아랫말 움막에 계시고요, 엊저녁까지는 읍내 의원 댁에서 말없이 진지 수발을 해 주셨는데 무슨 경을 쳤는지 오늘 아침엔 문전 박대를 해서 이렇게 된 거예요, 인심이 조변석개고, 역적 죄인네하고 내통을 했다가는 무슨 화를 당할지 모른다고 우리를 죄다 옴쟁이 보듯 해요, 보리쌀도 어디서 구할 수가 없어서 삼북 영감하고 행랑 아낙들이 살구재까지 가서 겨우 닷 말을 얻어 온 걸요."

시어머니의 얼굴이 하얗게 질리는 것을 보면서 순이가 두섬네에게 눈짓을 했으나 두섬네는 못 보고 있었다. 묵묵히 아이들 밥 먹는 걸 보아 주며 중성과 문철에게 밥을 권하던 강주 백모가 말을 받았다.

"일이 이 지경에 이르렀으니 오죽하겠나. 자네들 고초가 말이 아니겠구먼. 그래 노마님께선 조반이나 드셨는가?"

"노마님께선 잽혀 오신 식구분들 걱정뿐이신걸요, 모두 섭리를 따르자 하더라구, 그리 전하라 하셨습니다."

"두섬네, 혹시 아버지와 숙부님들이 어찌 되실 거라는 소문은 못 들었소?"

문철이 밥숟갈을 든 채 물었다. 그러자 딴청하듯 멍하니 서 있던 아랫집 숙모가 두섬네가 대답할 겨를을 주지 않고 끼여들었다.

"능지처참이려, 바로 오늘이랑게, 지곰 내는 남문 밖으로 갈 것이구만, 가서 배웅해야제, 혹시 아남? 기적이 생겨서 칼 받기 전에 풀려 날지, 으찌 되얏간에 배웅은 혀야 하지 않겠어, 아이고 아이고, 썩을 놈의 세상."

모든 감각 기능이 말라붙어 버린 듯 허탈하고 삭막해 보이던 아랫집 숙모가 갑자기 울음을 터뜨렸다.

옥졸의 잔소리에 두섬네가 아랫집 숙모를 데리고 옥 마당가로 나가고 옥 안에는 정적이 감돌았다. 보통 사람보다 눈물 주머니를 하나 더 가진 듯한 시어머니조차 멍할 뿐이었다. 결코 예상 못 한 것이 아니건만 설마설마 하면서 마음 졸인 판결이 가장 참혹한 극형이라는 것은 모두를 일순 얼어붙게 했다.

순이가 먼저 손을 들어 성호경을 드리며 입술만 움직여서 예수 마리아 요셉을 불렀고 시어머니와 강주 백모가 부둥켜안으며 울음을 터뜨리고 문철이 주먹으로 옥 바닥을 내리치자 아이들이 입을 비죽거리기 시작했다.

담장 옆 은행나무는 노릇노릇 물이 들기 시작하고 무심한 잠자리 떼는 옥 마당을 맴돌고 있었으며 하늘은 마냥 푸르고 맑았다.

"아부지요, 시장하셨지라우? 질이 맥혀서 조반 진지를 인제사 가까스로 가져왔고만이라."

중철은 말소리가 건너오는 옥문 쪽으로 고개를 돌리려다가 귀만을 세웠다. 칼의 무게도 새삼스러웠지만 얼마 전부터 형구가 닿는 목언저리의 살이 쓸려 목을 움직일 때마다 통증이 일고 있었다.

"무신 일루 질이 맥혔디여?"

"사램 쥑이는 걸 봤이유, 아이고 하늘도 무심하지라우. 사램이 어찌 사람을 그리한당가. 능지처참이니 육시를 당할 놈이니 말은 들어보았지만 아이고 무시라. 참말로 사램을 으쩨 그리할 수가 있는가. 참수도 눈뜨고는 못 볼 일이건마는 남문 밖에서 세 어른이 능지처참을 당하고 두 양반이 참수당한 꼴을 봉게 사램 목심이 뭣인지 모르겠어라우. 다리가 벌벌 떨리고 발이 헛놓여서 가까스로 왔고만이라."

"초내미 어른이 기어코 치명을 하셨능감만."

"남문 밖에서 오늘 아침에 처형한다던 소문이 헛말이 아니었구만."

"그걸 자네 눈으로 봤능가?"

"워찌 보겄유, 눈을 질끈 감었지, 그래두 망나니들 칼춤 추는 것이랑은 다 봤는디 웬 북은 그렇게 둥둥 쳐쌓는가 혼이 다 빠지더랑게요, 그래도 초내미 영감마님은 찬찬히 구경꾼들을 돌아보시고 하늘도 보시고 망나니들 춤추는 것도 죄다 보십디다요, 그러구 질첨에 칼 앞으로 끌려나오셨는디 별난 일이랑게요, 글씨, 맨상투에 거지중에도 상거지 같은 행색이신디 워찌 그렇고롬 엄숙하시당가, 아니 거룩하신 것이, 아이고 참말로 보통 사람같지 않고 하늘에서 오신 것 같았지라우, 지는 신부님을 못 뵈야서 모르겄지마는 신부님이 꼭 저러시지 않을까 싶더만유, 참말로 거룩하신 모습이었당게요, 마지막으로 손을 올려서 성부와 성자와 성신으로를 하시고 눈을 감으시는디, 사램덜이 그냥 조용해지더만유, 지두 눈을 질끈 감었당게요, 그러군 뭔 일이 있었는지 막 비명이 터지구 울음소리가 나구 북소리는 더 몰아붙이구, 도저히 더는 볼 수가 없어서 뒤쪽으로 나와 있었구만이라, 사램덜 허는 소리가 인자 전주 고을도 볼장 다 봤다 허고, 초내미 어른이 아니 계시면 굶어 죽는 인총이 수두룩할 거라 허고, 참말로 산 부처 같은 영감마님께서 천학을 하셨응게 모두 천학을 하자고도 허고, 대역 부도 죄인이라지만 재물 안 아끼고 후히 베푸신 것이 그런 죄를 뒤집어쓰신 것이라고도 허고, 글씨, 포졸배가 새까맣게 깔려 있는데도 벨벨 소리들을 다 허드랑게요, 지는 먼첨 왔지만서도 포졸 듣는 디서 우리도 죄다 천학 해야 한다고 씨부렁거리던 사람들은 낭중에 잽혀가지나 않았능가 모르겄구만요."

중철은 마음 속으로 조용히 성호경을 외었다. 그는 성호경조차 손으로는 드릴 수 없는 몸이었으나 눈에서 흘러 넘쳐 목의 상처까지 쓰라리게 하는 속에서 그 말소리에조차 섭리의 숨결을 느끼고 있었다. 아마도 새로 들어온 수인이나 항검 공의 치명 소식을 세세하게 전하고 있는 수인의 아들은 중철의 존재를 모르고 있는 성싶었다. 옥 안에는 중철의 신분을 아는 죄수가 두엇 있었지만 그들은 모두 중철을 경원하고 조롱하는 이들이었다. 우연인지는 몰라도 그에게 호의를 갖고 친절을 베푸는 죄수들은 하나씩 둘씩 모두 다른 옥사로 불려 나갔다. 물그릇을 입에 대주고 바깥 소식을 귀띔해 주던 선비도, 밥그릇을 옮겨 주고 칼의 위치를 덜 무겁게 놓아 주던 천학 죄인이라는 농민도 이삼 일을 넘기지 않고 다른 옥사로 옮겨졌다.

물론 처음부터 그랬던 것은 아니었다. 처음에는 우호적인 죄수들이 적지 않았고 그들의 한담으로 바깥 분위기를 느끼고 서울로 압송된 부친의 뒷일을 짐작해 보곤 했었다. 옥리들의 무심한 언사에서도 부친의 죄목이 천학 죄인이기보다는 대역 부도로 기울고 있음을 알아챘었다.

대역 부도의 죄는 죄질에 따라 삼족을 멸한다는 법령을 생각하면서 설마 그렇게까지야 되랴 하는 마음도 있었다. 친가와 외가와 처가의 남자는 모두 처형하고 아녀자들은 관비로 전락되며 재산은 몰수하고 대역 부도의 죄인 집은 허물어 없앤 후 집터를 파서 연못을 만든다는 파가저택(破家瀦宅)의 형벌도 말로만 듣던 것이었다. 전교를 좀 많이 하고 교회 비용을 좀 많이 부담했기로 설마 아버지를 그렇게까지 처참한 극형으로야 몰겠는가 싶었다.

그러나 뭔지 모르게 옥 주변이 어수선해지고 큰 소리가 많아지는 등 살벌한 감을 풍기던 어느 아침 돌연 조반 함지가 들어오지 않았다. 전날까지도 문철은 아내의 정성이 깃든 밥 함지와 옷보자기를 형리에게 주면서 몇 번이나 허리를 굽혀 옷을 형에게 전해 달라고 애원을 하다시피 하고는 창살 멀찍이에서 옥 쪽을 보고 있었다. 그렇게 먼빛으로나마 아우의 모습을 바라보게 된 것도 여러 날 만의 일인 듯싶었다.

전엔 밥을 옥졸에게 전해 주고 문철이 직접 창살 앞까지 다가와 몇 마디 얘기까지 나눌 수 있었던 것이 부친이 서울로 압송된 후 문철은 옥문 앞이나 창살 앞까지 올 수가 없게 되었다. 중철이 제 키만큼이나 큰 널판을 목에 걸고 있는 부자유한 몸이었으므로 그 형제는 먼빛으로나마 서로를 알아보는 일이 쉽지 않았다. 그나마도 달포 전 무렵부터는 먼빛으로 보는 일조차 금지당하고 있었다.

고작 밥 함지에서 느껴지는 연대 의식이 전부였다. 중철은 밥을 받으면 우선 그것들을 우두커니 바라보았다. 운두가 얕고 바닥이 넓은 함지에는 백자 반상기가 깨끗한 볏짚과 푸른 냄새를 풍기는 솔잎 사이에 오밀조밀 놓여 있곤 했다. 볏짚과 솔잎들은 사기그릇이 서로 부딪어 소리를 내거나 깨지지 않도록 바닥에는 깨끗한 볏짚이 고르게 깔리고 그릇들 사이에는 솔잎이 알맞게 채워져 있는 것이었다. 중철이 갓 잡히던 초봄에는 얼굴이 비치도록 윤이 나는 유기 반상기가, 반찬 그릇들은 왕골 받침 위에, 밥 주발은 솜을 두고 누벼서 만든 주발집 속에 담겨 오던 것이 단오 무렵부터 집에서도 그러했듯 여름의 백자 식기로 바뀐 것이었다. 그날따라 중철은 별일이 없다면 구월 중에는 시원한 백자 그릇들이 따뜻한 놋쇠 그릇으로 바뀌겠구나 생각했었다. 한편으로는 언제 어느 때 순이의 손길이 느껴지는 밥 함지가 끊기게 될지 알 수 없는 일이라는 생각도 버릇처럼 떠올렸었다.

그는 함지 바닥의 볏짚에서 너른 들녘을 보고 싱싱한 향기의 솔잎에서 야산과 대숲과 대숲 뒤의 새 사랑을 느끼며 음식과 사람에게의 강복을 청하고 감사를 드리고는 했다.

이미 수저는 은수저가 아니고 모란꽃이 곱게 수놓인 수저집도 없었다. 놋쇠 숟갈과 나무젓가락이 하얀 면포에 싸여 있을 뿐이었다. 중간에서 없어지는 것은 옷보자기뿐 아니라 수저도, 그릇도, 때로는 반찬조차 집어 낼 때가 적지 않았다. 중철을 가장 분노하게 한 것은 아내의 편지가 없어졌다는 사실을 알았을 때였다. 옷보자기 속에, 밥 함지 속에 몇 자 적어 보낸 문안 편지를 그는 단 한번도 받은 일이 없었던 것이다. 아내의 글월이 주인에게 전해지지 않고 함부로 굴러 다니거나 당치 않은 곳에서 웃음거리가 되고 있을지도 모른다는 상상은 그를 울고 싶게 했다. 받을 수도 없는 편지는 절대로 절대로 쓰지 말라고 문철에게 일러 보낸 봄날의 저녁은 잠도 이룰 수가 없었다.

중철은 주전자의 국을 빈 대접에 쏟은 후 주발 뚜껑을 벗기고 반찬 그릇 뚜껑들을 열었다. 그는 음식의 맛보다도 음식들이 연결시켜 주는 집안 식구들과의 이런저런 감회에 살아 있음을 확인하고 살아 있음의 소중함을 절절히 되새기곤 했다.

무엇보다도 밥 함지는 아내의 숨결을 전해 주었다. 그 섬세한 마음 씀씀이와 정성이 밥 함지 속엔 고스란히 들어 있는 것이었다. 특히 옥 마당가에서 옥 쪽을 바라보고 서 있는 문철을 먼빛으로나마 보고 난 저녁의 함지에는 무슨 좋은 일이 있나 싶으리만큼 별식이 많았다. 어머니 솜씨에 틀림없는 홍어찜과 순이 솜씨의 송이버섯볶음은 일상 속에서의 추억을 떠올려 주었다. 특히 홍어찜은 아내에게 많은 곤란을 준 음식이었다. 놀랍도록 빠르고 쉽게 적응하며 무엇이건 잘 배우고 곧 익숙해지곤 하는 아내가 유씨 댁 맏며느리가 된 지 4년이 되도록 홍어찜만은 아직 먹는 법도 하는 법도 배우지 못하고 있는 것이었다. 그 곰삭은 칼칼한 냄새를 아내는 아직도 정말로 친할 수 없는 괴상한 냄새라는 것이었다. 그 냄새 때문에 찡그리는 그녀의 표정은 가관이었다. 가족들이 모두 박장대소를 하고 놀려 주고 했었다.

"내동 못 먹는 사람도 있응게 억주루 먹어 볼라고 하덜 말어, 내도 시집와서 십년을 더 지낸 담에사 슬슬 괜찮아지더랑게로, 그래도 우리 새아가는 참말로 신통하구먼. 욕지기 한번을 안 하고 무던히 참아 내기가 쉽지 않구마는, 서울 각시가 워찌 그리 식성도 복성시러븐지 모리겠다고 모다덜 칭찬혀 쌓는당게, 사람은 그저 식성이 너그러워야 써."

어머니가 그리 감싸고 돌도록 순이는 홍어찜 냄새를 어려워했었다. 홍어찜 외에 아내가 낯설어 하던 음식은 청국장이었다. 그러나 아내는 보기보다 비위가 든든한 편이어서 청국장은 이내 친숙하게 끓이기도 하고 먹기도 하였다. 그 독특한 구수한 맛을 알 만하다는 것이었다. 그러나 홍어찜만은 생전에 사귀어 볼 날이 있을지 모르겠다고 정말로 그 냄새만은 지나치게 괴상하다는 것이었다.

그렇게 중철이 지나간 세월을 더듬으며 물렸던 밥 함지는 다시 오지 않았다. 중철은 조반을 거르는 배고픔 속에서 즉각 닥칠 일이 닥치는구나 싶었다. 한 끼 밥을 거르는 공복의 불편도 시간을 더욱 지루하게 했다. 점심 역시 거르고 집에 무슨 변고가 생겼을까, 부친이 기어코 대역 부도의 결안을 받아 온 가족이 오라를 지게 된 것일까, 이왕이면 천학 괴수의 집안이라는 명분으로 치명을 하는 것이 좋을 텐데, 설마 대역 부도의 죄가 확정된 것은 아닐 테지, 살이 짓무르고 헤어지는 쓰라림 속에서 중철은 그렇게 심란한 하루를 보냈다.

저녁엔 낯선 밥 함지, 낯선 음식이 들어왔다. 그것은 초남의 집 음식이 아니었다. 옥졸에게 묻고 갓 들어온 죄수들에게 물어 초남 유씨 댁 가솔들이 다 잡혀 왔다는 풍문을 들었다. 다음날도 낯선 음식은 들어왔고 중철은 허리 굽은 삼북 노인의 얽은 얼굴을 멀리 보이는 옥 마당가에서 얼핏 보았다. 노인 옆에는 의원집 종복 아이가 서성거리고 있었다. 필경 온 식구가 다 잡혀 온 후 종복들이 애써서 읍내 의원집에 옥바라지를 부탁했구나 하는 짐작이 섰다. 그러나 낯선 대로 밥도 찬도 괜찮던 함지는 그 하루로 그치고 아침에 중철 앞에 와 놓인 조반은 보리밥 한 덩이와 시래기 무침이 담긴 낡은 목판이었다.

중철은 누구네 집에선가 쓰다 버린 듯한, 한 귀퉁이가 헐어 못 쓰게 된 낡은 목판과 보리만 삶아서 한 주걱 떠 담은 듯한 밥과 아무 양념도 없이 소금이나 간장의 간만으로 무친 듯한 시래기를 보면서 분명한 소식을 들을 때까지는 아무 불길한 상상도 하지 말자, 온전히 전폭적으로 믿으며 섭리에 순종하자 마음먹고 있었다. 한 순간 한 순간의 시간이 그렇게 길고 지루할 수가 없었다. 시간을 보낸다는 일이 그처럼 어려운 일이던가 싶었다.

그리고 죄가 가볍거나 갓 잡혀 온 죄수들의 자식이나 종복들이 옥문까지 와서 조반을 넣으며 건네는 몇 마디 말에서 중철은 부친과 숙부가 아침 나절에 남문 밖에서 참수당하리라는 감을 잡았었다.

그는 내내 천주님만을 부르며 부친이 잘 마치시기를 간구했다. 격하신 성품의 숙부가 행여 칼의 두려움을 이기지 못하고 마지막 고비에서 넘어지시는 건 아니겠지, 십년 전 신해년 한자리에서 순교하신 진산의 윤지충 숙부를 생각하더라도 부친과 숙부는 확실하게 신앙을 증거하실 테지, 입안이 마르고 가슴 속이 화끈거리도록 중철은 빌고 빌었다. 고산 당숙, 사돈 어른, 김 토마스도 한마음으로 장렬하게 치명하기를 열렬히 기도했다.

그런데 이름도 사는 곳도 알 수 없는 총각의 입을 통해 부친의 치명 소식을 소상하게 전해 듣게 되니 중철은 그 말소리에서 섭리의 숨결을 아니 느낄 수 없는 것이었다.

그는 한쪽으로 밀어 놓았던 목판을 더듬어서 보리밥을 손으로 집어다 입에 넣었다. 십자가 위에서 완전히 항복하고 생명을 내놓으신 예수를 따라 아버지도 숙부도 자신도 완전한 치욕 속에 항복하고 생명을 내놓아야 할 것이었다. 완전히 항복하고 생명을 내놓음으로써 먹이가 되는, 남의 밥이 되어 주는 그리스도의 사랑을 증거해야 할 것이었다. 눈물은 목과 가슴까지 적셨건만 밥알이 입으로 들어가자 다시 뜨겁게 솟았다. 중철은 눈물 속에서 정성스럽게 밥을 씹었다.

아마 부친은 다시 입안에 밥알을 넣고 씹어 먹는 이승의 일상을 되풀이하시는 일은 없겠지, 천국 세상은 어떤 모양일까, 아버지와 다시 만날 때는 어떤 모양으로 만나게 되는 것일까. 그리고 순이와 어머니와 아우들은 어떻게 될 것이며 가족들은 부친의 소식을 알기나 하는지, 혹 할머님은 그 큰 집에 홀로 남으신 채 어린 아우들만 거두시는 건 아닐까, 아니다. 할머님께서 집에 계시다면 장손자의 끼니 수발을 남에게 맡기실 리가 없다. 그렇다고 팔순 노인을 가두었을 리도 없는데, 아마도 재산이 적몰된 모양이구나, 그렇다면 팔순 할머님께서 어린 아우들만 데리고 대체 어디에서 어찌 지내시는가, 잡혀 들어온 식구들은 어찌하려나, 중철은 도저히 밥알을 목으로 넘길 수 없었다. 그의 이성은 어떤 어려운 경우에도 천주께서 주신 생명은 보존되어야 하며 그러기 위해서는 역시 천주께서 주신 음식을 정성껏 먹어야 한다고 생각했지만 격렬하게 솟구치는 참담한 슬픔이 이성을 억누르고 있었다. 그의 생각은 계속 가족들에게로만 달려갔다.

  어쩌면 치명보다 더 어려운 일이 아무 힘도 가지지 못한 가족들이 살아 남는 일일지도 몰랐다. 그것은 미처 생각해 본 적이 없는 일이었다. 여태껏 중철은 치명의 비정함만을 생각해 왔다. 치명이란 산 사람은 그 누구도 상상조차 할 수 없는 무서움의 끝일 듯했다. 오로지 신앙만으로 이기고 견딜 수 있는 공포의 극치가 아닐까 싶었다. 중철은 여태껏 아버지가 어떻게 그것을 감당하셨을까 싶어 눈물을 참을 수 없었다. 그런데 할머니와 아우들과 어머니와 아내를 생각하니 재산을 다 빼앗기고 집과 땅과 고향까지도 빼앗긴 채 양반 신분에서 관비나 천민의 신세가 되어 살아야 하는 그 가족들의 경우 또한 치명 못지않은 형극의 길임이 헤아려지는 것이었다. 중철은 별 생각 없이 자기까지만 치명하고 남은 가족은 차세에서 천주 신앙의 명맥을 보존해 갈 것으로 은연 중 믿고 있었던 것이다. 특수한 모반 사건이 아닌 바에야 대개의 죄나 형벌에서 아녀자가 제외되는 것은 천학 죄수도 한가지일 게라는 생각이었다. 아니 천학 죄수인 경우 가장이 치명을 하더라도 가족이 집이나 재산을 빼앗길 뿐 신분까지 잃을 수는 없다는 것이 자기 나름의 상식이었다. 그런데 자신의 가족은 아마도 양반의 신분을 잃고 치욕스럽고도 고된 관비의 신세가 되어야 할지 몰랐다. 완전한 패배 속에 생명을 내놓고 먹이가 되는 수모의 생활을 살아서 겪어 나가야 하는 것이었다.

아우 문철의 옥문 출입이 엄금되고 옷이 들어오지 않고 우호적인 죄수들이 다른 옥으로 옮겨 가면서 중철은 막연히 바깥 세상으로부터 단절당하는 답답함을 느끼곤 했었다. 걷잡을 수 없는 분노 속에서도 세상으로부터 격리되어 아득한 어둠 속으로 버려지고 있는 듯한 두려움이 으시시했다. 그리고 그것들은 조금씩 조금씩 더 옥죄어 들었다. 바깥 세상으로부터의 모든 길이 막히고 부친과 숙부 일행이 서울 포청으로 압송될 때는 가족들까지 연좌되어 처벌받는 나륙법 생각을 아니할 수 없었다. 어쩌면 하느님의 길이란 이렇게 참담한, 세상에서의 완전한 패배, 끝없이 막막하고 무력하고 치욕스러운 신세가 되는 것일지도 모른다는 생각을 하면서도 그것을 순간 순간 겪는 심정은 기막혔다. 그리고 그 모든 예상과 각오의 바닥에는 설마 하는 희망이 도사리고 있었다.

완전히 패배함으로써 생명을 내놓고 남의 먹이가 되는 것이 그리스도의 십자가 의미라는 것은 관념일 뿐 스물세 살의 그에게 그것이 사랑이라는 실감은 멀고 어려웠던 것이다.

부친의 치명 소식을 전해 들은 아픔과 슬픔의 자리에서조차 정말로 가족들까지 그리 참담한 지경이 되겠구나, 정말로 그리 될지 모르겠구나 하면서도 여전히 설마 하는 한 가닥 희망은 존재하고 있었다. 어쩌면 설마 하는 한 가닥 희망이란 섭리에 순종할, 어떤 일이 닥치건 천주 섭리를 따를 각오와 믿음일지도 몰랐다.

그로부터 중철은 부친의 영혼을 위해 간절히 기도했다. 아마도 잘 치명하셨다면 아버지는 천주님을 거울로서가 아닌 실체로 서로 얼굴 맞대 듯 뵈었으리라. 그리고 남은 가족을 천국으로 맞이할 준비로 마음 쓰시리라. 그러나 만일 정말로 만일 그 극한의 공포 속에서 행여 넘어지셨다면, 중철은 언제나 그 대목 때문에 떨리고 괴롭고 눈물이 났다. 부친이 행여 천주님 영광 드러내는 일을 거부하셨다면 아마도 연옥 정화를 견디어야 할 것이었다. 절대로 그럴 리는 없다는 믿음으로 평온히 지내다가도 중철은 문득 그러한 의혹에 휩싸이면서 천주님께 매달리게 되는 것이었다. 이름도 알 수 없는 총각이 전해 준 아버지의 마지막 모습은 천주님의 영광을 증거하는 자랑스럽고도 온전한 풍모였다. 인자하고 자상한 표정으로 사방을 둘러보신 후 경건하게 성호경을 드리고 목숨을 봉헌하는 거룩한 모습이 직접 뵌 듯 눈앞에 선명히 떠올랐다. 그런데도 간혹 그 거룩한 영상과는 별개의 불안과 의혹이 걷잡을 수 없이 문득 문득 솟구치는 것이었다. 그리고 이제 지저분한 옥 속의 먼지 구뎅이 같은 공기나마 살아 숨쉴 날이 얼마 남지 않았다는, 부친이 먼저 가신 치명의 길, 치욕의 마지막 길을 자신이 가야 한다는 담담한 기다림이 고개를 드는 것이었다.

이따금 햇살이 창틈으로 비껴 들 때면 그 햇살 속에는 수많은 먼지들이 꼬물거렸다. 옥 바닥에 깔린 북데기 중 성한 밀짚의 노란 줄기가 놀랍도록 곱게 보일 때도 있었다.

바람이 선선해지면서 짓물렀던 상처들은 더러 아물어 갔으나 여덟 달을 입고 지낸 다 해진 옷과 더께가 앉은 몸에서는 악취가 났다. 중철은 그 역겨운 냄새조차 머지않아 작별할 이승의 요소인 듯하여 "고약한 냄새야, 너를 힘들어할 시간도 많지 않아." 하고 중얼거리기도 하였다. 칼의 무게 역시 그러했다. 오랫동안 움직이지 못해 그대로 굳은 듯한 다리도 그 거북스러운 감촉을 아주 영원히 작별하리라는 생각에서 차세의 삶과 내세의 삶을 막막하게나마 더듬는 것이었다. 고통의 의미와 소중함이 새삼스러이 절감되기도 했다. 어쩌면 고통과 슬픔이란 살아 있는 생명만이 가질 수 있는 특권일지 몰랐다. 살아 있는 생명만이 아프고 슬프고 괴로운 모든 것을 느낄 수 있을 것이었다. 그리고 살아 있어야만 고통 저 너머에 무엇이 있는가도 알게 될 것이었다. 이도기 치명자는 고통이야말로 천국으로 가는 차표라고 했지만 진정 천주님 나라는 고통의 길목을 거침으로써만 이를 수 있는 곳인지도 몰랐다. 고통과 슬픔과 괴로움의 길이 바로 천주님 계신 천국으로 통하는 길일지도 모르는 것이다.

중철은 고통에 대해 많이 생각했다.

그 외에도 그가 가장 많이 생각한 것은 공생활 이전의 청년 예수와 사생아였던 어린 예수, 그리고 순이였다. 대체 어린 예수는 사생아란 치욕을 어찌 견디었을까. 놀림과 조롱이 오죽했을까. 그에 비한다면 유림 사회에서의 천주학쟁이라는 조롱은 별것이 아닐 수도 있었다. 아니 천주학쟁이라는 모멸을 견디기가 이리도 힘들거늘 어린 예수의 고통은 얼마나 무거운 것이었을까. 그러나 그는 자라났고 열두 살에 이미 성전에서 토론할 수준에 이르렀다. 그리고도 성전에서 토론하던 열두 살의 소년 예수가 공생활의 삼십 세 무렵이 되기까지의 십팔 년이라는 그 장구한 세월을 어찌 보냈을까, 전지 전능하신 천주 성부께서 피조물을 구하기 위해 몸소 인간이 되어 땅을 밟고 빈민촌의 목수 양아들로 성장해서 소년 가장이 되어 목수 일의 생업에 매달려 장구한 세월을 보내신 그 겸손된 희생의 진실, 진실의 인내, 그리고 십자가 위에서의 치욕스러운 완전한 희생. 그리스도를 따른다는 것은 그 완전함을 본받는 것일 터였다. 완전한 겸손, 완전한 진실, 완전한 인내, 완전한 정결, 완전한 봉헌. 중철은 뜨거운 눈물을 삼켰다. 생각하면 아무 여한이 없었다. 그분 예수 그리스도를 알았는데 더 이상 바랄 것은 없었다. 살아도 죽어도 그리스도만 따르는 길이라면 그것으로 족했다. 아무리 괴로움이 많아도 수모가 많아도 묵묵히 견디고 온갖 세상 걱정도 모두 그분께 맡긴 채 믿어야 했다. 그런데 그것은 그렇게 생각할 때뿐이었다. 아니 마음 밑바닥에 확신의 믿음을 철썩같이 마련해 둔다 해도 사람이란 자꾸 자꾸 더 이상을 바라게 되는 모양이었다. 더 이상 바랄 게 없다고 생각하면서도 더 이상의 것을 요구하는 것이 생명인지도 몰랐다. 한 끼 밥이 여덟 시간 동안 배를 채워 육신을 움직이게 하듯 마음도 생각도 신앙도 끼니 때마다 밥을 요구하는 것이었다. 특히 곤란한 것은 마음이나 생각이나 신앙의 허기는 육신의 배와 같은 일정한 양을 가진 것이 아니었다. 욕망이나 의지나 감정에는 뱃속의 위장과 같은 물체가 달려 있는 것이 아니어서 거의 무한에 가까운 욕구까지 느끼는 것이었다. 알고 싶은 마음도 끝이 없고 무엇을 가지고 싶은 소유욕도 끝이 없고 감정의 사치나 허영 역시 끝이 보이지 않는 것이었다. 그리고 그 무한의 욕구가 천주성을 닮은 것처럼 선을 향한 것일 때 인간은 완전에 도달할 수도 있을 것이었다. 그러나 무한의 욕구가 자신의 본능이나 허영을 향한 부정적인 경우일 때 인간은 동물보다도 더 저급하고 악할 수 있는 것이었다.

  중철은 비참할 지경의 수인 신세로 여덟 달이라는 세월을 보내면서야 사람이 참으로 수수께끼 같은 존재라는 생각에 몰두했다. 전에는 언제나 알 것 같으면서도 알 수 없는 것 같은 천주님께 마음을 빼앗겼었다. 그러나 그분의 선물인 아내와 함께 각자 그리스도의 정배로서 삶의 길을 동행하며 사랑이 가차 없는 불꽃임을 절감해야 했다. 순이를 알기 전에 이미 중철은 그리스도께 사로잡혀 있었다. 그것이 추상적인 막연한 열정이었다 해도 그에게는 아무것과도 바꿀 수 없는 열정이었다. 그런데 순이와의 사랑은 그리스도께 향하는 추상적 열정을 낱낱이 구체화시켜 주었다. 불꽃의 뜨거움에 동반되는 모든 과정을 생생하게 실감시켜 주었다. 중철은 순이를 가슴 깊은 곳의 보물로 간직해서 생각조차 함부로 하지 않았다. 그에게 그리스도를 안 것이 세상에 태어나 더 이상 추구할 것이 없는 생에 대한 해답이었다면 순이를 안 것은 그리스도를 참되게 따를 수 있는 열쇠와 같은 것이었다. 아내가 아니었다면 그는 사람과 사람의 사랑이 그처럼 강렬하고 아름다운 것일 줄 몰랐을 것이었다. 사람이 그렇게 신비투성이의 존재인 줄도 몰랐을 것이었다. 보잘것없어 보이는 사람살이의 갈피갈피가 전반적으로 그리 귀하고 재미스럽고 다양하고 나름 나름으로 모두 소중하다는 것도 몰랐을 것이었다.

그는 옥 속에서 사람이 얼마나 수수께끼 같은 존재인가 절감하며 천주님의 모상대로 지음받았다는 사실을 새롭게 성찰하고 새롭게 놀라곤 하였다. 점점 자기 자신을 믿을 수가 없었고 두려움이 많아지기도 했다. 결국 근래의 그는 진실로 자기 자신은 믿을 수가 없지만 자신을 이끌어 주시는 천주 섭리의 손길만은 점점 더 크게 많이 믿을 수 있다는 희망으로 하루하루를 보내고 있었다.

아침 저녁의 소슬바람에 냉기가 섞이던 밤 그는 드물게도 한림방 큰처남의 꿈을 꾸었다. 그는 집에서나 옥에 와서나 꿈이 많지 않았다. 옥에 갇혀 있게 된 얼마 후에 아내가 정말로 보고 싶고 그리워서 꿈에서라도 만났으면 단 한번만이라도 그 차꽃 향기의 은은함이 서린 웃음을 보았으면 애타게 바란 적이 있었으나 끝내 아내는 꿈에 와주지 않았다. 그는 누더기가 된 자신의 옷 솔기를 쓸어 보며 그리움을 달랬고, 그때만 해도 조석이면 들어오던 밥 함지에서 아내의 손길을 확인하곤 했었다.

그런데 돌연히 꿈에 보인 처남은 굽은 등이 반듯하게 펴져 있었고 다리도 온전하였다. 얼굴에는 누구에게나 한없이 포근한 느낌을 주는 그 환한 웃음을 담뿍 띠고 있었다. 웃을 때만은 어둠을 빛으로 바꾸듯 티없이 맑은 얼굴이 되지만 과묵한 성품대로 입을 꾹 다물고 있을 때는 굽은 등과 함께 어쩔 수 없이 그늘진 모습으로 비치던 처남이었다. 처남이 혹 치명을 한 것은 아닐까, 아니면 잡혀 들어간 것일까, 꿈 속에서의 처남 표정은 더 말할 수 없이 환해서 꼭 무슨 좋은 일을 일깨워 주려는 듯 보였지만 한림방에까지 군란의 폭풍이 몰아친 것은 아닐까. 어쩔 수 없이 초조하고 궁금해지는 마음을 그리스도께 맡기면서 중철은 살아 근심할 수 있음도 이승 삶의 한 권리임을 생각했다. 그는 한 끼의 밥, 하룻밤의 잠, 한순간의 생각, 모든 것을 아끼며 맞이하고 보내고 있었던 것이다.

꿈에 보인 처남의 얼굴이 내내 머리에서 떠나지 않던 아침 나절 옥졸이 그의 이름을 불렀다. 그는 들 수 있는 데까지 머리를 들었다. 옥졸이 옥사 안으로 들어와 그의 칼을 벗겨 주고 옥졸 뒤에는 아우 문철이 몰라보게 초췌해진 모습으로 따라 와 있었다.

"형님."

문철은 입술만 움직여 그를 부르고는 약간 핏발이 선 눈으로 형을 물끄러미 내려다봤다. 아무 감각도 의식도 없이 중철의 눈에서 뜨거운 눈물이 흘렀다. 중철은 그 눈으로 눈물 속에서 아우를 지그시 바라봤다. 수염이 엉성하게 돋기 시작한 문철은 여덟 달 전의 당차던 아우가 아니었다. 호기심도 많고 야심도 가진 발랄하던 아우는 지치고 허기진 모습에 눈만이 번들거렸다.

"수결을 하거라."

옥졸이 중철에게 종이쪽을 내밀었다. 종이쪽은 둘이었다. 중철이 두 장을 함께 받으려 하자 옥졸은 하나만 주고 하나는 문철에게 직접 주고 중철과 한 옥사에 있던 수인 두 명을 데리고 나갔다. 옥사 안에는 종이쪽을 한 장씩 든 형제만이 남았을 뿐이었다.

중철은 종이를 펴서 눈으로 읽고 수결을 했다. 결안 내용이 구구절절이 읽혀지는 않았다. 마지막이 왔다는 것을 알았을 뿐이었다. 초췌한 얼굴이 화선지 빛으로 헬쓱해진 문철도 비록 얼굴빛은 질리고 손끝이 떨리기는 했으나 말없이 붓을 들어 서명을 했다. 중철은 결안의 종이 귀퉁이를 찢어서 "누이, 위로하고 권면하니 천국에서 만납시다." 가까스로 여남은 글자를 적어 저고리 깃의 해진 실밥 틈으로 집어 넣었다. 옥리의 눈에 뜨이면 결안 종이 귀퉁이를 찢어 낸 것도 경을 칠 일이었고 더욱이 편지는 한마디가 쓰인 것이라 하더라도 빼앗길 일이었다.

"형수님은 형님께 약속대로 위주 치명하자고, 꼭 그리하자고 전하라 하셨는데 형님은 마치 그 소릴 들은 것처럼 천국에서 만나자 하는군요."

"그래, 전해 듣지 않아도 그 사람 마음을 내가 왜 모르겠어, 그 사람은 괜찮아, 문철아, 네가 걱정이다. 아직도 넌 천주님께 물어 보고 싶은 것만 많으니? 아직도 믿어지기보다는 의심스러워?"

중철은 목소리가 제대로 나오지 않았다. 오래도록 말을 극히 조금 하며 지낸 탓이었다. 모처럼 칼을 벗은 후련함도 편하기보다는 거북했다. 어깨가 결리고 살이 쓸려 피멍이 진 목줄기는 쓰리고 가슴도 등도 뻐근했다. 그러나 그 모든 것에는 전혀 감각이 느껴지지 않았다. 함께 치명할 눈앞의 이 아우가 혹시 넘어지면 어쩌나 싶어서였다.

"야속한 하느님이요, 야속하구 무섭구 두렵구, 정말이지 천주님이랑 말 좀 해보고 싶수, 너무하신 게 한둘이라야지, 형, 난 인제 눈물도 다 말라 버렸어, 악밖엔 남은 게 없는 것 같아, 대체 형한테 어디서부터 어떻게 얘기를 해야 좋을까, 엊그저껜 정말로 형님이 부럽습디다. 내가 바꿔 돼 가지구 그거 안 봤으면 좋겠더라구, 이틀 전인가 사흘 전인가, 언도가 내렸는데, 아이구 그만둡시다. 어차피 형도 마지막 가는 길인데 그건 알아 뭐 하겠수, 난 별 수 없이 당했으니 세상에 이런 참상도 있는 법이구나 하지."

"대체 무슨 일인데 그래? 그리구 어머니는 어찌하고 계신지 전부 소상히 말해 봐."

"어머니가 정말 걱정인데 형수가 곁에 계실 동안이야 괜찮겠지,

근데 어머닌 함경도 경원부 관비고 형수는 평안도 벽동 관비니 대체 어머니나 형수나 관비가 가당키나 해요?"
 중철은 멍한 눈이 되어 울먹거리는 아우를 바라보기만 했다. 문철이 그런 형을 힐끗 보고 돌아 앉았다.
 "문철아, 차근차근 다 말해 다오, 어머니와 형수는 그렇고 할머니, 점이, 섬이, 일석이, 일문이, 마태오, 강주 백모, 아랫집 숙모 다 얘기해 다오, 아버지 치명하신 것도 우연찮게 듣기는 했지만 소상히 들은 게 있으면 일러 주고."
 문철이 옥 바닥의 밀짚 북데기 몇 올을 손에 잡고 쥐어 뜯으며 망설일 때 옥리가 들어와 결안장과 벼루를 내갔다.
 "오늘이요? 내일이요? 알면 가르쳐 주시구료, 다른 길도 아니고 저승길을 떠날 참인데 그것까지 감춰야 하겠소?"
 문철이 옥리의 뒤꼭지에 대고 소리를 치자 옥리는 엉거주춤 돌아보며 대꾸했다.
 "기왕 갈 것 하룻밤이나 더 자면 뭐 하겠어, 아께 의논 도는 것이 오늘이라고 허는 것 같든디."
 두 형제는 서로 마주봤다. 하룻밤 후도 아닌 오늘이라는 것이 가슴을 치고 지나갔다. 동녘 창살 쪽으로 아침 햇살이 비껴 들고 있었다. 두 형제뿐의 옥사 안이 갑자기 휑해 보이기도 했다. 잠시 어리둥절해 있던 형제는 치미는 격정을 삼키며 애써 평정을 회복했다. 그리고 형의 재촉에 따라 아우는 얘기를 계속했다.
 "형님, 할머니는 우리 식구가 죄다 잡혀 온 이튿날 누이하고 아랫집 숙모하고 풀려 나셨어, 누이는 출가 외인이라 풀어 주고 아랫집 숙모는 배교한 적도 있는 데다가 친정 동생들이 손을 쓴 모양이야, 그런데 팔순의 할머니하고 중년의 숙모하고 꽃 같은 누이하고 몸담을 데가 없어서 말유, 드난꾼들이 묵다 버리고 간 아랫마을 움막에서 두섬네서껀 보위 댁네서껀 동냥질해 오는 것으로 입에 풀칠을 하나 봅디다. 아마 아랫집 숙모는 숙부 치명하고 친정 동생한테로 가셨다지.

　아버진 우리가 믿었던 대로, 보는 사람들이 다 고개 숙이고 울었다니까 제대로 순교하신 것 같고 고산 당숙도 꼿꼿하고 장하게 칼을 받으셨대요."

"고산 숙모는?"

"고산 숙부 잡히신 후 아이 다섯 데리고 초남에 와 기시다가 다 잡혀 왔는데 저 뒤뜰 안 옥사에 기시는 모양야, 아랫집 숙부가 서툰 망나니를 만나셨는지 고생을 하셨다 하고, 토마스하고 영광 사돈 어른이 참수되고."

"마태오하고 두섬이는?"

"다 잽혔지, 마태오는 강주 백모님하고 어머니랑 형수랑 함께 있는데 두섬이, 보위, 언북이는 어디다 가뒀는지 모르겠어, 아무튼 형님, 여기까지는 다 괜찮은데 말유, 우리 꼬마 아우들 있잖수, 그것들까지 죄 유배형을 받았우."

"그게 무슨 소리야, 일곱 살 아래는 사면인데, 섬이는 여자 아이고."

"섬이는 거제도, 일석이는 흑산도, 아직 젖도 안 떨어진 일문이는 신지도."

가까스로 말을 마치고 문철은 흐느꼈다. 참고 참아 온 울음이었다. 그 언도가 내렸을 때 어머니는 혼절을 하셨다. 옥사장이 우격다짐으로 울부짖는 아이들을 강제로 빼앗아 데려 내갈 때는 세 번 네 번 정신을 잃으셨다. 아홉 살의 섬이는 소견이 멀쩡해서 옥리가 데리러 오자 올케의 치마폭 뒤로 숨으며

"새성, 나 관비 안 가게 해줘, 나 관비 아니 가고 치명하고 싶어, 새성이랑 어머니랑 같이 치명할 수 있어, 나 관비 아니 가게 해줘. 이제 보리밥 싫다고 투정하지 않을게. 나 관비 보내지 마. 관비 보

내지 말고 치명하게 해줘."
 그 검고 맑은 눈을 섬벅이며 또렷이 의견을 밝혔다. 일석과 일문은 집을 떠나 옥살이의 불편을 겨우 익힌 터에 다시 식구들에게서 떼어 가려 하니 아무것도 모르면서도 발버둥을 치고 울부짖었다. 인간의 불행이 모인 곳이 지옥이란다면, 아홉 살 여섯 살 세 살 아이들이 강제로 어미 품에서 떼어져 살아서는 돌아오기 어렵다는 머나먼 섬으로 귀양보내지는 것이야말로 지옥 풍경일 터였다.
 문철은 세 아우가 그리 된 것을 본 후로는 어쩐지 무서울 것도 두려울 것도 없는 성싶었다. 마음이 꽁꽁 얼어붙어 버린 듯하였다. 그 아이들 대신 나를 데려가라는 어머니의 절규하는 모습도 볼 수 없는 참경이었다. 차라리 빨리 끝장이 나버렸으면 하는 막된 심경이 되는 것이었다.
 그러나 형을 보니 가슴이 미어지는 것 같고 그렇게 오래도록 혹독한 고생을 해온 형이 가엾고 분명한 앞길은 치명뿐이라는 걸 알면서도 단 하루라도 형과 함께 이승 공기를 숨쉬고픈 아쉬움이 느껴졌다.
 "문철아, 내가 겪어야 할 고통을 모두 네가 겪었구나. 삼월부터 여태까지 네가 집안 기둥 노릇을 했어."
 "형님, 솔직히 말해서 난 무서워, 죽음이 눈앞에 다가왔는데두 천주님 감사합니다 소리가 안 나와, 형, 어떡하면 좋을까, 형수님이 날마다 타일러 주셨건만 왜 난 천주님을 좋아할 수 없을까, 예수님이 바보라는 생각이 든단 말야, 예수님이 바보면 천주님도 바보지, 안 그래? 형, 나한테 좀 가르쳐 줘, 어떻게 해야 천주님을 좋아할 수 있는거야? 응? 난 죽어서 아버지 숙부 형 다 만나고 나중에 어머니 형수 누이 아우 다 온다고 생각하면 죽음이 무섭지 않아, 그런데 나만 천주님을 못 좋아해서 만일 나만 천국에 못 간다면 난 무서워서 죽을 수도 없어, 근데 왜 난 천주님이 못마땅하고 의심스럽지? 왜 형처럼 믿고 좋아하지 못하는 거지?"
　문철의 충혈된 눈은 열에 떠 있었다. 그 아이는 진실로 절박하고 절실하게 부르짖고 있었다. 그 아이가 얼마나 애절하게 신앙을 갈구하고 있는지 중철은 가슴이 메었다.
　"됐어 문철아, 천주님께선 네 의심 네 못마땅함을 다 받아주실 거야, 네 정직함이 바로 믿음이기 때문이야, 우리는 죽어도 그분 뜻을 다 헤아리지 못해, 우리가 그분 사랑을 위해 존재한다는 것을 알 뿐이지, 그분 사랑을 전하고 퍼뜨리고 찬미하기 위해서, 종당에는 그분의 사랑이 땅 위에 가득해지겠지, 예수님이 십자가에서 죽으심으로써 복음이 전파되기 시작했듯이 이 근역땅에는 우리 천학쟁이들이 치명함으로써 그리스도의 사랑이 조선 백성을 성화하겠지."
　중철은 자신이 무슨 소리를 하고 있는지 제대로 의식할 수가 없었다. 문철의 불안을 가시게 함으로써 산 사람에겐 최대의 공포일 수밖에 없는 죽음을 잘 맞게 해주고플 뿐이었다.
　발자국 소리가 다가오면서 옥사문이 열리고 세 사람의 옥리가 들어왔다. 중철은 재빨리 문철에게 눈짓하여 나란히 무릎을 꿇고 성호경을 드렸다.
　"문철아, 천주경 서른세 번 알고 있지? 한 번에는 아기 예수 묵상, 두 번에는 두 살 예수, 세 번에는 세 살 예수… 열 번째는 열 살 예수, 스무 번에는 스무 살 예수."
　"알아 형, 천주경 서른세 번 외우면서 예수님 생애를 한 살부터 서른세 살까지 묵상하는 거, 자주 드리진 못했지만 잊진 않았어."
　"그래, 우리 천주경 서른세 번 하면서 압바께 가자."
　옥사 안에는 숙연한 적막감이 감돌았다.
　옥리가 다가와 소리없는 손놀림으로 삼밧줄의 매듭을 만들고 있었다. 두 개의 올가미 매듭이 다 고리지어지도록 나란히 꿇어앉은 형제는 미동도 하지 않았다. 옥리들은 형제를 돌아본 후 저희끼리 앉아 연초를 태우며 쉬었다. 천학이 뭣인지는 몰라도 고을이 다 알던 부잣댁 영감이 대역 부도의 죄를 쓰고 입에 담기조차 끔찍한 육시형을 당한 후 그 댁의 그 준수한 도령 형제를 교살하는 일이었다. 저마다 입이 쓰고 마음이 심히 켕기는 일이었다.

미동도 하지 않고 이따금 입술만 달싹거리던 형제가 거의 비슷하게 성호경을 드리고 눈을 떴다.

옥리들은 저희끼리 눈짓을 하고 아무 말없이, 벙어리들이 된 것처럼 중철과 문철의 목에 고리진 올가미를 걸었다. 그리고 삼밧줄의 끝을 천천히 도르래에 감았다.

7
애절한 봉헌

순이는 옥에 들어와서의 한 순간 한 순간을 온 마음을 기울여 주님께 다가가는 마음으로 보내려 애썼다. 불안과 무서움의 동굴 같은 옥살이 저편 끝에는 천주님께서 계시겠거니 믿었다. 그분께 이르는 고통의 길이라면 어떤 불편도 아픔도 견딜 수 있으리라 믿었다. 물론 견딜 수는 있었다. 견디는 수밖에는 다른 도리가 없기도 했다. 다만 예수 마리아 요셉의 화살기도에 매달려 견디는 순간들은 아픔까지도 불편까지도 아끼며 견디도록 하는 이상한 마음을 주었다. 나그네길에 불과한 차세지만 이제 머지않아 이승을 떠나 영원한 본향으로 간다 생각하니 이승의 모든 것이, 불편이나 고통의 순간조차 새삼스럽게 소중해지는 것이었다. 아픔을 견디는 일조차 지루함만이 아닌, 아끼며 눈앞의 순간들을 보내고 두려운 미지의 순간들을 맞이하고 싶은 기다림의 시간이 되는 것이었다.

처음 잡혀 왔을 때는 놀람도 컸거니와 주변이 어수선했었다. 낯설고 수선스러운 중에도 이 감옥소 어디엔가 중철이 있겠거니 싶어 자기도 모르게 두리번거리다가 주의를 듣기도 했고, 냄새나고 지저분한 옥사에 여러 사람이 함께 갇혀 불편하고 민망스러운 순간들을 지내면서도 중철은 자그마치 일곱 달째 이런 수모 속에서 지냈겠거니 싶어 왈칵 눈시울이 더워지기도 했다. 어떻게 단 한번만이라도 그를 만나 볼 수는 없을까, 먼빛으로라도 그 우뚝한 모습을 볼 수는 없을까 은연중 마음이 중철에게로만 쏠리기도 하였다. 그러나 남정네 옥사는 담장 깊숙이 들어앉은 옥사라는 말을 문철에게 들은 후로는 먼빛으로나마 보고 싶어하던 희망을 버리는 수밖에 없었다. 그 첫날 저녁은 모두들 심란했지만 할머니께서 이것저것 보살펴 주시어 그닥 절망스럽지는 않았다. 할머니는 문철과 중성에게 중죄인을 가두는 옥사가 어느 방향인가 물으셨고 항검 공 형제와 중철이 그 곳에 갇혀있느냐고 물으셨다. 할머니는 초연하셨다. 그 경황 중에도 차분하게 마음을 쓰셨다.

옥 마당을 서성거리다가 눈물 범벅이 된 얼굴을 창살 사이로 들이밀고 마님과 아씨를 외쳐 대는 노복들에게 항검 공 형제분과 지헌 당숙, 중철의 옥바라지를 아무 곳의 아무 양반께 부탁하라 이르시고 노복 중 잡혀 온 사람이 누구누구이고 어느 곳에 갇혔는가를 소상히 물으시며 옥바라지를 허술찮게 하도록 이르셨다.

밤이 깊어 한구석 맨바닥에 누우셔서는 잠이 드신 듯 기척이 없었지만 순이는 조모님이 주무시지 못한다는 것을 알고 있었다. 살집이 없이 바싹 야위신 할머니는 요의 솜이 조금만 뭉쳐도 배긴다고 거북해 하셨던 것이다. 하물며 옥사 안에는 요는커녕 짚더미도 넉넉하지 못했다. 널판쪽을 엉성하게 이어 붙인 바닥은 흙바닥의 습기를 막아 줄 뿐 거칠고 역한 냄새를 풍겼다. 할머니는 그 딱딱하고 냄새나는 바닥에서 몸도 뒤척이지 않고 신음도 내지 않으셨다. 시어머니가 그 안에서나마 잠자리를 편히 해 드리려 애쓰실 뿐이었다. 어린 아우들은 밤새 배고파, 추워, 목 말라, 오줌 마려워, 집에 가 그러며 칭얼거렸다.

그러나 다음날 조모님과 점이 시뉘와 아랫집 숙모가 풀려 나가고 아이들은 옥사 안에서의 갑갑한 생활에 싫증을 내며 보채다가는 지치고 다시 칭얼거리며 나름으로 적응해 가는지 점차 수긋해졌다. 어린 소견이지만 칭얼거려 보았자 별수없다는 걸 알았는지 얼마 후부터는 서로 툭툭 치기도 하고 더러 소곤거리기도 하는 것이었다. 섬이가 이 사람 저 사람 눈치를 보며 천주공경가를 읊조리면, 일석은 말 굼뜬 입으로 천주경을 띄엄띄엄 외우기도 하고, 누이와 형을 바라보던 일문은 질세라 성호경을 그어 보이고 기도문을 웅얼거리기도 하였다. 보리만 삶은 끈기 없는 밥과 시래기뿐의 악식이 아이들을 괴롭히기도 했지만 아이들에겐 아이들 나름의 독특한 적응성과 이해 능력이 있는 듯싶었다. 시아버지의 치명 소식에 어른들이 눈물 범벅이 되자 아이들은 더욱 조신해졌던 것이다.

시부의 치명 소식은 여러 사람의 입을 통해 갖가지로 전해져 왔다. 두섬네와 아랫집 숙모는 직접 남문 밖에 가서 보고 왔지만 그 외에도 먼 일가붙이들이 오며 가며 일러 주기도 하고 더러는 옥문가에서 저희들끼리 초남촌 대가댁 영감마님의 비보를 수군거리기도 하였다.

어느 입을 통한 것이거나 공통된 것은 칼 받으시기 전의 마지막 모습이 부처님 같았다는 것이었다.

천학 죄인으로 갇힌 상전을 보러 왔다는 한 친척집의 마름은

"사램덜이 그러드먼유. 원래 음덕을 많이 베푸셨응게 살아서 성불을 허셨는게비라구. 성불하시지 않고서야 그 시퍼런 칼 앞에서 으떻게 그리 인자스러우실 수가 있느냐고요. 또 한쪽에서는 으째 부처님겉은 어른을 저리 하는가 모를 일이람서 천학이 뭣인가 쑤군거려 쌓데유, 나리마님 죄 없으신 건 사램덜이 다 아는디 역모죄루 그리 허니까 모다덜 천학 따문인 걸 알지유. 천학이 뭣이 간디 부처님 같은 어른께서 목심을 내놓느냐고, 나랏님 다음으로 출중헌 어른이 저리 돌아가실 땐 필경 그만한 사단이 있을 것인디 그게 천학 아니겠냐고, 참말로 천학이 뭣인지 갑갑혀서 못 살겠다고 하더만유."

순이는 치명자의 피가 믿음의 씨앗이 된다는 얘기가 떠올랐다. 그
것은 중철이 일쑤 하던 말이었다. 초남에서는 시어른께 이종이 되는
윤지충 어른과 외종인 권상연 어른이 십년 전에 치명한 후 그 유해
를 거두고 유가족을 돌보며 특히 윤지충 어른의 신해일기를 스승의
도움으로 한글로 옮겨 베껴 쓰게 함으로써 신앙의 유산을 생생하게
보존하고 있었다. 항검 공 형제분과 스승, 지헌 당숙이 필사한 치명
자의 일기는 한문본, 언문본 모두가 교회 지도자들에게도 보내지고
교우들 사이에도 돌려지고 있었으며 아이들은 천자문과 함께 한글을
배우고 천자문을 떼면 바로 치명자 일기를 베껴 쓰며 익혔다. 순이
도 두 벌이나 필사해서 시부께서 상경하시는 편에 한림동 친가로 보
냈었다. 그것은 죄인지충일기라고 된 신문기와 공술기였지만 그때만
해도 전라 감영에서는 항검 공을 망귈례에까지 모시던 처지였으므로
어렵지 않게 손에 넣을 수가 있었다는 것이다. 순이는 그것을 베껴
쓰며 눈물을 참을 수 없었고 시댁 식구들의 돈독한 믿음이 치명자의
유산에 바탕을 두고 있음을 깨달았다. 특히 혼인하던 해에 새로
지은 새 사랑에는 두 분 치명자의 생전에 쓰시던 유품들과 함께 을
묘에 치명한 윤유일 어른의 서찰이며, 연경에 갈 적이면 입으셨다는
상민의 복장과 향나무 매괴가 보물처럼 소중히 간직되어 있었다. 항
검 공 형제분과 남달리 자별한 사이였던 윤유일 어른은 항검 공보다
는 여섯 살이 아래이고 관검 공보다는 일곱 살이 위여서 생전의 그
들은 삼형제분 같았다고 중철은 설명했었다. 중철은 이따금 치명하
신 두 분 당숙이나 윤유일 어른의 이야기를 들려주곤 했다. 천주학
이 자유를 얻게 되면 순교자 당숙들의 유택을 참배하자고도 했었다.
혼인할 때만 해도 일년에 한 번쯤은 서울 나들이를 할 수 있으려니
생각한 노릇이 도무지 여의치 못하다면서 좀더 좋은 때를 기다려 보
자 하였다. 사회 풍속이 여인을 사람으로 알지 않고 천주학을 사도
(邪道)로 비방하고 있지만 그것은 사람 근본을 모르는 소치이니 차

차 바른 도리가 알려지고 밝혀지면 좋은 때, 자유로운 시절이 올 것이라고 중철은 강조했었다. 그런데 바른 도리가 알려지고 밝혀지기는커녕 오히려 시아버지까지 치명자가 되어 또 다른 믿음의 씨가 된 것이었다.

아랫집 숙부에 대해서는 대체로들 별 말이 없었지만 지헌 당숙의 치명은 순교자 어른의 아우답게 장렬했다고 입들을 모았다. 당숙이지만 집에서 부를 때는 숙부라고 호칭되는 지헌 숙부는 형님이 치명한 후 천학이라면 정나미가 떨어진다고 외면해서 초남에도 오지 않다가 야고버 신부님께서 오신 후에야 세례를 받고 초남에도 내왕하게 되었다고 중철이 일러 주었었다. 항검 공과는 이종사이지만 관검 공이나 조모님과는 의붓이종, 의붓이모인 셈이어서 더욱 서먹했다고도 했다. 그러나 내왕을 튼 지 얼마 되지도 않아서 관검 공이나 조모님과의 사이가 친이종, 친이모 이상으로 좋아졌다는 것이었고 순이가 출가해 왔을 때는 고산 저구리의 본가보다 초남에 와서 지낼 때가 더 많을 만큼 고산 숙부는 한가족이나 다름이 없었던 터였다. 그 고산 당숙마저 십년 전 형님이 간 치명의 길을 바로 그 자리에서 간 것이었다.

어쩌면 그 죽음의 길은 남편도 자신도 가야 할지 몰랐다. 함께 갇혀 있는 시어머니와 시아우들, 강주 백모와 중성도 그리 될지 몰랐다. 그 길은 분명 천주님께로 통한 것일 터였다. 또한 분명 극한의 공포로 건너야 할 무시무시한 함정이 동반된 길일 것이었다. 순이는 틈틈이 기도드렸다. 순간순간의 화살기도로부터 아침 저녁의 염경기도를 간절한 치명의 원의로 바치고 틈틈이 성모님께 선종의 은혜를 전구드렸다. 치명 원의에 대해서는 식구들도 대체로 한마음이었다. 문철만은 불만스러운 얼굴이었으나 말은 없었고 중성은 열렬하게 치명을 바라고 있었다. 강주 백모님 역시 아들의 열렬함을 대견해 하며 눈물 가득한 눈으로 고개를 끄덕였다. 시어머니는 아무 말이 없었지만 치명을 거절할 분이 아니었다. 순이는 시어머니의 믿음이나 천주께 대한 공경심이 누구에게도 뒤지지 않음을 알고 있었다. 양순하고 겸손한 성품이 드러냄을 삼갈 뿐 확고한 신앙을 마음 깊이 품고 있었다.

　시어머니 신씨는 오래 지내 볼수록 여러 모로 감탄스러운 분이었다. 할 수만 있다면 고통과 서러움을 덜어 드리고 싶고 감싸 드리고 싶었다. 시어머니와 며느리라는 관계지만 어떤 다른 관계라 하더라도 시어머니는 지내 볼수록 정이 깊어지는 한결같은 성품의 어른이었다. 옥 안에서조차 신씨는 당신 자신을 염려할 겨를이 없었다. 풀려 나가셨지만 집과 재산을 적몰당해서 드난꾼들이 살다 버리고 간 움집에 기거하신다는 노마님과 딸 생각에 잠을 편히 못 자고, 치명한 장부 생각에 눈물이 마를 사이가 없었다. 두섬네 편에 세 어른의 시신을 삼북 영감이 거두었고, 전주 고을에 펼쳐진 수만 섬지기의 땅 임자가 그 아득히 넓은 토지를 모두 적몰당하고, 자기 육신 눕힐 자리가 없어 노마님이 종가 댁을 찾아가 사정하여 종중 선산의 편편한 한 귀퉁이에 겨우 유택을 마련했노라는 소식을 들은 후로는 말을 잃었다. 목은 칼로, 두 팔과 다리는 각각 달구지에 묶어 말을 달리게 하고 목을 며칠간이나 남문 누각에 매어 달았다는, 다른 누가 아닌 지아비 항검 공을 그리했다는 육시형의 광경을 뒤늦게 전해 들은 후로는 며칠 동안 밥알을 목으로 넘기지 못했다. 믿을 수도 안 믿을 수도 없는 일이었다. 전주 고을 사방 수십 리를 남의 땅을 밟지 않고 다닐 수 있는 그 도량 넓고 후덕한 장부가 그리 험하게 명을 달리하고 명을 달리한 후에는 여섯 자 몸을 누일 유택이 없어 팔순 노모가 종가를 찾아가 아들의 무덤 자리를 구걸했다는 그 참담함이 정말로 기막혔던 것이다. 그러나 쉬임 없이 흐르는 시간이란 그 어떤 절실한 아픔이나 고통도 순간마다 조금씩 밀어 놓아 간격을 벌려 놓는 법이었고, 신부인의 눈앞에는 그리 험한 치명의 길을 간 장부의 아이들이 있었다. 보고 싶다 못해 애간장이 숯덩이가 되었을 것만 같은 맏아들은 일곱 달째 솜옷과 형틀 속에서 세 번이나 바뀌고 있는 절기를 맞이하고 있었고 그야말로 금지옥엽으로 길러 혼례시킨 딸은 출가도 못 해본 소박뜨기가 되어 움집의 거지 신세가 되어 있는 것이었다.

  부인은 천주님께서 이끄시는 섭리에 머리 검은 짐승이 이러구러 불평할 자격이 없다는 건 알고 있었다. 머리 검은 짐승도 자식을 기르노라면 매도 들고 야단도 하고 자식이 엇나가면 그걸 바로잡기 위해 갖은 수를 다 쓰는데 하느님께서야 오죽하시랴 싶었다. 그저 믿고 따르면 아흔아홉 마리의 양뿐 아니라 길 잃은 한 마리 양까지 찾아 완전히 구해 주시는 그 깊은 사랑도 알고 있었다. 그러나 안다 해서 아픔이 덜한 것은 아니었다. 안다 해서 서러움이 덜어지는 게 아니었다. 오히려 알기 때문에 더 아플 수도 더 서러울 수도 있었다. 자기 자신은 치명을 해도 안 해도 그만이었다. 자신은 어찌 되어도 괜찮았다. 거기까지는 마음 쓸 여유가 없었다. 자기야 어찌 되든 팔순의 시모와 아이들이 더 이상 비참한 수모의 고통을 겪지 않았으면 싶을 뿐이었다. 아니 고통을 잘 참아 받기만 한다면 상관 없었다. 고통 언저리에 입 벌리고 있는 수많은 함정에 빠질까 봐, 그것이 근심인 것이었다. 장부가 사람으로서는 그 이상 더할 수 없는 험한 치욕 속에 명을 달리했는데 만일 남은 식구 중의 하나라도 세속 고통을 못 견뎌 배주한다면 그 서러움을 어찌 감당하랴 싶은 것이었다. 어린 아이들은 그 지옥 같은 옥살이도 나름대로 익숙해져 재롱도 부리고 어미가 시름없이 눈물에 젖어 있노라면 눈물을 닦아 주며 어미를 달래기도 하였다. 장부 생각을 해서는 어느 한순간도 견딜 수 있는 일이 아니었지만 견디지 않을 도리도 없는 것이 산 목숨이므로 신씨 부인은 아이들과 며느리와 동서와 조카를 위해 애기 장단에 끼여드는 시늉도 하고 먹고 자는 시늉도 하였다. 그 즈음 부인에게 있어

산다는 것은 갖은 시늉으로 시간을 보내는 것뿐이었다.
 구월 열이렛날 남편이 치명하고 그믐께 매장했다는 전갈을 듣고 시월로 접어든 지 엿새째 되는 날이었다.
 서울에서 의금부 도사가 내려왔다는 소문이 도는가 싶더니 그네 가족에게 결안이 내렸다. 다섯 남매와 함께 뒤 옥사에 갇혀 있는 고산 당숙모와 아이들에게도 판결이 내렸다.
 고산 당숙모는 흑산도 관비, 열다섯 살의 맏이는 제주섬, 열세 살의 차남은 거제섬, 네 살의 삼남은 해남, 그리고 두 딸은 각각 함경도 경흥과 평안도 벽동으로의 유배형이었다.
 초남의 식구들에게도 비슷한 유배형이 내렸다. 신씨 부인이 경원부 관비, 순이가 벽동 관비, 중성이 회령, 강주 백모 이씨가 위원군 관비 그리고 섬이가 거제도, 일석이 흑산도, 일문이 신지도였다.
 신부인은 유형 결안이 다 낭독되기도 전에 혼절했고 밤새 헛소리를 했다. 다음날 아이들을 떼어 데려 갈 때는 갑자기 깨어나 벌떡 일어섰다가는 기절을 하고 어린 아이들을 아우성쳐 부르며 깨어났다가 다시 정신을 잃고 죽은 듯 누워 있다가는 갑자기 외마디 비명을 지르며 소스라치곤 하였다. 그것은 볼 수 없는 정경이었고 비극이었다.
 순이 역시 마음을 가눌 수 없었다. 태어나면서부터 업어 기른 일문, 옛날 얘기를 몹시 바치던 일석, 그 사랑스럽고도 예쁜 섬이, 그 어린 아우들을 이름도 못 들어 본 섬으로 천덕꾸러기 관비 신세로 저마다 각각 귀양을 보낸다는 데는 눈앞이 캄캄했다. 말 그대로 애간장이 녹는 듯했다. 갑자기 시아우들에게의 애정이 봇물 터지듯 가슴에서 솟구치는 듯싶었다. 대체 그 어린 것들이 어찌 낯설고 물설은 머나먼 섬땅의 관비가 될 수 있을지 기가 막혔다. 차라리 식구 모두 함께 천주님께로 바로 갈 수 있는 치명을 하는 편이 낫지 않을까 하다가 그래도 그 어린 것들이 무시무시한 칼을 받기보다는 섬땅에서나마 사는 일이 나을지도 모르지 싶기도 했다. 어차피 어느 길로건 하느님 나라에 이르기만 한다면 길을 타박할 일이 아니란 생각이 들기도 했다. 그 머나먼 섬땅의 삶도 섭리일진대 사람의 지혜로 판단하지 말고 섭리에 순종할 일이로다 하면서도 자꾸 마음이 헷갈리고 목이 아팠다. 시어머니 뵙기가 민망하고 안쓰러웠다. 남은 가족끼리는 어쩌다 눈이 마주치기만 해도 새로이 애간장이 저렸다. 정신과 육신을 다 가누지 못하는 가련한 시어머니의 눈물을 보는 것은 말 그대로 억장이 무너지는 일이었다. 식구대로 얼이 빠진 채 이틀 밤이 지나가고 시월 초아흐레 아침, 옥리는 시아우 문철을 불러 냈다. 그제서야 식구들은 문철에게만은 결안이 안 내렸던 걸 생각해 냈다. 순이는 가슴이 덜컥 내려앉으면서 마지막이구나 싶었다. 어디로 데려 가느냐고 다급하게 물으니 옥리는 퉁명스럽게 형제를 한곳에 가두라는 명령이라며 뒤도 돌아보지 않고 사라져 갔다. 기진해 누워 있던 시어머니가 벌떡 일어나 앉고 중성과 강주 백모가 서로를 마주봤다.

  세상 만물이 움직임을 정지한 듯한 정적 속에 시간조차 흐르기를 멈춘 듯 더디고 느린 순간순간이 지나가고 두 형제가 옥 안에서 교수되었다는 소식이 왔다.

  시어머니 신씨는 멍하니 앉아 있고 강주 백모와 중성이 먼저 눈물을 흘렸다. 순이도 처음엔 눈물이 나지 않았다. 아무 실감이 없었다. 중철이 정말 치명했는지 알 수 없었다. 문득 잘 치명하지 못했으면 어쩌꼬 싶은 의구심이 고개를 들었다. 예수 마리아 요셉의 화살기도를 앵무새처럼 천 번쯤 거듭 뇌이고 나서야 아주 조금 마음이 진정되었다. 중성이 보기에 딱했던지 중철 형님의 신앙은 반석과 같다고 절대 염려없다고 위로하였으나 그 얘기도 듣는 순간뿐이었다.

  순이는 두섬네가 가져온 종잇조각을 받고서야 뜨거운 눈물을 흘렸다. 꼬깃꼬깃 접힌 종잇조각에는 그 낯익은 남편의 급히 흘려 쓴 필체가 지난날의 약속을 상기시켜 주고 있었던 것이다.
"누이 위로하고 권면하니 천국에서 만납시다."
거친 붓으로 아무렇게나 흘려 쓴 그 글에서 그의 부드러운 목소리가 흘러 나오는 듯싶었고 구겨진 종이에서 그의 냄새, 그의 온기가 느껴지는 듯싶었다.
이제 순이는 세상의 모든 근심이 풀리는 심정이었지만 안심이 되는 한켠으로 말할 수 없이 허전하고 막막한 서러움이 솟아났다. 이제 다시는 그리도 그리던 그 모습을 볼 수 없다는 게 거짓말 같았다. 중철이 이 세상에 없다는 것이 믿어지지 않았다.
그의 모습이 하나하나 눈앞에 어른거렸다. 그 훤칠하던 체격, 작지도 크지도 않은 눈, 반듯하고 진중한 얼굴, 부드럽고 따듯한 목소리, 그리고 그 의젓함과 자상함, 때때로 장난을 즐기던 어린애 같은 천진성, 참을 수 없게 그가 간절히 생각났다. 한 번만이라도 그 눈을 바라보고 싶고 같이 있고 싶었다. 함께 기도하고 싶었다. 병풍 너머로 들려 오던 숨소리와 기침 소리를 듣고 싶었다. 대숲 오솔길에 나란히 서서 대나무 잎새 사이로 보이는 푸른 하늘을 우러르고 싶었다.
칠팔 년 전의 어렸을 적에 갑자기 아버지가 돌아가시고 나서 노랗게 물든 은행잎을 보면서 아버지 보고픈 마음을 참지 못해 온종일 뒤란을 헤매고 아침 저녁 연못가에 앉아 물 속에 비치는 구름을 보면서 울던 어린시절로 되돌아간 듯 순이는 서러움을 참기 어려웠다. 눈물이 그치지 않고 흘렀다. 그리움도 보고 싶음도 존경심과 고마움과 지나간 시절에의 석별의 정까지 모두 눈물이 되어 흐르는 것 같았다. 소리없이 흘러내리는 눈물을 멈추지 못했을 뿐 아무 내색을 안 하면서도 순이는 시어머니 뵙기가 민망스러웠다. 그리도 장한 아들을 형제나 바친 신씨는 완전히 기진해 있었다. 어린 아이들을 강제로 빼앗기며 몇 번이나 혼절한 것이 불과 이틀 전인데 연달아 훤

횬장부의 아들 형제를 한꺼번에 바치고 나니 기운 차릴 여력이 없었다.
 강주 백모와 중성은 지성으로 시어머니를 돌보고 순이를 위로하며 같은 옥사 안의 다른 죄수들까지 돌보고 기도하고 있었다.
 잡혀 올 때 열한 명이던 식구는 이제 넷이 남아 있었다.
 얼굴 얽은 삼북 영감이 조모님의 지시로 다시 중철 형제의 시신을 거두었다는 전갈을 받으면서 순이는 두 손을 모았다. 살아 숨쉬는 듯 깨끗하고 단정한 두 형제의 시신 역시 우선은 부친과 함께 매장을 했다고 두섬네는 나직하게 속삭였다.
 "글쎄 형제분이 기도를 하셨는지 나란히 무릎을 꿇고 올가미를 받으셨다는데, 아씨, 옥리들이 모두 수런거리고 여간 난리가 아니었어요, 글쎄 형제분이 숨을 거두면서 옥 안에 말할 수 없이 향긋한 냄새가 가득 차고, 교수를 당하면 대개 혀가 빠지거나 무서운 얼굴이 된다는데 두 형제분은 금방 웃을 것처럼 온화하셨다지 뭐예요, 그 좋은 냄새는 저도 할아범도 따라갔다가 직접 맡아 보았는데 꽃 냄새 같기도하고 과일 냄새 같기도 하고 하여간 어찌나 향긋한지 뭐라 말할 수가 없었어요, 그런데 그 좋은 냄새가 글쎄 숨 거두실 때부터 어제 매장할 때까지 그냥 그대로 향긋하더라니까요, 그래서 교수 맡았던 옥리는 다시 천학 죄수 교수는 안 맡겠다 하고, 그리 좋은 향기가 나는 건 천학쟁이들이 섬기는 천주님이 진짜 하느님이라는 징표라고, 자기네도 천학쟁이 잡아 들이는 짓일랑 그만두고 천학이 뭣인지 알아 보는 게 어떠냐고 수군거린대요, 아씨, 서방님이 옥고는 길게 겪으셨지만 분명 천국에 드셨으니 이젠 그만 눈물 거두세요."
 순이는 창살 사이로 마주 잡은 두섬네의 손을 더 힘주어 잡으며 고개를 끄덕였다. 이제 중철이 곧장 치명자 반열에 들었음을 눈으로 본 듯 믿을 수가 있었다. 그 역시 치명으로 믿음의 씨앗이 된 것이었다.
 이제 자기와 시어머니, 강주 백모와 중성만이 잘 마치는 일이 남아 있었다. 드난꾼이 버리고 간 움집에서 팔순의 노구로 아들 형제의 시신을 거두고 전실의 조카 지헌의 시신까지 윤씨 본가의 일가에게 인계해 주고 다시 손주 형제의 시신을 거두고 계신 할머니와 점이 시뉘, 허리 굽고 얼굴 얽은 삼북 영감이 그 노쇠한 몸으로 온갖 일을 하는 것이 가슴 저리게 생각되었지만 섭리의 오묘한 손길에는 더욱 뜨거운 쓰라림이 느껴졌다.
 치명을 준비하던 네 사람에게 뜻밖에도 유배형의 집행이 내려진 것은 열사흗날이었다. 옥 마당가의 곱게 물든 단풍잎들이 시름없는 바람에도 힘없이 떨어져 내리던 때였다. 순이와 중성이 천학 죄인이니 참수해 달라 애원했으나 소용 없었다. 그네는 명에 따라 하릴없는 유배길을 떠나는 수밖에 없었고 치명의 꿈이 깨어진 안타까움으로 치욕의 관비 노릇을 어찌 견딜지 심히 절망하며 발걸음을 옮겼다. 아직 단풍이 남아 있는 산은 마지막 젊음을 불사르듯 고운 빛깔이었고 누렇게 탈색된 길가의 잡풀들은 구중중한 속에서도 깨끗해 보이는 구석이 있었다. 바람이 불 때마다 나뭇잎들이 무더기로 떨어져서 무더기로 불려 다녔다. 야트막한 서산마루에 걸린 해는 꺼져 가는 화롯불처럼 스산하였다. 그리고 그 저녁 그네 일행의 발걸음은 되돌려졌다. 대역 부도 죄인의 가족으로 연좌되어 관비 유배형을 받았던 것이 새로이 천학 죄인이라는 죄목이 추가되었던 것이다.
 그것은 네 사람 모두 마음 깊이 소망한 일이었다. 천민의 귀양살이로 목숨을 부지하기보다는 치명으로 신앙을 증거하고 항검 공과 중철 형제를 뒤따르는 편이 나으리라 여겼었다. 그러나 백여 리 길을 걸은 끝에 죄수의 신분으로 감시와 조롱을 받으며 주막에서 하룻밤을 묵고 다시 백여 리 길을 걸어 감영으로 되돌아온 그네들은 몹시 지쳐 있었다. 특히 신씨 부인은 포승에 묶인 채로 중성에게 업혀서 돌아왔다. 세 사람과는 달리 신부인 마음 한구석에는 천민의 관비로나마 살아 남는다면 아직 젖도 안 떨어진 일문을 비롯한 어린 삼남매를 언젠가 만나 볼 수 있는 것은 아닐까, 설마 그 어린 것들을 생나뭇가지 찢어 내듯 어미 품에서 떼어 간 이대로 끝장을 볼 수야 있는가, 어쩌면 살아 남는 길이 열리고 그 어린 것들을 귀양지에서 구해 내올 길이 열릴지도 모르지, 실낱 같은 희망을 품어 온 것이었다. 그 실낱 같은 희망이나마 완전히 끊긴다는 절망은 세 살짜리 어린 것을 품에서 뺏긴 어미만의 것이었다. 더욱이 삼십 중반을 살아 오도록 먼 길을 걸어 본 경험이 없는 부인이었다. 이웃 마을이나 읍내에 출타를 하더라도 가마를 타던 신분이었다. 이젠 정말 마지막이라는 절망 속에 백여 리 길의 왕복 걸음은 부인을 녹초로 만들었던 것이다.

 그러나 귀양길에 되잡혀 온 일행은 극도의 피로 속에서 다시 신문을 당하고 곤장을 맞았다.

 순이의 다리는 걸음품만 팔았던 이틀의 노고로 이미 붓고 멍지고 부르터서 터져 있었으며 그 육신의 절박한 아픔은 생소한 것이었다. 곤장이 내려쳐질 때마다 정신이 깜박깜박했다. 이가 딱딱 마주치기도 했다. 자기도 모르게 비명 같은 신음이 새어 나가는 것 같기도 했다. 왈칵 눈물도 솟았다. 순이는 자기도 모르게 어머니를 불렀다. 어머니에 이어 예수 마리아 요셉을 불렀다. 그리고 그녀는 감은 눈 속에서 환한 빛을 보며 느끼고 있었다. 그녀는 그 빛 가운데 있었다. 점차 아픔도 수치감도 시끄럽고 험한 외침 속의 주변 소음도 멀고 아득하게 여겨졌다. 곤장 서른 대를 맞으면서도 한 마디 비명이나 신음조차 없는 독한 계집이라 하여 다시 발가락을 부서뜨리는 고문이 가해졌으나 순이는 그 아픔조차 아득하였다. 감은 눈 속의 훤한 빛이 멀어졌다 가까워졌다 하면서 점차 형체를 드러내고 있었고 그녀는 마음 깊이 감탄하였다. 머리 속으로 가슴 속으로 환하게 흘러든 그 빛은 다름 아닌 까마득하게 지나간 저 어린 날 성체를 처음으로 모실 때, 야고버 신부님의 가슴에 둥그렇게 비치던 그 빛이었던 것이다. 무어라 말할 수 없이 환하면서도 포근한 그 빛은 성체를 모시고 들어오시던 어머니의 가슴에서도 오라버니의 가슴에서도 빛났었다. 야고버 신부님의 가슴은, 아니 잔등까지도 내내 그 환한 빛으로 빛나고 있었다. 순이는 이제 눈만 감으면 머리 속이 환했고 그것은 그녀가 성체 안에 그리스도와 함께 존재하고 있다는 실감이었다. 부서진 발가락이나 살이 터진 다리는 별반 아프지 않았다. 견딜 만하게 쑤시다가 조금 심하게 쑤시다가 어느 결 잊을 만큼 대단치 않았다. 참수 결안에 수결을 한 후로는 상처조차 금세 아물어 옥리들은 순이를 슬슬 피하거나 수상쩍게 흘끔거리기도 했다.

  순이는 시어머니 신씨에게 마음이 쓰여 자신의 상처보다는 언제나 먼저 신부인부터 살피고는 했다. 곤장 맞은 후로는 모두 온몸을 짓누르는 칼이라는 형틀을 쓰고 있었으므로 수족이 제대로 놀려지지 않았다. 시어머니가 풀썩풀썩 혼절을 해도 옥리를 소리쳐 부를 수 있을 뿐 아무것도 해드릴 수가 없었다. 하지만 신부인은 남달리 자주 정신을 잃은 탓에 서른 대의 매를 다 맞을 수가 없었고, 그 외의 다른 고문도 감면되었다. 그러나 의식을 잃으면 헛소리로 일문을 부르고, 잃었던 의식을 찾을 때 또한 섬이와 일석을 아우성쳐 불러 댔다. 때로는 나란히 무릎꿇고 이 세상에는 없는 좋은 냄새로 옥 안을 가득 채우면서 꽃같이 세상을 떠나갔다는 소문을 남긴 장성한 아들들을 부르기도 하고 움집의 거지 신세가 된 큰딸을 찾기도 했다. 신씨의 모양새는 보기만 해도 목이 아프고 눈시울을 젖게 했다. 사람이 저리 애통절통하면서도 살 수가 있는 것인가 싶을 지경이었다. 순이는 시어머니를 위로해 드릴 말을 찾을 수가 없었다. 어떤 위로의 말도 신씨의 슬픔 앞에서는 섣부른 짓거리일 듯싶었다. 할 수 있는 것은 오로지 기도뿐이었다. 시어머니가 애통절통해 하시는 이상으로 함께 아파하시는 그리스도께 행여 시어머니께서 포기의, 거절의 결정을 하실까 봐 애가 쓰였다. 신부인의 신앙을 알고 있지만 그 괴로움의 깊이란 어느 인간도 감당 못할 것이란 생각이 들고 그러면 절박하게 위태로움이 느껴지곤 하는 것이었다. 그러나 신부인은 며칠이 안 가서 평온을 되찾았다.

"사램은 뭣이고 장담은 못 허는 것인가벼, 오죽헌 인사가 배교를 허는 것이제 혔는디, 내도 허것드랑게, 천헌 관비 혀서라도 철모리는 어린 것들 살려 내올 수만 있다면 혔을 것이구만, 그것들 진짜로 살려 내올 수 있는 어른이 한분 예수님뿐이라는 생각은 깜깜이 잊어버리고, 내 목심 살면 꼭 내가 살려 낼 것만 같아 같고, 아이고 으째 머리 검은 짐승 소갈머리는 그리 밴댕이랑가, 그저 그것들만 눈에 삼삼혀서 암 생각도 안 나고, 정신채리고 봉게 살아 있는 것이 무섭고만이라, 아가야, 내 본심은 치명하는 것잉게 나가 혹간 넋빠진 소릴 해쌓걸랑 너가 내를 일깨워야 헌다잉, 성님도 이 오죽잖은 동서를 잘 인도해 주시고, 중성이 너도 꼭 좀 내를 일깨워 달라고, 알았쟈?"

시어머니가 그렇게 포기가 아닌, 완전한 순종의 자세로 섭리를 따르고 날은 급격히 싸늘해져 갔다.

옥 안의 생활은 조용하고 담담했다. 추워지는 날씨 탓인지 세상이 조용해진 것인지 새로 붙들려 오는 죄인도 얼마 없었고 옥리들은 조반 때 형틀을 풀어 주면 저녁까지 그대로 두기도 하고 이틀씩 사흘씩 씌우지 않기도 했다.

순이는 틈틈이 서찰을 썼다. 잡혀 들어와서 간단한 사연을 서울에 띄우고 다시 믿을 만한 인편에 어머니께 올리는 글을 보내 두었다. 그러나 그것은 중철이 치명하기 전이었으므로 아마 그후의 소식이 궁금하여 어머니는 애를 태우실 것이었다. 순이는 모든 소식을 소상히 적어 보내는 외에도 이것이 마지막 글월이거니 싶어 살아 온 모든 날들을 두루 돌아보며 정리하는 심정으로 붓을 들었다.
 서울을 떠나 올 때는 햇수로 사 년이 흐르도록 지친을 못 만나게 되리라곤 생각지 않았었다. 보통 유림의 반가라면 여식이란 출가외인이요 삼종지도의 여필종부로 칠거지악을 피해 시댁 귀신 되는 것이 의무요 도리겠지만 양가가 모두 개명한 천학 집안이었으므로 적어도 일년에 한 번쯤은 친정에 다녀 올 수 있으려니 했던 것이다. 시아버지 항검 공도 남편 중철도 의당 그래야 할 것으로 전제했었다. 다만 시국이 어지러웠다. 새각시가 먼 나들잇길을 떠날 수 있을 만한 안정된 세월이 오지 않았다. 특히 천학에 대한 탄압은 어진 임금이 만류함에도 불구하고 곳곳에서 교묘하고 교활하게 자행되었던 것이다. 천학쟁이는 비록 양반이라 해도 아무리 억울한 일을 당해도 호소할 곳이 없었고, 무조건 천시당하고 배척당하기가 예사였다. 결국 탄압이 누그러지고 천주교에 대한 오해가 풀려 자유로이 신앙을 봉행하는 좋은 시절이 오면 서울 나들이뿐 아니라 치명자 유택 참배도 하고 교회 지도자도 찾아뵙기로 약속을 미루어 두었다. 어느 때고 좋은 시절이 오면 기꺼이 그리할 수 있으려니 생각했었다. 그러나 이제 그 좋은 시절은 바랄 수 없게 되었다. 혹 하늘이 무너져서 그러한 좋은 시절이 온다 해도 이제는 이미 남편도 시아버지 항검 공도 아니 계시는 세상이었다.
 생각하면 흘러간 사 년의 초남 생활은 참으로 평화로운 은총의 나날이었다. 아쉽도록 짧은, 햇수로는 사 년이요 만으로는 삼 년의 세월이었지만 순이는 사람살이의 즐겁고 기쁘고 고단하고 소중한, 어느 무엇과도 비길 수 없는 알뜰한 삶의 진수를 골고루 맛본 느낌이었다. 다시 살 기회가 새로이 주어진다 해도 살아 온 그대로를 똑같이 반복해 보고 싶을 만큼 남편과 초남집 식구들과의 만남은 은총의 선물이었다.
 순이는 그 지나간 세월을 반추하며 조금씩 편지를 썼다. 군란을 만나면 그 풍파를 소상히 기록하라던 야고버 신부님 말씀을 떠올리며 때로는 눈물 속에 때로는 하염없는 추억에 젖어 붓을 움직였다. 시어머니 신씨는 사람이 달라진 듯 온종일이 지나도 말이 없는 목석처럼 아무 감정 표현 없이 기도만으로 지내고 있었고 중성 모자는 기도하는 틈틈이 죄수 누구나의 손이 되어 주며 고통 속의 서러운 사람들과 마음을 나누고 있었다.

며칠에 걸쳐 조금씩 써내려 간 편지를 봉해 두고 마땅한 인편을 물색하느라 애써 보았으나 서찰을 맡길 만한 사람은 눈에 뜨이지 않았다. 두섬네는 순이 일행이 귀양길에 올랐던 이후 자취가 없었고 얼굴 얽은 삼북 영감은 조모님의 수족과 같아서 사람을 믿을 수는 있었지만 너무 빤한 가솔이라 그만큼 위험도 컸다. 세상이 쑥밭이 된 터에 서울까지의 인편을 구해 낼 수 있을지도 미심쩍었다.

노복들이나 행랑 사람들, 또한 일가붙이들도 대개 순이 일행이 중도 폐지당한 유배형 받던 무렵 참수되거나 귀양 보내졌으므로 옥 주변에는 낯익은 얼굴들조차 드물어진 형편이었다.

두섬네와 함께 가장 자주 상전을 찾던 보위 댁네 역시 서방은 치명하고 아낙은 청주로 귀양갔으며 중이, 철섬 모두가 남정네들은 치명하거나 자취를 감추고 댁네들은 각각 의령과 충주로 유배되었다는 것이었다.

삼북 영감의 말에 따르면 두섬 역시 종적이 묘연하고 두섬네는 수안인가 하는 이름도 못 들어 본 벽촌으로 유배되었다고 하였다. 수완이 좋아선지 인물이 좋아선지 옥리들도 두섬네 청이라면 마다하지 않아 영감마님 시신이나 서방님과 도련님 시신도 수월히 거둘 수 있었고, 노마님께도 움집에서나마 진짓상을 잡숫도록 보아 올리며, 먼 부락의 일가 댁까지 찾아가 침구도 얻어 오고 옷가지며 가재도구, 양곡들을 얻어다가 그 나름으로 웬만한 불편 없이 지낼 만하게 모셨는데 그 두섬네마저 귀양을 갔다는 것이었다.

삼북 영감이 어눌하게 늘어놓는 하소연 겸 설명 끝에 신씨 부인이 오랜만에 미간을 좁히며 물었다.
"그럼 이 좁쌀도 두섬네가 비럭질을 해다 둔 것인가?"
"아닙지요 마님, 두섬 댁이 구해 온 것은 벌써 다 없어지고, 쇤네가 사돈 댁에 갔습지요, 인근에선 이제 낟알이라곤 손벌려 볼 데가 없구 양곡보다 시급헌 것이 밥뜨기였습죠, 두섬네가 잡혀간 뒤로 점이 애기씨가 물일을 허시는디, 하 민망하고 애처로워서 외갓댁에 가면 몸종이야 내주시겠지 싶어 먼 길을 무릅쓰고 밤을 낮삼아 걸었습지요, 마츰한 계집종을 내주시고 양곡하고 건건이도 후히 내주시어 당분간은 걱정이 없구만요."
그럭저럭 동짓달도 기울어 가는 어슬녘이었다. 삼북 영감이 가져 온 좁쌀밥과 무짠지로 입치레를 하고 네 사람이 각기 상념에 젖어 다시 살아 나가게 될지 모른다는 소문을 생각하며 과연 치명을 할 것인지 버러지 같은 목숨을 잇게 될 것인지 두런거리고 있을 때였다.
옥문이 슬며시 열리고 한 아낙이 들어왔다. 아낙은 반가의 부인 복장으로 죄를 지어 붙들려 온 모양새가 아니고 죄수를 찾아보러 온 듯 싶었는데 옥리는 문만 열어 주었을 뿐 아무도 부르지는 않았다.
"어머 두섬네, 두섬네가 틀림없지?"
상민 복장을 벗어 버리고 반가의 얌전한 댁네 복장을 한 두섬네를 순이가 먼저 알아보았다. 중성도 거의 비슷하게 알아보고 물었다.
"그 같은 복장을 하고 귀양지에서 도망질을 했는가? 설마 배교를 하고 풀려 나오는 길은 아닐 테지?"
시어머니와 강주 백모는 입만 딱 벌리고 두섬네는 우선 눈물부터 닦으며 신부인과 백모, 순이에게 구부리고 앉은 채 인사부터 드렸다. 그리고는 한동안 입을 열지 못하고 흐느끼다가 그 특유의 조용조용한 말투로 얘기를 털어놓았다.

서방이 나졸들에게 매맞아 죽고 두섬네는 들어 보지도 못한 수안이라는 벽촌으로 귀양을 떠났다는 것이었다. 사흘을 걸어 첩첩산중의 귀양지에 닿았으나 그녀는 그 밤 호환을 당했다. 아니 호환을 가장한 납치, 아녀의 재가가 금지된 사회에서 흔히 벌어지던 홀아비가 과부를 업어 가는 보쌈을 당했던 것이다. 홀아비는 가난뱅이였으나 서얼 출신의 하급 무관이었다. 보쌈당한 두섬네는 어엿한 무관의 내실마님이 되는 셈이었다. 홀아비는 천학쟁이 잡느라고 순라병들이 조선 팔도에 가득히 퍼져 있으니 당최 도망질할 생각은 말라 하였다. 유배오는 아낙 죄수 중 눈에 드는 댁네를 보쌈하기로 다 밀약이 되어 있은즉 관아에 고명을 해도 소용이 없다는 것이었다.

 두섬네는 체념하였다. 어찌 해볼 수 없는 팔자거니 생각하였다. 그러나 잠을 이룰 수 없었다. 밤마다 가위에 눌리며 식은땀을 흘렸다. 홀아비는 무던한 성정의 사람이어서 두섬네를 여러 모로 안위시키고 다독거려 주었다. 그러나 밥알이 목을 넘지 않고 설핏 잠이 들면, 배교하라는 나졸들에게 오히려 천학을 믿으라고 들이대며, 영감마님과 서방님이 치명하고 집안이 쑥밭이 된 울분으로 분통을 터뜨리다가 약이 오른 나졸들의 매에 풀썩 숨지고 만 서방 두섬의 원망하는 환영이 보이곤 했다. 아무리 천한 불쌍것의 종자라 해도 살 섞고 산 내외지간에 삼 년 거상은 못할지언정 어찌 한 이레도 안 지내고 다른 서방의 아낙이 되랴 싶었다. 그야말로 짐승이 아닌 바에야 그럴 수는 없는 노릇이었다. 옥 안에 갇힌 가족들과 움집에 기거하시는 노마님 모습도 충직하던 두섬의 얼굴과 함께 걸핏하면 눈앞에 어른거렸다. 자기가 없이는 단 하루도 연명을 못할 어른들이었다.

 홀아비는 심성이 무던해서 밤마다 가위 눌리며 식은땀 흘리는 두섬네를 동정하였고 일년은 너무 길지만 석 달 열흘은 참을 수 있을 터이니 각 방을 쓰자 하였다. 석 달 열흘 각 방을 쓰면서 푸닥거리라도 해주면 치명한 전 서방의 원혼도 한을 풀리라는 것이었다. 두섬네는 궁리 끝에 용기를 내어 석 달 열흘간 각 방을 쓰고 푸닥거리를 하는 대신 전주로 보내 주면 전 서방의 시신도 찾아 거두고 상전들에게도 양해를 받아 오겠노라 청하여 허락을 얻어 냈다는 것이었다. 홀아비는 수없이 다짐을 한 끝에 전주 사는 친척 아전에게 내실 부인이 친정일로 나들이를 떠나니 보살펴 달라는 서찰을 써 주고 가마까지 마련해 주어 두섬네는 어엿한 반가의 부인 신분으로 옥 안에 들어왔다는 것이었다.

그로부터 두섬네는 쓰개치마로 얼굴을 가리운 반가의 부인 신분으로 옥을 찾아오기도 하고 예전의 상민 복장으로 밥함지를 이고 오기도 하였다. 더러 두섬네를 알아보고 고개를 갸웃하던 옥리들은 배교하고 풀려 난 아낙이려니 여기는 눈치였다. 순이는 옥에서 틈틈이 쓴 서찰을 두섬네에게 맡겼다. 어느 누구에게 맡기는 것보다도 두섬네에게 맡겨 두는 것이 그 중 믿음성이 갔던 것이다. 마음과 얼굴은 고우나 팔자만은 참으로 기구하다고 아니할 수 없는 두섬네에게 순이는 동기간 같은 정을 느끼고 있었다.

가뭄이 심하던 신유의 겨울은 혹독하게 추웠다. 한두 번 내린 눈이 응달에서는 그대로 얼음이 된 채 녹을 줄 몰랐다.

형틀을 쓰고 거북한 고개로 내다볼 수 있는 옥 마당에는 옥졸들이 이따금 모닥불을 놓는 자리의 검은 재에 얼룩진 흙이 보였다. 그 흙빛깔이 전에 없이 싱그러워 보였다. 마당가엔 전에 내린 눈이 을씨년스럽게 얼어붙어 있었다. 새로운 죄수가 별로 없는 옥은 한적했고 신문이나 고문도 없어 절간처럼 조용했다.

순이 일행은 식구 외엔 다른 죄수가 없으므로 자유로이 기도 생활을 할 수가 있었다. 얘기도 대부분 천국 얘기뿐이었다. 그네들은 차디찬 옥 바닥에서 몸을 얼리며 땅에서 나는 음식을 먹고 땅 위의 공기로 숨을 쉬고 있었으나 마음은 모두 천국에 맡기고 있었다. 추위도 거북함도 아픔조차도 제대로 느낄 줄 몰랐다. 온 정신이 천국에

쏠려 있는 탓이었다.
 이렇게 집행을 오래 끌다가 결국 치명으로 하느님 사랑을 드러내지 못하고 버러지 같은 목숨을 이어 가는 수밖에 없나 보다고 걱정을 하다가도 어느 길이건 하느님 사랑을 드러낼 수만 있다면 상관없지 않겠느냐고까지 각오하게 되었다. 엄동의 지루한 옥살이 속에 오직 섭리만을 따르려는 순종의 마음이 되어 있었다.
 눈이 내리면서 포근하게 풀렸던 날씨가 바싹 추워지면서 냉한 햇살이 비치던 섣달 스무여드레였다.
 옥리들이 네 사람을 차례로 호명하며 칼을 벗기고 밖으로 나가라 했다. 네 사람은 담담히 마주보았다. 참수의 결안장에 수결을 한 것은 한 달도 더 전의 일이었다. 눈부신 햇살에 현기증이 일고 맵고 독한 바람에 숨이 막히는 듯싶었다. 그러나 그 독한 추위, 그 어지럽게 부신 햇살이 말할 수 없이 상쾌하고 소중했다.
 네 사람은 나졸이 시키는 대로 비틀거리며 숲정이까지 걸었다. 나무가 우거져 숲정이라고도 하고 숲머리라고도 하는 그 곳은 외지고 적막했다. 앙상한 나뭇가지들은 눈얼음에 덮여 있었고 여기저기 보이는 나무 끝의 까치집들은 다정해 보였다. 멀리 중바위산이 바라보였다. 하늘은 겨울답지 않게 파랗고 그 아래 둥그스름한 중바위산은 의연하였다. 그 엄동의 혹한에도 구경꾼들은 하얗게 몰려나와 형장을 에워싸고 있었다. 살을 얼리는 공기는 따갑도록 찼으나 바람은 잠든 듯 고요하고 잎새를 떨군 앙상한 나뭇가지 사이로 비치는 햇빛은 형용할 수 없는 아름다움을 느끼게 했다. 눈에 보이는 그 모든 것, 하늘과 산과 남아 있는 눈과 앙상한 나뭇가지들과 구경꾼들과 햇빛과, 보이는 모든 것들이 이제 다시는 볼 수 없는 이승의 마지막 풍경이었다. 순이는 순간적으로 한림방의 오얏나무들과 북촌의 근화나무들이 생각났다. 어머니보다도 어느 누구보다도 하필이면 왜 그 나무들이 보고 싶어지는지 모를 일이었다. 하느님 아버지를 알기 위해 세상에 태어나고 그분의 사랑을 배우면서 그리스도를 만나러, 그 분의 품을 향해 떠나가는 길이라 하더라도 세상과 작별을 해야 한다는 것은 역시 목이 아픈 서러움이었다. 세상 모든 것이 그대로 다 있는데 천주님을 믿고 섬긴 자기들만이 천주님을 믿은 죄로 세상에서 쫓겨나듯 죽임을 당해야 한다는 것이 정말로 천주 섭리에 틀림없는가 싶기도 했다. 느닷없이 예수께서 왜 세상은 산 사람의 것이라 하셨는가도 불현듯 알 수 있을 듯했다. 하늘과 땅과 물과 바람과 모든 좋은 것들과 다정한 사람들이 살고 있는 세상은 당연한 얘기지만 살아 있을 때에만 그들 속의 한 구성원으로 동참할 수 있는 세계인 것이었다. 목숨이 사라질 때 그 세계는 아무 의미가 없는 것이었다. 목숨을 가졌을 때에만 이 너르고 신기하고 수많은 사람이 함께 살아가는 세계는 존재하는 것인 것이다. 그 세상을 두고 비록 천국으로 간다 해도 떠나기는 아깝다는 심정을 순이는 부정하기 어려웠다. 죽음의 길을 떠나면서야 비로소 삶의 길이 얼마나 소중한 것인가 깨닫는 심정이었다.

　한 마리 소리개가 공중을 휘휘 돌다 멀리 사라져 가고 순이는 맨 먼저 불려 나갔다. 구경꾼들이 잠시 웅성거렸다. 그들은 대부분 서울 왕손댁의 지체 높다는 아씨, 선녀보다 곱다고 드높이 소문났던 초남촌 대가댁 며느님을 보기 위해 추위를 무릅쓰고 나선 길이었다. 사람들은 입을 다물고 숨을 죽였다. 그만큼 남루한 행색의 순이는 말할 수 없이 고즈넉한, 정결한 기품을 지니고 있었다. 풀어 내린 머리칼이 조금 흩어지고 넉 달간의 오랜 옥살이를 견딘 옷이 낡고 더러웠으나 길고 가냘픈 목과 반듯하고 단아한 얼굴은 거룩하였다. 순이는 천천히 하늘을 우러르고 시선을 내렸다. 망나니가 옷을 벗기려하자 그녀는 조용히 손짓으로 말리고 스스로 겉저고리를 벗었다. 그리고 마지막으로 예수 마리아 요셉을 부르며 머리를 내밀었다.

　잠시 후 순이의 목에서는 하얀 피가 솟구치며 흘러내렸다. 그걸 본 망나니가 우두망찰을 해 칼을 떨어뜨리며 주저앉았다. 구경꾼들은 입을 딱 벌렸으나 소리는 내지 못했다. 흰피톨만의 하얀 피에 젖은 순이의 모습은 사람 생명이 끝난 시체가 아니라 새로이 또 다른 생명이 시작되는 생명체처럼 너무나 놀랍고 두렵고 색달랐다. 당황한 포졸들이 주저앉은 망나니를 끌어 내며 다른 망나니들을 다그쳤고 망나니들은 서둘러 중성과 신씨, 중성의 모친 이씨의 순서로 칼을 휘둘렀다. 세 사람은 차례로 붉은 피를 흘리며 순이를 따랐다.

햇살은 무심하도록 투명하고 잎새를 떨군 앙상한 나뭇가지가 어우러져 있는 겨울 숲은 적막하였다. 그리고 흰 피와 붉은 피의 치명 현장을 보고 있는 두섬네의 눈에서는 무색의 눈물이 소리없이 흘러내렸다.

봄은 또 오고 있었다.
근화가 유난히 많은 서울 북촌 산기슭에는 성급한 진달래가 발긋발긋 망울을 부풀리고 있었다. 아직 바람은 싸늘했다. 토방 뒷문을 열고 산을 내다보던 권부인은 뒷문을 닫고 다시 자리에 가 누웠다.
"어머니, 다 썼습니다. 그런데 글씨가 누님의 것처럼 단정하지 못합니다."
막내 경언이가 베껴 쓴 서찰의 먹물이 말랐는가를 눈여겨보고는 누워 있는 권부인에게 가져다 보였다.
"저도 벌써 다 썼지만 저 역시 형님 글씨만큼 반듯이 쓰지는 못했습니다."
차남 경중 역시 필사를 끝내고 묵묵히 아우가 다 쓰기를 기다렸다가 베껴 쓴 서찰을 권부인에게로 내밀었다.
부인은 삼베 천에 베껴 쓴 아들 형제의 글을 찬찬히 살펴보았다. 두 아들 모두 글씨체가 좋았다. 매끄러운 종이가 아니고 껄끄러운 삼베에 쓴 걸 생각한다면 대견한 필체였다.

경도와 순이가 치명함으로써 지봉 종손가에서 파양을 당한 일가는 한림동집에서 쫓겨나야 했고, 그네는 잠시 윤하 공의 생가 형제에게 신세를 졌다. 그 댁도 박해로 거덜이 났지만 양근의 권씨 친가 쪽도, 며느리 홍씨 친가 쪽도 환란으로 엉망이 된 터라 달리는 신세질 친척조차 없었던 것이다. 그러나 살던 집을 빼앗기고 임시로 마련한 그 댁의 거처에서 두 집 식구가 지내기는 몹시 비좁아 추위가 웬만큼 풀리자 권부인은 북촌 산기슭의 허물어져 가는 초가집으로 옮겨 앉았다. 불과 한 이레 전의 일이었다.

맨몸으로 경중이, 경언이 형제와 며느리, 손녀를 앞세우고 쫓겨나면서 부인은 경도와 순이의 서찰을 치마허리 속 깊이 간직했다. 섣달 스무엿새에 장남 경도가 치명하고 스무이렛날 이암의 소생이면서 녹암에게 양자 입적한 친정조카 상문이 순교하고 스무여드레에는 순이가 치명했다. 사흘에 걸쳐 부인은 아들과 조카와 딸을 잃은 것이었다. 아니 천국으로 먼저 보낸 것이었다. 천국으로 먼저 보냈다 해도 육정으로는 애간장이 저렸다. 천주님 앞의 영광인 치명을 권부인은 아무리 해도 눈물 없이는 받아들일 수가 없었다. 그리고 지봉 종손가에서는 그 맹독한 추위 속의 섣달 그믐에 그네 식구를 내어 쫓았다.

권부인은 아무 원망도 미움도 없었다. 남은 아들 형제와 경도의 핏줄인 손녀 귀비, 그리고 군란에 친정 동기간과 남편을 잃고 얼이 빠진 며느리를 어찌 굶기지도 얼리지도 않을까 그것만이 걱정이었다. 부인은 담담하게 십여 년 전에 장독으로 치명한 이암 오라버니를 생각하고, 그리 의좋던 처남을 뒤따르듯 세상을 떠나간 남편 윤하 공을 생각하고, 육신은 곱사등이에 절름발이였으나 영혼만은 누구보다 온전했던 맏아들과 동정과 치명으로 애절한 봉헌을 한 둘째 딸 순이 내외를 생각했다. 그리고 초가집이나마 다리 뻗고 지낼 처소가 마련되어 맨몸의 새 생활이 시작되자 경중 형제에게 치명자들의 서찰을 베끼게 한 것이었다. 베껴서 보존할 목적이 아니라 그것으로 글공부와 신앙 공부를 시키자는 뜻이었다. 아니 아우들에게 베껴 쓰게 함으로써 말할 수 없이 보고 싶은 맏아들 경도와 기묘한 동정 혼배의 출가를 시킨 후, 내내 마음 졸이며 그리워한 딸의 체취를 느끼고 싶었다. 그래서 비싼 한지를 구할 방도가 막막해 삼베 조각을 베어 주었던 것이다. 삼베는 몇 번이고 먹물을 빨아 내고 다시 글씨를 쓸 수 있으므로 가세가 넉넉지 못한 선비들은 대개 그 방법으로 글 공부를 하고 있었다.

"다 썼으면 쓴 것을 각각 읽어 보도록 해라."

권부인은 일어나 앉으며 일렀다. 형제는 잠시 서로 먼저 읽으라고 하더니 막내 경언이 쓴 것을 펴들었다. 경중은 맏형 경도의 유일한 옥중 서간문을 베껴 쓰고, 막내 경언은 순이가 하옥되면서 보내 온 첫 편지를 베껴 쓴 터였다.

「어머님께

어머니, 요즘 일어난 일을 다 말씀드릴 수 없으나 4년 전 슬하를 떠나 온 어머니께 몇 자 소식을 올립니다. 비록 제가 죽는 지경에 이르러도 너무 슬퍼하지 마시고 천주님의 성총만을 기억하소서. 치명의 은혜를 감사해 주소서. 어머니의 여식인 제가 치명한다면 그것은 주님께서 특총을 내리시어 이 쓸데없는 자식을 진실되고 보배로운 자식으로 만드시고저 하심이니 천만 번 바라옵건대 지나치게 서러워 마십시오. 차세를 꿈같이 여기시고 영세를 본향으로 알며 지내시다가 영원한 천국에서 어머니를 기쁘게 맞도록 해주세요.

오라버니께서도 하옥이 되셨다니 어머니 심정이 어떠하실지요. 진실로 주님의 총우에 감사드립니다. 부디 경중, 경언 형제와 형님 형제를 의탁하시고 경도 오라버니와 소녀는 생각지 마옵소서. 충주 경이도 데려다 지내소서.

슬하를 떠나온 지 4년에 이리 되어 망극한 감회를 다 말씀드릴 수 없으나 모든 것이 천주 섭리이니 천국에서 모녀의 정을 온전히 잇게 되길 바라옵니다.

새언니, 너무 서러워 마세요. 오라버니가 돌아가신다 해도 진실로 영광 된 남편을 가진 것이니 순교자 아내 되심을 경하드려요. 이 세상에서의 혈육이나 부부가 영원의 나라에서 같은 반열에 올라 영세를 즐기면 얼마나 좋겠습니까. 제가 죽은 뒤에라도 전주의 제 시댁과 관계를 끊지 말고 제가 있을 때와 같이 해 주십시오.

제가 시댁에 온 후, 마음에 세웠던 원을 어떻게 보전할까 근심했지만 우리 내외 처음부터 똑같은 원의를 맹서하고 4년 동안 오누이처럼 지냈습니다. 그 사이 거의 열 번이나 무너질 뻔했지만 성혈 공로로 유혹을 물리쳤지요. 어머니께서 저의 일을 궁금해 하실 것 같아 말씀드리니 이 글월을 소녀 대하듯 받으시옵소서.

아무 결정도 안 내려진 지금 글월 올리는 것은 경솔한 짓이지만 어머니께서 몹시 걱정하실 것 같아 우선 간단히 알려 드리는 것입니다. 야고버 신부님께서 풍파를 자세히 기록하라 하시어 문철 아우 편에 공초 기록을 보냈는데 받으셨는지요? 어머니, 부디 근심 마시고 차세보다 내세를 생각하소서. 드릴 말씀 한없이 많으나 이만 줄이옵니다.

신유 구월 스무이레
여식 재배상서」

경언이 읽기를 마치고 물러앉았다. 맏형 경도의 부드럽고 굵은 목소리와 비슷하게 변성이 되고 있는 막내는 몇 번이나 읽다 멈추고 읽다 멈추고 하면서 감정을 삭이곤 했으나 권부인은 아무 내색이 없었다. 권부인은 이미 순이의 그 첫 글월을 훤히 외우고 있었다. 한마디 한마디에 새겨진 명을 달리한 딸의 가상한 마음은 부인에게 언제 어느 때나 위로가 되고 기쁨이 되고 놀라움이 되었다. 자식이지만 어찌 그리도 참했던고, 어찌 그리도 온전했던고, 저절로 경탄이 우러나오는 것이었다.

"어머니, 이젠 형님의 글월을 읽어 볼까요?"

치명한 누이 글월에 눈시울을 붉히고 있던 경중이 감정을 누르듯 목을 가다듬으며 물었다. 부인이 고개를 끄덕였다.

경중이 삼베에 쓴 글월을 펴 들었을 때 며느리 홍씨와 손녀 귀비가 들어왔다. 꿰맨 옷을 가져다 주고 바느질감을 맡아 가지고 돌아온 길이었다.

홍씨는 시동생이 들고 있는 것이 남편의 마지막 편지 필사한 것임을 알자 귀비를 조용히 할머니 앞에 앉히고 자신도 뒤로 앉으며 어서 읽으라는 눈짓을 했다. 홍씨는 시동생들뿐 아니라 귀비에게까지 남편과 시뉘의 글을 외워 익히도록 해야 한다고 강조하던 터였다. 눈치 빠르고 명민한 귀비 역시 삼촌이 들고 있는 것이 무엇인지 짐작하고 눈을 내려떴다. 경중이 나직한 음성으로 읽기 시작했다.

「어머니, 저는 오늘 판결문에 서명을 했습니다. 죄만 많은 저를 특별한 은총으로 불러 주시니 상등통회로 감사해야 할 일입니다. 그런데 평생 죄에 젖은 탓인지 이러한 성총을 받고도 마음이 덤덤하고 뜨거운 눈물 한줄기 흘릴 줄 모르니 오직 부끄러움뿐이옵니다. 스스로 생각해도 어찌 이리 마음이 완고해졌는지 모르겠습니다. 하오나 소자의 죄가 무한하다면 그리스도의 사랑은 더욱 무한하오니 자비의 손길로 이끌어 주시는 데야 만 번 죽은들 무슨 아까움이 있으며 무슨 미련이나 회고가 있겠습니까. 그 동안 치명을 바라면서도 소자의 용렬함으로 용단을 못 냈는데 필경에는 이렇게 원을 이루어 주시니 이 은총을 무엇에 비기오리까,

다만 자식 노릇을 제대로 못하고 매사에 참되게 순명하지 못한 것

이 안타깝고 애달플 뿐이옵니다.

　내일은 천국으로 떠나오니 어머님 자식 노릇할 기회가 영영 없어져 육정을 누를 길이 없습니다. 그러나 돌에서 튀어나오는 불꽃같은 것이 세월이니 소자가 먼저 천국에 이르러 영복의 문을 열어 드리고 주님 대전에서 어머님을 만나 영원히 모실 수 있도록 영혼에 마음을 쓰십시오. 당장의 이 쓰디쓴 고통이 영원한 복락이 된다는 걸 어머님도 아시지만 저도 죽음을 앞에 두고 부탁드리옵니다.

　경중과 경언아. 어머니 말씀을 주님의 명으로 알고 받들거라.

　더 드릴 말씀이 없으니 천국에서 길이길이 뵙게 될 날을 기다립니다.

　자형과 누님께서도 안녕히 계십시오. 사소한 육정에 얽매이지 마시고 부디 주님만을 열애하십시오. 열애 두 글자를 드리고 가오니 주님만 열애하오시면 소원 이루기는 쉬운 일입니다.

　노복들 다 잘 있어. 한 사람도 신앙에서 떠나지 말고 천주 대전에서 영원히 만나게 되기를 바란다. 귀비를 정말 못 잊겠구나. 부디 어머니 말 잘 듣고 신앙을 잘 지켜 천국에 함께 오너라. 부디 기쁜 마음으로 신앙을 지키다가 천국에 영원히 모입시다.

신유 12월 25일
자식 경도」

　과묵하던 경도는 시간 여유가 없기도 했겠지만 마지막 편지조차 살아 생전의 언사처럼 간단 명료했다. 나이 어려서부터 유난히 어려움을 많이 겪으면서 그 자상하고 정서적인 성품은 삭막하도록 무언의 무표정으로 절제되고 단련되었던 것이다. 그러나 삭막하도록 간단 명료한 유서에는 경도 본래의 자상한 마음이 그대로 드러나 있었다. 어머니와 아우들과 딸과 노복들에 대한 그 따뜻한 마음씀이 고스란히 적혀 있는 것이었다.

며느리 홍씨가 아무래도 마음이 언짢았던지 조용히 일어나 나가고 권부인은 다시 자리에 누웠다.

경중과 경언이 삼베 조각과 필묵을 정돈해 두고 귀비를 데리고 나가고 권부인은 머리맡의 목궤를 열었다. 순이와 경도의 친필 서찰을 보관해 두는 궤였다.

부인은 목함 밑바닥에서 아들과 딸의 서찰을 꺼내어 체온이라도 찾을 듯 쓰다듬어 본 후 다시 넣어 두고 순이의 마지막 서찰을 꺼냈다. 그것은 두툼했다.

부인은 두툼한 서찰 뭉치를 가슴에 품어 보듯이 안았다가 손으로 종이를 찬찬히 쓸어 보고는 천천히 펴 들었다. 올케와 친언니에게 보내는 글로 되어 있으나 그녀의 그 마지막 글월은 스무 살 생애가 남긴 인생 전반에 걸친 신앙 고백이었다. 글씨는 날마다 조금씩 옥졸들의 눈을 피해 썼으므로 부분마다 먹빛이 다르고 글씨체도 차이가 났다. 전체적으로도 급히 쓴 흐트러진 글씨체였다. 그리고 그 모든 면모에서 권부인은 딸을 생생하게 혹은 아득하고 그립게 느끼는 것이었다.

부인은 책상 앞으로 다가앉아 두루말이로 접혀진 서찰을 폈다.

「두 분 올케와 언니, 무슨 말부터 해야 할지 모르겠군요. 우리 가여운 오라버니가 돌아가셨나요 살아 계신가요. 구월 초에 소식 듣고 제가 잡혀 갇혔으니 궁금하고 답답할 뿐입니다. 결안에 서명을 하셨으면 돌아가셨을 텐데, 그렇다면 오라버니는 진복자가 되셨겠지만 어머니, 형님 심정은 오죽하실는지요. 무슨 말로 어머니, 형님의 심정을 형용할 수 있겠어요, 또 초상범절은 어찌 지내셨을지, 만일 아직 결말이 안 났으면 차가운 냉옥에서 어찌 견디시며 어머니의 애간장은 얼마나 녹으실까요.

동생들과 조카는 건강하며 집안이 두루 무고하신지요, 형부와 언니, 생질조카의 안부도 궁금합니다.
 소녀는 그 동안 갖은 어려운 일을 다 당하여 이루 말씀드릴 수가 없고 사 년이나 그리며 살던 정리를 세상 작별하는 하직인사로 적어 보냅니다.
 올 들어 애간장을 녹이다가 시아버님을 여의니 모든 것이 부질없고 위주 치명의 소원만이 간절했습니다. 그래서 치명을 결심하고 묵상에 힘썼는데 갑자기 포졸들이 들이닥쳐 잡히는 몸이 되었어요. 치명의 기회를 주시는구나 싶어 감사 주은 하면서도 혼자 계시는 어머니 생각, 형제 자매 친구 고향 생각에 눈물이 흘렀습니다. 그러나 저의 소원은 착하게 주님께 가는 선종뿐이었습니다.
 처음엔 수급청에 가두었다가 얼마 후 장관청으로 옮겨 가니 그 곳에 식구들이 계셨습니다. 시어머니와 시숙모, 시아우들과 말을 잃고 눈물로 마주보다가 구월 보름의 달빛에 죄수의 회포를 적시며 마침내 저마다 구하는 것이 치명임을 다짐했습니다. 우리는 서로의 위주치명 소원이 금석처럼 굳셈을 알고 서로 뜻이 통하여 마음의 서러움을 잊고 오직 믿음의 기쁨 속에 마음을 나누었습니다.
 그런데 제 마음은 다른 옥에 갇힌 한 사람에게로만 쏠렸습니다. 어찌 잠시인들 그를 잊을 수 있을까요. 특히 그에게 함께 치명하자는 뜻을 전하지 못한 것이 마음에 사무칩니다. 인편이 마땅찮아 머뭇거리던 것이 연락할 길마저 엄금되어 차일피일하다 저마저 잡혀 온 것입니다.
 시동생 문철을 시월 초아흐렛날 불러내 가기에 어디로 데려가느냐 물었더니 형제를 함께 두겠다 하더군요. 서로 잊지 말고 잘 치명하자고 형에게 일러 달라 하여 보내니 마음을 칼로 베는 듯하더군요. 천주만 의지하고 네 사람이 초조히 기다리는데 부음의 소식이 왔습니다. 인정의 절통함은 차치하고 중철이 어찌 치명했는고, 억만 칼이 가슴을 도리는 듯 도무지 진정을 할 수가 없었습니다. 오로지 주님만 바라고 산 사람인데 설마 넘어졌으랴, 성총으로 진복자가 되었겠지 안절부절못하니 시사촌동생 마태오가 마음을 단단히 가지라고 일러 주더군요, 마침내 집에서 기별이 오기를, 시신을 인수해 보니 옷깃 속에 "누이, 위로하고 권면하니 천국에서 만나자."는 글이 나왔다는 것이었어요. 저는 비로소 마음을 놓았습니다. 생각해 보면 그는 걱정할 것이 없는 사람이었습니다. 그는 세속 정신을 벗어나 정말 그리스도만을 따라 살았고 부지런하고 열심하고 성실하여 누구에게나 아낌을 받았습니다.

지난날 저희가 동정의 뜻을 세워 지킨 것은 우리 두 사람의 소원을 천주님께서 허락하신 특별한 총은이니 서로 죽기로써 감사하자고 약속했습니다. 그래서 상속을 받으면 서너 몫으로 나누어 가난한 사람을 구하고 시동생께 후히 주어 양친을 모시게 하고 세상이 자유로워지면 각각 떠나 살기로 하고 그 언약을 깨뜨리지 않기로 다짐했습니다.

작년 섣달이었지요. 유혹이 심해 저는 살얼음판을 걷는 듯이 두렵고 열 길 연못 앞에 와 있는 듯 떨렸습니다. 저는 천주님을 우러러 유혹을 이겨 낼 은혜를 간절히 간절히 기도드렸고 주님의 도우심으로 이겨 냈습니다. 그리고 우리들의 아낌과 믿음은 말할 수 없이 깊어졌습니다. 어느 무엇도 서로를 믿고 아끼는 우리들의 마음을 가를 수는 없을 것입니다.

그런데 그렇게 오누이로 지내온 지 4년이 되는 올 봄, 그는 잡혀갔고 여덟 달 동안 겨울 옷을 갈아 입지도 못하고 형틀을 쓴 채 지냈습니다. 저는 행여 그가 넘어질까 봐 잠시도 마음을 놓지 못하고 함께 치명하기를 눈물로 간구해 왔는데 뜻밖에 그가 먼저 떠나니 마음이 어떤지를 모르겠어요. 오직 주께 감사하올 뿐입니다. 이제 세상에서는 제 애정을 사로잡고 제 관심을 끌어갈 것은 아무것도 없습니다. 생각이 난다면 천주님뿐이며 마음이 끌리는 곳은 천국뿐입니다.

시월 열사흘에 벽동으로 귀양을 가게 되어 본관에게 우리가 천주를 공경하니 국법대로 죽게 해달라 청했습니다. 듣지 않고 쫓아 내기에 다시 들어가, 국녹을 받는 분이 국법을 따르지 않는다고 항의했지만 길을 떠나게 되었습니다. 걸으면서도 내내 치명의 은혜만을 간절히 원했는데 백여 리쯤 가다 다시 잡혀 오게 되었으니 이 지극한 성총을 어찌 감사드려야 좋을지요, 제가 죽은 후에라도 주님 은혜에 감사드려 주옵소서.

그 후, 첫 심문에 천주를 공경하여 죽겠다고 하니 금방 보고되고 회답이 내려 죽기를 서명했습니다. 다음에 매를 때리면서 묻고 형틀을 씌워 하옥시켰는데 잠시 후부터 매맞은 상처의 아픔이 그쳤습니다. 모든 것이 주님의 은혜이옵니다. 사오 일 후에는 바라지도 않았는데 상처가 깨끗이 아물어 모두 놀랐습니다. 이제 스무 날쯤 지났는데 매맞은 흔적조차 없고 고통받는 죄수라는 말이 아깝도록 마음이 편합니다.

생각하면 제가 과연 치명할는지 두렵고 치명의 은혜를 아니 주시면 어쩌나 걱정이 되기도 합니다. 장계 올린 지 스무 날이 되어도 소식이 없고 살아날지도 모른다는 소문도 들리니 주께서 버리지 않으시리라는 믿음과 희망에만 매달려 이 하직의 사연을 적습니다.

우리 형제 명년을 기약하고 헤어진 것이 4년이오니 세상 일이란 아무것도 미리 말할 수 없나 봅니다. 더욱이 4년 이별이 이리도 어려운데 영원한 이별은 어떨는지요. 부족한 동생 때문에 괴로이 상심 마시고 모든 것을 너그러이 참으시도록 부탁드립니다. 혈육의 정이란 말로 표현할 수 없는 것이어서 죽기 전엔 어쩔 수가 없다는 생각이 들어요, 하지만 치명의 은혜를 입으면 서러워할 것이 아니라 경하할 일이니 지나치게 염려하지 마시어요.

어머님과 형님들이 애통해 하실 것 같아 마지막 소원을 청하니 소녀 죽었다는 소문 들으시거든 과도히 슬퍼 마십시오. 부족한 제가 천주의 자녀되어 의인들과 함께 천상의 거룩한 잔치에 참례한다면 얼마나 영광이겠습니까. 아무리 원해도 그것은 자신의 힘만으로는 이룰 수 없는 일입니다. 자식이나 동생이 임금의 총애만 받아도 경사로 아는데 하늘과 땅의 왕이신 천주님의 총은을 입는 것은 얼마나 더 큰 은혜입니까.

세상에서는 벽동 죄인 관비로 불리우고 천주께는 배반한 죄인이 되었다가 치명으로 끝을 맺게 되면 일시에 죄명을 벗고 복락의 길로 가리니 이것이 어찌 서러워할 일이겠습니까. 관비의 형제라 하는 것과 치명자의 형제라 하는 것이 얼마나 차이가 큽니까. 어머니께서도 치명자의 모친이라 하오면 그 이름이 얼마나 소중합니까. 제가 감히 치명을 한다면 비할 데 없는 기적이 아닐지요, 다른 성인들에겐 합당한 일이지만 저 같은 못난이에게까지 허락하시면 그렇게 황송한 일이 어디 있겠어요. 소녀 죽는 것을 사는 것으로 아시고 사는 것을 죽음으로 아시며 자식을 잃었다 생각 마시고 지난날 주 잃음을 서러워하시며 다시 잃을 것을 염려하시어요. 오로지 성모님께 의탁하여 지난 잘못을 보속하고 심중을 화평히 하여 주님 어좌가 되도록 힘쓰며 안심 순명들 하시는 것이 고통으로 단련코자 하시는 주님 뜻임을 생각하시어요. 공연히 과도히 상심하시는 것은 주께 죄스러운 일일 것입니다.

매사를 천주 섭리에 순종하고 마음을 편안히 하여 잘못은 기워 갚고 선행으로 공로를 쌓으며 작은 허물이라도 깊이 살펴 통회하십시오. 또한 선행은 아주 작은 것이라도 소홀함 없이 실천하며 모든 것을 주의 도우심에 의지하고 선종의 은혜를 구하십시오. 항상 열렬한 애덕을 간구하면 주시리니, 잠깐의 방심이라도 뉘우쳐 열심히 천주 대전에 드리면 그것이 주께로 가까이 가는 길일 것입니다. 그리하여 소녀의 원을 허락하시어 천주 대전에서 모녀와 형제가 함께 주님을 뵈올 수 있다면 얼마나 좋겠습니까. 남의 잘못은 너그러이 용서하고 자기 성찰은 엄히 하여 화목에 힘써서 어머니는 주님 뜻에 맞는 노인이 되시고 언니들은 사랑받는 주님 딸들이 되면 얼마나 기쁘겠어요.

올케언니, 오라버니가 돌아가시더라도 너무 서러워 말고 천주의 은혜를 감사하시며 양가 어른들을 위로하시고 단단한 마음으로 어려움을 이기시며 오라버님 뒤를 따르도록 용덕에 온갖 힘을 쓰십시오.

이곳 저희 시숙모께서는 외아들과 함께 갇히셨는데 극진히 순명하여 치명을 원하시오니 그런 분들을 모범으로 삼고 우리 성모님과 성인들을 본받아 쓸데없는 걱정으로 상심하지 않으시기 바랍니다. 큰언니 내외분도 형편이 어려우시지만 선행으로 공로를 기르기는 그런 처지가 알맞으니, 인내도 많으시지만 시작보다 끝맺음이 더 좋은 것을 생각하시고, 앞날을 조심하여 지난날의 공덕을 잃지 마십시오. 극도의 고통이 오더라도 마음을 넓게 가져 주님 섭리를 생각하면 견딜 수 있으리니 어떠한 덕보다도 모든 덕의 주인인 신망애 삼덕을 구하십시오. 신망애 삼덕을 진실히 구하면 다른 덕행은 자연히 따라 옵니다.

형부께선 요즘 어떠신지요? 언니 신세를 생각하면 마음이 아파요. 비록 마음이 안 맞아도 죄 아닌 것은 뜻을 받아 주시어 화목이나 잃지 않도록 하소서. 저는 5년 전에 머리 얹고 4년을 함께 지냈으나 서로 뜻을 바꾸어 본 일이 없고 집안 식구들과 싫어해 본 적이 없어요. 할 애기가 많으나 관장 앞에 잡아 올리라는 소리가 요란해서 겨우 쓰니 어머니께 따로 쓰지 못하며 4년 생활의 만분지 일이라도 기록하려 하지만 죄수 올리라는 수많은 소리들이 다 나를 올리라는 듯 쓰다가 멈추고 멈추고 하니 말이 제대로 이어지는지 모르겠어요. 어떻든 소녀의 글씨로 구차한 틈을 얻어 아뢰오니 반겨 주소서. 천주님 은혜가 무한하오니 제가 치명의 은혜를 얻고 오라버니 또한 그러하시면 두 자식이 앞에 서니 어머니를 천국으로 인도해 드릴 수 있지 않겠습니까. 비록 세상을 떠난들 어찌 어머니와 형제들을 잊을 수 있겠어요. 만일 치명으로 천국에 오르면 어머님과 형제들을 만날 수 있겠지만 아무 공로가 없으니 선종 전에 장담을 할 수는 없어요.

올케언니도 오라버니 돌아가시거든 육정만 생각하고 서러워 마시어요. 부부는 하나이니 한쪽이 승천하면 어련히 인도하시겠어요. 쓸데없는 상심으로 선행을 게을리하시면 주님과 오라버니께 근심을 끼치시는 것이어요. 귀비는 우리 오라버니의 한 점 혈육이니 남의 아들보다 귀하게 길러 육신과 영혼을 착실히 보호해서 성녀 현부가 되게 하소서. 경언이는 어찌 자랐는지요, 경언이, 경중이 형제에게 글을 가르치고 양선한 사람을 만들어 서로 의지하고 충주 아우를 데려다가 화목하고 다정하게 어머니를 모시면 죽은 후에라도 마음이 놓일 것 같아요.

저는 스무 해를 살아 오면서 병약하게 불효만 끼치다가 자식 노릇도 못 하고 돌아가니 두 언니께서 제 몫까지 대신하여 효도를 해 주세요. 육신에 대한 효성도 좋지만 마음의 효성이 더욱 좋으니 공자의 제자 증자의 효가 증원의 효보다 낫다 하지 않았습니까. 소녀도 시부모를 모시고 살아 보니 어른들은 마음을 받아 드리는 것을 으뜸으로 좋아하시더군요. 가세가 어려워 뜻대로 봉양하지 못하더라도 마음 편하시도록 받들어 드리고, 위로해 드리며 흐려지신 정신을 일깨워 드리고 혹 그릇 생각하시는 일이 있을 때라도 상냥하고 명랑하게 말씀드리세요. 어머니께서 슬픔 속에 계실 때는 언니의 근심을 감추고 어리광도 부리고 우스갯소리도 하시어 슬픔을 잊으시도록 애써 주세요. 오라버니 돌아가신 뒤에는 아우들도 부탁드리오니 오라버니 몫까지 합해 너그러이 돌보아 주시고 아무쪼록 가문을 보존하고 열심하고 단정한 선비가 되도록 힘써 주세요. 어머님과 아우들은 형님 외엔 의지할 곳이 없으니까요. 오라버님이 치명하셨다면 저도 주님의 은혜로 선종하여 오라버니를 만나고 싶군요. 어머님을 잘 모시어 남은 여생을 착히 지내시고 선종의 은혜로 모자, 형제 즐거이 만날 수 있기를 빕니다. 거듭 부탁드리오니 생각을 두 곱으로 하시어 잘해 주옵소서. 부모 모신 사람은 섧다 해도 서러운 대로 할 수 없음을 기억하세요. 언니를 못 미더이 생각해서 이렇게 거듭 부탁드리는 것이 아니라 언니의 형편이 너무도 서러우신 처지여서 이렇게 간곡히 말씀드립니다.

매동 어르신네는 어찌 지내시나요? 정말 위로드릴 말씀을 찾을 수 없어요. 요한 오라버님은 또 어찌 지내시는지요. 그 오라버님께 향한 정은 잊을 수가 없어요. 모두 그립지만 으뜸으로 따르고 좋아한 것이 그 오라버니요, 여자는 아가다일 것이어요.

여기 중철은 남은 남편이라 하지만 저는 충우라 불러요. 만일 천국에 갔다면 저를 잊지 않았을 거예요. 세상에서 저를 지극히 아끼고 존중해 주었으니 지금 영복소에서 저의 애타는 간절한 소리를 들으며 지난날의 우리 언약을 생각하겠지요. 정말 우리의 정은 끊을 수가 없는 것이에요. 언제나 육신을 벗어나 우리 천주님과 성모님과 사랑하던 시아버님과 문철 아우, 그리고 나의 충실한 벗 중철을 만날 수 있을까요. 옥에 갇힌 대죄인이 이렇게 바라기만 하니 그것이 쉽게 이루어질는지요. 서러운 일이 하도 많아 이루 다 기록하기 어렵지만, 저의 시뉘는 호사 속에 곱게 자란 몸이 부모 동생 다 잃고 재산까지 빼앗긴 채 그 넓은 저택에서 쫓겨나 할머님과 숙모를 모시고 오막살이에서 지내게 되었습니다. 혼행도 안 하고 시댁에서는 역적의 딸이라고 데려가느니 마느니 한다니 시뉘의 신세가 너무도 가련하여 기가 막힙니다. 제 어린 시아우들은 아홉 살, 다섯 살, 세 살인데 흑산도, 신지도, 거제도로 귀양을 보냈으니 세상에 이렇게 참혹한 일이 어디 또 있겠습니까. 시어머님과 숙모님과 서울 가 계시던 시사촌 마테오와 저는 한마음으로 조사받고 심문받고 수결까지 했으니 아마도 함께 치명할 듯합니다.

큰언니께서 저희 남매 중 저를 업어 기른 탓인지 정이 별다르다 하셨는데 저 역시 그러하지만 그럴수록 저 죽는 것을 서러워 마십시오. 요행 주님 은혜로 천국에 오르면 언니께서 부지런히 선행하시고 선종하실 때 제가 언니 손을 이끌어 모셔 가겠습니다. 영원한 작별을 드리려니 끝없는 얘기를 멈출 길이 없고 많은 회포를 한 붓으로 쓸 수는 없는 일이니 이만 줄이겠습니다. 부디 내내 선행의 공로를 세우시고 건강하시며 영혼을 정결히 하시어 모두 천국에서 만나기를 간절히 바라며 죽은 후에도 항상 간구하겠습니다. 행여 이 소원이 못 이루어진다면 어찌 살겠습니까. 몹시 두렵사오니 서러워들 마옵소서.

잡혀 올 때 형이 빨리 내릴까 봐 어머님께 급히 몇 자 올렸는데 이 글월 읽으신 후 이종 언니께 드리어 저를 본 듯하게 해 주세요. 얘기가 매우 길어졌고 말씀도 많이 드렸습니다. 부족한 제가 언니들께 선행하시라 격려드리는 것이 마치 길가의 장승이 남에게는 길의 방향을 가르쳐 주면서 자기는 꼼짝 못 하고 서 있는 것과 같으나 죽는 사람의 말은 바르다 하오니 너그러이 헤아려 주십시오.

유희 올림」

권부인은 조심스러운 손길로 서찰을 접어 목궤에 넣었다. 유희란 순이가 어렸을 때 가족 사이에서 불리어지던 아명이었다. 권부인의 귀에는 순이의 조용한 목소리가 아직 귓가에 남아 있는 듯했다. 어렸을 적의 그 천진무구하던 모습, 성체를 모신 이후 언제나 잔잔하고 웃음기를 잃지 않던 표정, 혼례 무렵의 피어 오르는 꽃처럼 어여쁘던 자태가 눈앞에 어른거렸다. 그러나 사 년 동안 그리도 어렵고 그리도 보배로운 동정 혼배의 시집살이를 하고 정말로 남다르게 치명한 여식의 근래 모습을 떠올릴 수는 없었다.

꿈에서라도 한번 보았으면 원했지만 순이의 새댁 모습은 보이지 않았었다. 어쩌다 꿈에 보이더라도 유희라 부르던 어린 시절의, 권부인 슬하에 있던 때의 모습이었다. 어쩌면 그 품안에 있던 어린 때의 아이만이 딸이라 할 수 있는 것은 아닌지, 장성한 순이는 온전히 천주님만의 자식이 아니었는지 권부인은 목궤를 닫아 고리를 채운 후 소중히 쓰다듬었다. 경도 역시 함께 살았건만도 자식으로 떠오르는 것은 어린시절 모습일 뿐 가솔 거느린 장부가 된 후에는 미덥고 든든하면서도 어려운 데가 있었다.

부인은 쓰다듬던 목궤를 미루어 놓고 불편한 몸을 뒷문께로 옮겼다. 다시 치명한 딸이 그립고 아들이 몹시 생각났다. 그 아이들은 한없이 자랑스럽고 대견하고 천주님 앞에 송구하도록 고마운 아들딸이지만 어미의 애간장을 녹이는 그리움의 대상이기도 했다. 남편은 산에 묻고 자식은 가슴에 묻는다 하던가. 그 죽음이 영광의 치명이라 해도 어미에게는 가슴에 묻은 자식인 것이었다. 어미의 자식이기 이전에 그 아이들은 먼저 천주님의 자식이고 그 아이들의 어미 노릇을 하게 섭리해 주신 것도 천주님이지만 그 깨달음은 더욱 애닯고 아플 뿐이었다.

부인은 천천히 토방 뒷문을 열었다. 싸늘한 봄바람 속에 잔가지 무성한 근화 숲이 보였다. 부인은 젖은 얼굴을 치맛자락으로 문지르고 숲을 내다보았다.

순이가 치명한 곳도 앙상한 나뭇가지가 남은 눈과 겨울 햇살 속에서 삭막하게 엉겨 있던 숲정이라 했었다. 겨울 하늘은 유난히 푸르렀고 바람은 숨을 죽이고 있었으며 가늘고 긴 목에서는 젖빛의 흰 피가 반 길이나 솟아올랐다고 하였다. 권부인은 두섬네에게 들은 그 광경을 도무지 눈앞에 떠올려 볼 수가 없을 때도 있었고 때로는 훌쩍 가 보고 온 듯이 흰 피 속에 영원한 정배께 돌아가는 딸의 모습이 상상될 적도 있었다. 마음에 걸리는 것은 유해였다. 흰 피 속에 잠든 듯 무심한 시신을 거두어 시아버지와 남편 중철과 함께 묻어 두었다는 것이었다. 시어머니, 시숙모, 시사촌까지 모두 함께라고 했다. 어차피 격식 갖춘 유택들을 마련할 형편이 아닌고로 식구끼리 흩어지는 일이나 없도록 팔순의 노마님이 그리 시켰다는 것이었다. 도무지 불화라고는 모르던, 매사가 넉넉하고 화목하기로 한양에까지 소문이 높던 한 집안이 어찌 그리 될 수가 있느냐고 두섬네는 가슴을 쳤다. 그 넓고 좋은 집까지 허물어 없앤 집터에는 시퍼런 물만이 출렁거리고 있더라는 말도 두섬네는 빼지 않고 전해 주었다. 그 물결이 눈에 보이는 듯했다. 말로만 들어 온 초남촌이 눈에 선했다. 그리고 형제가 나란히 무릎 꿇은 채 교수된 옥간에 향긋한 냄새가 두고두고 감돌았다는 사위의 치명 모습도 불현듯 떠올랐다.

　권부인은 거북한 몸을 움직여 문을 닫았다. 천천히 이부자리가 깔려 있는 아랫목으로 돌아와 무릎을 꿇었다. 정리되지 않고 표현할 수 없는 막막한 가슴을 누르듯 부인은 두 손을 모으고 있었다.

　근화 숲의 따스한 봄볕 속에는 아이들이 뛰어 놀고 성급한 진달래는 꽃눈을 틔우고 있었다.

　돌아온 제비 무리가 재재거리며 아이들 위를 날아갔다.

주(註)

1) 윤유일(1760-1795)
2) 첨례주례 : 1786-1787 무렵의 가성직 시기 때 중철의 부친 유항검은 호남에서 성사를 집전했다.
3) 이암(권일신 1752?-1792. 달레의 교회사에는 직암. 보감엔 이암. 여기선 보감을 따름. 루갈다의 셋째 외숙)
4) 십악법 : 모반(謀反) 모대역(謀大逆) 모반(謀叛) 불효(不孝) 악역(惡逆) 부도(不道) 대불경(大不敬) 불목(不睦) 불의(不義) 내란(內亂) 10가지 중 하나라도 죄를 지으면 극형에 처함.
5) 을사추조(乙巳秋曹)적발 : 1785의 박해
6) 정미반회사건 : 1787. 10월경 반촌(성균관 소속부락) 김석태의 집에서 이승훈, 정약용, 권일신 등이 모여 서학서를 연구하다가 적발된 사건.
7) 권 데레사 : 한국 교회사상 두 번째의 동정 부부 순교자(1783-1827)(권 데레사, 조명수)
8) 가담항어(街談巷語) : 대중 사이에 떠도는 이야기. 유언비어.
9) 파루 : 새벽에 종을 쳐서 사대문을 여는 것.
10) 본향안치 : 죄인을 고향에 거주 제한시키는 유형.
11) 유한당 권시 : 광암 이벽의 아내로 권철신의 딸. 「언행실록」 저자.
12) 차정장교(差定將校) : 형벌로 매를 때리는 형리의 일을 시키는 것.
13) 여항소설 : 이조 시대 서민 소설로 「춘향전」, 「심청전」 등
14) 남간옥 : 의금부에 설치한 기결수 감옥.

부 록

루갈다의 첫 편지

　편친 제하 재배상서
　창황한 시절을 당하와 하회를 아뢰오려 하오매 다할 길 없아오나 친필 수항을 아뢰어 4년 이회를 올리나니, 비록 여식이 죽는 지경에 이르러도 과도히 상심 마옵소서. 특특한 은명을 배반치 마옵시고 안심 순명하옵소서. 요행 버리지 아니시는 은혜를 받잡거든 감사 주은 하옵소서. 내 세상에 살았음이 진실로 떳떳지 못한 자식이압나이다. 쓸데없는 자식이나 특총으로 결심하는 날이면 어머님도 가히 자식을 두었다 할 것이요. 떳떳한 자식이 될 것이니 작고 쓸데없는 자식을 진실되고 보배의 자식으로 만들으심이니 천만 번 바라오니 과히 상훼치 마옵시고 관회 억제하옵소서. 차세를 꿈같이 여기시고 영세를 본향으로 알아 조심조심하여 순명순명하시다가 출리차세하신 후에 비약한 자식이 영복의 면류를 받잡고 즐거운 영복을 띠고 손을 부뜰어 영접하여 영복하리다.
　들자오니 오라버니가 고복하였다 하오니 이 진실로 어떠하신 총우신고. 우러러 감사함이 겨를 없고 어머님 복을 찬송하나이다. 경이 형제와 형님 형제를 의탁하여 우리 남매를 생각지 말으소서. 충주댁을 아모쪼록 데려다가 한가지로 지내시옵소서.
　모녀 상이 4년에 이 지경이 되어 사 년 회포를 펴지 못하오니 망극한 정이야 오죽하옵마는 도시 명이라 우리를 주심도 명이오 앗으심도 명이니 관념하는 것이 도리어 우스운 일이오니이다. 만번 복망 복망하옵나니 관회 억제하소서. 영세에 모녀지정을 다시 이어 온전케 하오소서.

 형님 너무 서러마압. 오라버니가 비록 죽으나 진실로 가부를 두었다 하리니 형님이 순교자의 아내 되심을 만만 사례하나니 잠세에는 부부되고 영세에는 반렬이 되사 모자 형제 남매 부부가 영세에 즐기면 어떨까 싶으압. 내 없는 후라도 전주 성식을 끊지 말고 나 있을 때와 같이 하압. 식이 이리 온 후 평일에 근심하던 일을 얻어 구월에와 사월에 양 인이 발원맹서하여 사 년을 지내다가 사실로 남매같더니 중간에 유감을 입어 거의 근 십여 차를 입어 거의거의 할 일이 없더니 성혈공로를 일카라 능히 유감을 면하였압. 나의 일을 답답히 여기실까 이리 아뢰나니 이 수지로서 나의 생명을 삼아 반기실지어다. 결실지전에 이같이 필지어서함이 진실로 경이하오니 모친의 수회를 풀고 반기시게 하오니 일로서 위로를 삼을지어다. 야고버 신부 계실 때에 우리 풍파를 자세히 기록하여 두라 하시기에 이리 온 후 요한 편에 공지를 보내었삽더니 어찌하였압. 만번만번 바라옵나니 관회 억제하소서. 차세는 헛되고 거짖된 줄 생각하시압. 말씀이 첩첩무궁이오나 필지로 아뢰올 길 없아오니 대강만 아뢰옵나이다.

신유 九월 二十七일
여식 재배상서

가를로의 편지

　자는 오늘 승결을 다하고 올리나니 이 극악 대죄인으로서 특별한 은혜로 격외로 부르시니 마땅히 상등통회와 열정을 발하여 죽는 것으로써 갚음이 옳사오나 평생에 죄해도천하와 이러한 기은의 총을 받잡고도 마음은 목석과 같사와 감루 드리우지 아니하오니, 아무리 무한 인자를 생각하오나 어찌 부끄럽지 아니하오며 엄벌이 두렵지 아니 하오리잇고. 다만 생각하오면 자의 죄악도 무한하나 인자 또한 무한하오니 자비하오신 손으로 이끌어 주시면 만번 죽은들 무삼 아까움이 있으며 무삼 고연할 것이 있아오리까. 죄악이 열약하와 용단을 못 하고 있아오니 만일 특은으로 면치 못하게 되면 과연 다행할까부다 상해 그리 하옵더니 필경에 원을 이뤄 주시니 이 아니 기은이요 무엇이압. 다만 세상에 있사와 자식 노릇을 못 하고 일변 순명 못 한 일이 더욱 애닯고 뉘우쳐도 미치지 못하올소이다.
　내일은 길게 떠나오니 어머님 자식 노릇 할 날이 없압고 거류의 육정이야 어찌 금하리이까마는 석화광음이 얼마 오라올 것 아니오니 자의 이 길에서 어머님 영복의 천문을 열고 영락의 값을 드리오니 이 맛이 비록 쓰고 어렵사오나 변하여 달고 맛있는 낙이 되오니 모르실 리 없아오나 장사자의 일언을 생각하시며 자보하시고 닦으오니 일개 영혼이 오부대전에 길게 뵈옵기밖은 더 하올 말씀이 없압나이다.
 경중과 희야 어머님을 주명과 같이 효순하여라. 더할 말씀 없으니 쉬 길게 보사이다.
 매형께서와 누의님 그저 계시압. 사소한 육정과 장언단어하여야 불길하압. 글자 둘을 드리오니 열애하시면 그밖에 주의 마음을 통할 것 없아오니 소원을 이루기는 분내사올시다. 종들 다 잘 있어. 낱낱이 하나도 떠나지 말고 길게 만나기 바란다. 귀비를 못 잊겠압. 부디 순영하고 한데 있어 떠나지 말았다가 올 적에 한가지로 오너라. 할 말만 하기 말씀 못 하오니 부디 구희하여 마음 상해 오지 말고 신형이 만안하였다가 길게 모이압사이다.

신유 十二월 二十五일
자식 가를로 사리

루갈다의 마지막 편지

양위 형주전
 지필을 받드오니 아뢰올 말이 전혀 없네. 불쌍하신 오라버니 죽으신가 살으신가. 구월 삼오 일에 풍편으로 들은 후 내 몸이 잡혀 잠잠히 들어앉아 소식 들을 길이 전혀 없어 매양 답답염이오며 고복을 하였으면 그 사이 결단이 났을 듯하오니 돌아가신 이야 수복하여 계실 것이니 설마 저를 어쩔 것이 아니로대 집안 경상과 어머님 형님 참아 어찌 견디시며 지금 일맥이 부지하여 계시지 않으실 듯이 중도 생각 난심이야 형용할 말이 어이 있삽. 초상범절인 듯 어찌 하였는고. 오히려 이제껏 결단이 나지 않았으면 냉옥에서 어찌 견디시는고. 죽었으나 살았으나 어머님 간장은 한량으로 녹으실 것이요. 희아 형제와 동아는 병이나 없이 살았으며 매동서도 적소문안이나 언제 듣계시오며 안어르신네 숙환은 어떠하오시며 이동서도 형님 시어르신네 참경을 보오시고 해훼 하오시는 중 환우나 아니 계시고 아즈버님께서도 신상 편안하시고 출아도 충실하오니까. 두루두루 사모지회 종종 간절하와이다. 제는 죄악이 지중하와 가추가추 천지 혼혹한 시절을 당하오니 저절로 성설하와 아뢸 말씀이 없압고 아뢸 말씀은 없아오나 4년 이회와 쌓인 설화를 잠깐 기록하여 고하고 금세영결을 끼치나이다.

금년을 당하여 간장을 녹이다가 종래 사세할 일 없어 기우러져 엄구를 여이게 되오니 살고 싶은 염이 없어 기회가 좋은 때에 위주치명하리라 심중에 정지하고 대사를 경영하며 판비함을 힘쓰더니 부지불각이라 허다장채 이르러 아신이 잡히오니 기회 없어 염려할 차 뜻과 같이 되온지라 감사주은이요. 일념이 혼희하오나 실심 중에 황망하고 장채는 재촉하니 애애한 곡성이 천지에 진동하고 고당편친과 형제 친우와 인리고향이 즈음없는 영결이라. 육정미진하여 한줄 눈물로 창황히 영결하고 암연히 돌아서니 원하는 바 선종이라.
　처음에 잡아다가 수급청에 가두었다가 반향이 지난 후에 장관청이란 데 옮기오니 고당 형제분과 숙숙형제 계신지라 피차에 바라보고 말없은 누수러니 그러구러 밤이 되어 구월망간이라 추천이 약요하고 창전에 명월이 교교하여 월광이 조용하니 수인의 회포를 가히 알레라. 누으며 앉으며 구하고 원하는 바 치명이온지라. 이 원이 가득하여 각각 말을 하대 일출여구하여 고당 양위와 숙숙형제로 더불어 오인이 상약키를 위주치사하자 하여 각각 정지함이 견여금석이라 마음이 통하고 뜻이 같으니 가득한 신애가 피차에 틈이 없어 봉중한 설움이 자연 잊혀지고 가지록 총은이라. 신락이 도도하니 만사무심하고 거리낄 염이 없아오대 오히려 권권한 바 옥중의 일인이라. 못 잊자옴은 다름이 아니라 집에 있을 때 소회를 비치어서 전일편을 이뤄 동일동사하자 하였더니 인편이 마땅찮고 오히려 자저하여 미처 전치 못하였더니 자취를 절금하니 통할 길이 없어 잠잠히 구하고 원하고 바라는 바 위주치명하여 동일동사 하자더니 상주의 총은이 저러실 줄 알았으랴.
　숙숙은 요한이라 시월 초 아흐레에 요한을 내어가니 뜻을 몰랐어라 어디로 가심이냐 관가 명령이라 큰 옥으로 데려다가 형제 한데 두라신다 버히는 듯 다려가니 오냐 저를 어이하리 하대 가 계시소서 피차에 잊지 마사이다. 신신부탁하매 동일동사 하자더라 요한에게 전하소서 재삼 부탁하고 손을 나눠 돌아서니 남은 바 네 사람이 쳐져 의지하여 주우만 바라더니 일각이 겨우되어 부음이 들려오니 인정의 참절함은 오히려 둘째되고 요한의 수복함은 경희하오나 오호통재라 요한이 어찌 되었는고 생각이 미치매 억만 칼이 흉중을 쓰는 듯 심신이 지향없어 반향이 지난 후에 이도 또한 총은인지 마음이 정하이대 전공이 없지 않으니 설마 아주 버리시랴 마음이 풀어지나 일념이 권권하여 오히려 염이러니 종수께 묻자오니 먼저 정지하시더라. 집에서 기별하대 신체를 내어다가 입었던 옷을 보니 기매에게 부쳤으대 권면하고 위로하여 천국에 가 다시 보자 하고 정지한 4년이라 염려를 부렸아오며 저의 평생 행위를 살피건대 구태여 애련할 일이 없고 속태에 벗어나 족히 노성타도 할만하고 흔근열애성실함은 항복함이 되는지다. 적년 원하던 바 뜻과 같이 이뤄오니 심곡을 말하온즉 저도 또한 아시로 원한 바라 우리의 모임은 양인의 소원을 천주 윤허하사 특별하신 총은이라. 피차에 감사함이 죽기로써 보은이다. 양인이 언약하기를 가산과 소업을 전하시는 날이어든 3.4 분에 분과하여 시제빈인하고 계씨를 후히 주어 양친을 의탁하고 세상이 펴이거든 각각 떠나사자 하고 피차 상약을 저버리지 마자더니 작년 납월이라 유감이 자심하여 마음의 두려움이 여리박빙이요 여림심연이라 우러러 이길 바를 간구 간구하옵더니 주의 총우로 겨우겨우 면하여 아이를 보전하여 피차에 유신함이 견여금석이며 신애지정은 중여태양이라. 형매로 언약하고 4년을 지내더니 금춘에 잡혀서 사절에 입은 옷을 고치지 아니하고 8삭을 수금하여 죽기에 이르러 비로소 칼을 벗은지라. 배주한 자 될까 하여 주야로 염려하고 한가지로 죽기를 수루청앙 하옵더니 이 어찌 뜻한 바니 앞설 줄을 알았으랴. 더욱 총은이라. 세상에서는 다시 돌아 권연할 곳이 없어 생각나니 천주시며 향하느니 천당이라.

　시월 열사흘에 관비정속하여 벽동으로 원배하니 본관에 들어가서

여차여차하대 우리 등이 천주를 공경하나니 국률에 죽일지라 각인들
과 천주를 위하여 죽으렸노라 하니 바삐 쫓아나가라. 다시 더욱 들
어앉아 성주를 여성하대 국록을 먹으면서 국령을 순종치 아니신다
여러 가지로 말을 하대 들은 체도 아니하고 끄어내치기로 할일없이
길을 떠나 연로에 행하여 구하는 바 더욱 간절더니 백여 리를 겨우
나가 다시 잡히니 이는 극진하여 다시 더할 것이 없는 총은이라. 어
떻게 감사하여야 마땅할꼬. 날 죽은 후라도 감사주은 하옵소서.

영문 첫 추열에 천주를 공경하여 죽으렸노라 하니 즉시 장계하여
회하가 나리더니 다시 영문에서 올려다가 고복 다짐하고 형문일치
칼 씌어 하옥하니 살이 터지고 피가 흐르더니 식경이 지난 후에 아
픔이 그치니 가지록 총은이라 바라도 아냤더니 사오일이 지나면서
다 낫기는 뜻밖이라. 수형 이후 20일이 지나도록 미소한 고난도 없
으니 수고자라 말이 아까울 뿐 아니라 진실로 상반하니 남은 이르대
수고자라 하나 나는 이르대 편안자라 하느니 뉘 집에 앉아 마음이
이같이 편안하리오. 도리어 생각하면 불안하고 두려워 혹 버리시나
이까. 대형이 당전한가. 송황무지하며 장계 띄운 지 20여 일이 되대
기척이 없고 오이려 살편이 많다 풍편에 들리니 주우만 바라고 혈마
버리시리 하여 어서어서 회하가 나려 죽기만 바라고 심심이 들어앉
아 겨우겨우 틈을 얻어 한장 종이를 제의 낯을 삼아 영리별회를 위
로하려 하오니 자연 말이 많아 횡설수설하게 잠간 아뢰나니 날 그리
운 정이어든 날 본 듯이 펴보시압.

우리 형제 명년을 기약한 이별 4년이 되옴은 몽매 중에도 의외라.
일로 보면 세상 일을 미리 말할 바이압. 사년 이회도 어렵다 하였거
니 지속없은 영이별 더욱 어떠하시리오. 무용한 제로 하여 괴로이
상심하시리로다. 연이나 우리 형님은 하해지량이시라. 슬겁고 어지
시니 혈마 아니 참으시랴. 안심진정 하시리니 염려를 부리오나 형님
네게 염이 가면 오이려 권권무익히 분심하지마옵. 부자동기지정은

부록　297

인소난언이다. 탈이육신전은 면부득이어니와 저기나 열심이면 무익한데 염을 쓰랴. 도리어 한하오니 형님네 심사야 오죽하옵마는 만일 치명의 은혜를 입으면 설어할 것이 없으니 설어들 말으시고 경하하시압.

　어머님 형님네 애통하실 일 생각하고 이 중에도 참아 잊지 못하여 유언을 끼치오니 제의 임종유언을 저버리지 마옵. 나 죽었다 소문 들으시고 천만번 바라나니 과도히들 애상치 마옵소서. 비천한 자식이오 용렬한 동생으로 감히 주의 의자가 되고 의인에 참예하며 천상 제성의 벗이 되어 미복을 갖추고 성연에 참예하면 이 어떤 영광이옵. 얻고자 하여도 어려운 일이라. 자식과 동생이 임금의 총만 받아도 경하할 일이오니 천지대군의 총애하시는 자식을 두면 이 어찌 경하할 일이옵. 임금께 총 받음은 다투어 구하느니 구하지 아닌 총은을 입으면 뜻밖에 은혜가 아니옵.

　천상지하의 지극한 죄인이라 몸이 세상에서는 벽동죄인 관비로 종신의 이름을 벗을 길이 없고 천주께는 배주배은한 죄인이 되었다가 만일 이처로 끝을 맞아 치명을 하게 되면 일시에 죄명을 다 벗고 만복으로 가리니 어찌 설어할 일이옵. 관비의 형이라 함과 치명자의 형이라 말이 피차에 어떠하옵. 어머님도 치명자의 모친이라 하오면 이 이름이 어디로 가 싶으옵. 내 감히 치명을 하면 그 기이함은 어느 치명에 비기겠압. 다른 성인들은 응당 할 일이어니와 감히 우러러볼 일을 이 잔생에게도 허락하시면 그런 황송한 일이 있압. 나를 죽은 것을 산 이로 알으시고 산 것을 죽은 걸로 알으시며 다 잃음을 설어 말으시고 왕일에 주 잃음을 설어하시며 다시 잃을까 염녀하시고 백만 설어움을 도리어 왕실을 울며 힘써 이왕을 보속하고 성모를 의탁하고 심중을 화평케 하여 천주의 어좌가 되기를 힘쓰고 사시에 안심순명들 하시면 이 설움을 주어 단련코자 하시던 본의에 합당하여 상주께서 반드시 사랑하시며 위안하시리니 주총을 얻고 공 세울 기회에 무익히 상심하여 득죄어주를 하면 저런 일이 있압. 상심하여 매사에 순명순명하고 안심지본하여 보속전비하고 행선입공하사 비록 적은 허물이라도 큰 허물처로 살펴 대죄처로 통회하고 행선할 기회 어든 적은 선이라도 버리지 말고 전뢰주우하며 구사선종 열애이시면 상상열애를 발하고 간절히 구하면 주시리니 일시나 방심하였거든 놀라고 깨우쳐 열심으로 천주께 드리면 점점 주께 가까워지오니 소원을 윤허하사 천주를 뵈오며 형제 모녀 이러구러 쉬이 만나면 아니 좋겠압. 남을 용서하며 자기를 성찰하고 화목을 힘써 어머니는 주의에 합하는 늙은이 되시고 형님네는 사랑하는 딸이 되시면 아니 좋겠압.

작은 형님 오라버님 죽어 계시거든 너무 설어 말고 안심안심하여 무익히 상훼치 마시고 주은을 감사하며 양가의 위를 돌아보시고 어려운 것을 보호하시고 통회를 힘써라 하고 발분면려하고 용력기진하여 오라버님 뒤를 쫓아 따르기를 힘쓰시압.

여기 우리 시삼촌 숙모께서는 무매독자를 두었다가 이제 우리와 한가지로 치명하려 하여 같이 수형하고 같이 갇혔으대 극진히 순명하여 태연히 하시다 하오니 저러신 이들로 표양을 삼으시고 우리 자모와 이왕 성인들로 표를 법받아 무익한 데 심사를 허비치 말으시고 큰형님 내외의 정지도 어려운 바이나 행선입공은 그런 터이 더 좋사오니 참기도 많이 하여 계시거니와 시작도 좋사오대 마침이 더욱 좋사오니 이 앞을 조심하여 전공을 잃지 말고 극고가 이르러도 마음을 널리하고 명을 생각하면 갚음이 있을 줄을 믿어 조급한 생각을 쫓아 멀리하면 곤란한 일이라도 수고롭지 아니할 듯하오니 이처로 마음을 쓰시면 좋을 듯하오니 다른 덕도 구함이 좋으대 신망애 삼덕이 아주 주인이라 신망애 진실하면 다른 덕이 자연 따라옵나이다.

아주버님께서도 요사이 어떠하시옵. 형님 신세를 생각하오면 제의 마음이 아프며 비록 마음이 합하지 아니나 죄 아닌 명이어든 좋을 대로 뜻을 받아 화목이나 잃지 마옵. 제는 결발오년에 동거4년이라 한때도 피차에 뜻 바꾸어 본 일이 없고 집안 사람과 서로 싫어하여 본때가 없압. 말씀이 만첩하오나 올리라는 소리 귀에 들리는 듯 요란하와 겨우겨우 간신히 부치오니 어머님께 각장 못 아뢰오며 사년 이회와 어다설화를 만분지 일을 기록하오나 옥중 죄인을 열 번 올려도 다 나를 올리라는 듯 쓰다가 주리치고 주리치고 하오니 말이 된지 만지 하오나 저의 친필이오니 반기실까 구차이 틈을 얻어 아뢰나이다. 상은이 무한하사 버리지 아니사 치명지은을 얻고 오라버님도 그러하시면 두 자식이 앞을 섰으니 혈마 아니 인도하옵. 내 만일 득의하면 어머님과 형님네를 보련마는 내 공이 그런 것이 없아오니 선종 전은 쾌담을 못하겠압.

　작은 형님도 오라버님 죽어 계시거든 육정만 생각하고 설어 말으시압. 부부는 일체라 한편이 승천하였으니 어련히 인도하오실 것 아니압. 행선에는 해태하고 무익히 심사만 허비하여 상주와 오라버님의 근심을 끼치지 말으시압. 동아는 우리 오라버님 한날 혈속이니 남의 남자에서 귀하니 육신과 영신을 착실히 보호하여 장양성취하여 성녀현부가 되게 하옵. 희아는 어찌 살았는고. 그것들 형제나 어찌 글자나 가르쳐 양선한 사람을 만들어 의지들이나 하고 충주 아우님을 다려다가 서로 화목친애하여 마음을 부치고 편친을 위로하며 지내시면 죽은 후라도 즐거울까 싶으압.

　제는 생아 이십년에 병없는 날이 없고 사사에 불효만 끼치다가 종래 자식된 보람이 없이 돌아가니 형님네는 제까지 대신하여 착실히 효양들 하시압. 육신을 효양함도 좋으나 마음을 효양함이 더욱 좋사오니 증자의 효가 증원의 효에서 낫다 하엿나니, 제도 구고를 모셔 살아보니 어른은 뜻 받는 것을 으뜸으로 좋아하시나니 형세 빈핍하여 뜻대로 봉양치 못하나 마음을 잘 받고 위로 보호하며 혼모한 정신을 잘 깨우치며 혹 노혼하여 그르치는 일이라도 의리로 말하지 말고 화한 얼굴로 간절히 간하며 아무리 설어하실지라도 어머님을 비색을 감추고 혹 어린양도 하고 혹 강잉하여 우수운 말도 하여 어머님을 잘 보호하고 어린 동생들이 오라버님 없은 후는 형님께 부탁되오니 오라버님 소임을 껴 형님 노릇 하여 어지리 권장하여 아무조록 성취하여 문호를 보존하고 열심명백 단사가 되게 하시압. 어머님과 두 날 동생은 형님밖을 부탁할 사람이 없압. 오라버님이 치명을 하셨으면 제도 요행 주은으로 선종을 하오면 만날까 하옵. 어머님을 어지리 도와 여년을 잘 맞고 선종지은을 얻어 모자 형제 즐거이 만나게 하옵. 부탁부탁하나니 어련하시옵마는 제의 부탁을 생각하여 두벌로 하여 더욱 잘 하시압. 부모 있는 사람은 설다고 너무 과히 설은 대로 하지 못하오니 그를 생각하시압. 내 형님을 범연히 생각하고 하는 것이 아니라 형님 하 설으신 사람이시기로 이리하옵.

매동 어르신네께서 어찌 견디시압. 그 정지도 말 못할 정지옵. 요한 오라버님 어찌 어찌 견디시압. 그 오라버니께 향하는 정은 이제 죽기까지도 잊지 못하겠압. 세상에 뉘 아니 항복되옵마는 으뜸으로 심복하고 좋아하는 바. 그 오라버님이요 여자에는 아가다러이다. 여기 요한은 남은 남편이라 하나 나는 충우라 하느니 만일 득승천국 하였으면 나를 잊지 아냤으리라 하노라. 세상에서 나를 위한 마음이 지극하였나니 만복 곳에 거하였을진대 그런 중에 고로이 붙이려 암암이 부르는 소리 귀에 떠나지 아니하리니 평일 언약을 저버리지 아니면 이번 끊지 아닐까 하노라. 언제나 기옥을 벗어나 대군대부와 천상 모황과 사랑하던 존구와 내의 동생과 충우 요한을 만나 즐길꼬. 무궁대죄인이 마치 바라기만 바라오나 뜻같이 수이 될 리 있압.

설은 일도 하 많사오니 기록하고자 하면 송죽도 마를지니 우리 시매는 호화히 지내던 몸이 부모 동생 다 잃고 가산까지 빼앗으니 광사를 버리고 퇴락한 초옥에 불쌍하신 숙모와 노혼하신 조모를 의탁하고 신례도 아났다가 구가에서는 다려가리 아니리하고 신세로 하가련 불쌍하니 어찌 기절하옵. 세 날 시동생은 九세 五세 三세 아이를 흑산도 신지도 거제도로 각각 원배하니 그런 경상인들 참아 어찌 볼 노릇이옵. 시어르신네 동서분과 서울 가 계시던 시사촌과 동지동심이기 협력하여 종사하니 같이 초사하고 같이 추열 같이 수형하여 같이 가쳤으니 종래 같이 될 듯하옵.

  큰형님이 아이 남매 중에 저에게 향하는 정은 별로 다르니 품에서 기른 연고인가 하노라 하시니 제 역 그러하여 그럴수록 죽은 것을 설어 말으시압. 요행 주은으로 득승천국 하올진대 부지런히 입공하사 선종하시거든 손을 이끌어 뫼서가고자 하나이다. 영결의 붓을 드오니 만단설화를 주리칠 길 없아오나 허다하회는 일필난기라. 다만 주리치오니 일후내내 행선입공하시며 신체 강태하시고 연신이 결정하사 득승천국하여 대부모 형 부모를 즐거이 모시고 형제 향수하여 영원 동락하기를 앙첨기망하여 지어사후 시시 간구하리이다. 행여 이 원을 못 이루고 살면 어쩔꼬. 이리 두렵사오나 죽어도 설어들 말으시압.

  어머님께 잡혀올 때의 일이 수이될까 하여 창황 이별에 두어 자 아뢰온 것이니 이 편지 보신 후 이동 형님께 주어 나를 본 듯이 보시압. 만지장설 허다설화가 자기는 선치 못하며 남은 선하라 권하오니 진실로 노방장승이 지로인하고 미자귀옵마는 인지장사에 기언이 선이이라 하니 장사할 사람의 말인즉 그르지 아니하니 눌러 보시옵.

                                      즉일
                            소제 이유희 상장

참고 연표

1784(甲辰) 2	・이승훈 북경에서 영세하고 돌아옴
(정조 8)	・이벽 권일신 이윤하 유항검 정약종 김범우 이존창 등 대세
1785(乙巳) 4	・명례방 김범우 집에서 집회 발각(을사추조적발 사건)
	・김범우 유배
1786(丙午) 봄	・이벽 선종 ・권일신, 조동섬과 용문산 피정(8日)
가을	・가성직제도 실시 ・김범우 유배지서 선종
1787(丁未)	・정미반회사건 ・천주교가 무군무부의 종교라는 상소
	・천주교 관계서적 구입금지
1788(戊申)	・천주교 서적 소각령 ・가체머리 금함
1789(己酉) 11	・윤유일 사제영입 위해 북경 방문
1790(庚戌) 봄	・가성직제도 불가라는 구베아 주교 사목서한 가지고 윤유일 귀국
가을	・윤유일 재차 북경 방문
	・조상제사 금지령의 주교 서한 가지고 귀국
1791(辛亥) 6	・윤지충 모친상 ・권일신 장인 안정복 사망
11	・윤지충 권상연 순교(신해박해)
1792(壬子)	・권일신 유배지로 가는 도중 선종
	・패관소품체의 문장 배격 ・황사영 과거급제
1793(癸丑)	・이윤하 선종 ・백화(白靴)를 금함
	・윤유일 지 황 북경 방문
1794(甲寅)12	・주문모 신부 밀입국
	・삼남지방 기근이 심함

1795(乙卯)	4	・조선에서의 첫미사 봉헌(서울 계산동)
		・주 신부 전주 등으로 전교 여행
	6	・윤유일 지 황 최인길 순교
		(을묘실포사건·고문 지나쳐 장사(杖死)한 사건을 은폐하려 시체를 강물에 버림. 두 달 후 대사헌 권유가 상소함으로써 사건 밝혀지고 포장에게 죄를 물음)
1796(丙辰) (정조 20)		・사치를 금함
1797(丁巳)		・이순이와 유중철 혼배
		・유항검 집 외딴 곳에 새로이 사랑채 짓고 교우만 영접
		・영국 상선 동래 용당포 표착(현계흠 승선해 봄)
1798(戊午)		・이도기 바오로 공주 순교
1799(己未)		・채제공 사망 ・정약종 황사영 광주에서 서울로 이사
		・사치 금령 ・남도 민란
1800(庚申)		・정조 사망 ・순조 즉위
		・국장 끝나고 천주교 금령
1801(辛酉)	1	・오가작통법 시행
	4	・권철신 이가환 옥사
		・정약종 이승훈 홍교만 홍낙민 등 서소문 밖에서 참수
(음력)	3	・유항검 유관검 유중철 하옥
		・김유산 윤지헌 이우집 한정흠 김천애 하옥
	5	・주문모 신부 새남터에서 순교
	7	・강완숙 문영인 등 서소문 순교

	・한정흠 김제 순교 ・김천애 전주 순교
10. 22(음 9.15)	・이순이 신희 이육희 유중성 전주에서 하옥
10. 24(음 9.17)	・유항검 유관검 윤지헌 전주 남문 능지처참
	・이우집 김유산 전주 남문 참수
11	・황사영 백서 완성 후 체포
11. 14	・유중철 유문철 전주 교수 순교
11. 29	・황 심 서소문 순교
12. 10	・황사영 옥천희 현계흠 순교
(음) 12. 26	・이경도 손경윤 순교
(음) 12. 27	・권상문 양근 순교
(음) 12. 28	・이순이 신 희 이육희 유중성 전주 숲정이 순교

참고 문헌

한국천주교회사(달레. 분도출판사) 上 中 下
한국천주교회사(유홍렬. 가톨릭출판사) 上 下
한국교회사의 탐구(최석우, 한국교회사연구소) Ⅰ, Ⅱ
한국교회사 연구(이원순, 한국교회사연구소)
한국천주교 200년(조광, 햇빛출판사)
한국가톨릭대사전(교회사연구소)
순교자와 증거자들(교회사연구소)
한국천주교회여성사(김옥희 도서출판, 한국인문과학원) 上 下
5인 순교자 생애(전주교구)
신바람 사는 보람(김진소. 교회사연구소)
한국순교사화(김구정. 가톨릭출판사) 1-5
윤유일 정은평 전(하성래. 황석두루까서원)
사학징의(교회사연구소)
선유의 천주사상과 제사문제(주재용, 가톨릭출판사)
한국 성인의 천주신앙(이원순, 분도출판사)
천주학이 무어길래(이충우, 가톨릭출판사)
성지(김병삼 오기선, 성요셉출판사)
천주실의(마테오리치 이수웅 역, 분도출판사)
한국의 성지(이충우, 분도출판사)
한국의 성지(성기숙, 크리스천출판사)
국사 대사전(이홍직, 백만사)
한국의 역사(이상옥, 도서출판 마당) 1-10

책 뒤에

　이순이와 유중철, 20세의 나이에 4년간의 동정 부부 생활을 순교로 마친 우리 신앙의 선조들.
　달레가 인용한 다블뤼 비망록에는 이들을 가리켜 '한국 천주 교회 사상 진주라 일컬어질 만한 순교자들'이라고 표현하고 있다. 그리고 우리에게 전해지고 있는 고귀한 자료, 이순이의 서간문을 통해 유중철이 남긴 한 마디는 이 책의 제목 그대로 "누이여, 위로하고 권면하니 천국에서 만나자."라는 한 마디뿐이다.
　1801년 한국 교회 지도자들이 대부분 순교한 신유 대박해에 자신들의 천주 신앙을 동정 부부 생활로 증거한 이들 어린 부부는 유중철 일가가 절손에 이르는 순교와 함께 마감된다.
　기해(1839) 이후 순교자들 중 성인품에 오른 분이 103명인데 비해 그보다 40년 가까이 앞서 있었던 한국 초대 교회의 신해(1791), 신유 순교자 및 을해(1815), 정해(1827) 순교자들은 아직 제대로 정리가 되지 않았거니와 아무도 복자위에 오르지 못하고 있는 실정이다. 더불어 이순이는 서간문과 그 고귀하고 정결한 생애 때문에 비교적 알려져 있으나 자료는 유중철 일가의 파가저택 형벌과 치명자산의 무덤, 초남 마을의 집터 등 땅[聖地]들과 두 통의 서찰 외에는 남아 있는 게 없다.
　김구정 선생의 한국 순교사화 중 루갈다 편이라든가 김진소 신부님이 정리하고 있는 호남 교회사 등 결코 적지 않은 관련 자료들을 섭렵했으나 이 기막힌 이야기를 쓰고 싶다는 열망에 비해, 두 순교자를 숨쉬며 살아가는 보통 사람들로 형상화시키는 일을 팔삭둥이 같은 내게는 몹시 힘겹고 곳곳에서 역부족을 절감해야 하는 벅찬 작업이었다.

그럼에도 불구하고 나는 44차 세계 성체 대회가 서울에서 열린 1989년에 이 미흡한 글을 썼다. 아니 썼다기보다 지어 냈다.

성체 대회를 맞기 전부터 89년에는 신앙에 관련이 있는 일을 하고 싶다는 열망이 있었고 오묘한 섭리가 있었다. 결과적으로 나는 어느 한 분을 배반하고 말았지만 처음 나에게 이 글을 쓸 수 있게끔 지원해 준 분은 모순 되게도 일반 출판인 중 한 분이었다. 그런데 집필 중에 자료를 청했던 전주 교구에서 이 일을 숙원 사업으로 추진하고 있다는 신부님의 부탁을 받게 되었고 나의 마음은 비신자 상대의 일반 출판 쪽보다 신자 상대의 교구청 쪽으로 기울어지게 되었다. 그러나 무턱대고 나를 믿고 나의 모든 자유와 게으름까지 참아 주면서 지원해 주시는 분을 배반하기란 쉽지 않은 일이었다. 결국 난생 처음 배반을 작정하고 비신자 대상의 애정 소설로 시작했던 200장의 원고를 찢고 신부님 요청에 따른 순교 소설로 다시 쓰기 시작했다.

쓰면서 참 많이 울었고, 기도했고 써 놓은 게 너무 마음에 안 들어서 몸부림하고 다시 쓰고 고치고 했다.

과장된 기억인지는 몰라도 나는 데뷔작을 쓸 때보다 더 힘이 들었고 더 힘든 만큼 몽롱한 기쁨이 있었다. 특히 전작이 처음이어서 더 절절맸다.

그런데 일은 글을 다 쓴 후에도 순조롭지 않았다. 89년 11월에 탈고한 작품이 1년 3개월 만에 나온다고는 하는데 이 후기를 쓰면서도 나는 책이 내 손에 쥐어져야 나왔음을 믿을 수 있는 기분이고 솔직한 심정으로는 유력한 후원자를 배반하고 멋모르고 교회 안으로 뛰어든 것을 후회도 했었다.

그러나 내가 믿는 것은 오로지 야훼 하느님이며 그분께서 "너는 내 사람"(이사야)이라 못박아 주시고 "너를 들판으로 꾀어 내어 사랑을 속삭여 주겠노라."(호세아)라는 말씀에 매달려 사는 만큼 어떤 형태로건 예수님께 발목잡혀 살고 있음이 은밀하게 기쁘고 소중스럽다.

더욱이 출판 과정에서도 디스크를 잃어버려 식자를 처음부터 다시 하는 소동을 빚었다는 신부님 설명을 들으면서 집필 과정이나 출판 과정의 오묘하기 짝이 없는 섭리에 수녀님이랑 신부님이랑 우리는 조용히 웃었다.

어떻든 책이 나온다니까 "주님 아시지요? 보셨지요? 그거 쓰는 동안 내내 저랑 함께 겪으셨잖아요? 제가 가장 많이 예수님께 조잘거리고 응석부리고 투정부린 것도 그거 쓰는 동안이었지요? 이제는 미흡한 대로, 아쉽고 엉성한 대로 받아 주셔요?"

말씀드리면서도 부끄러움 때문에 어딘가로 꼭꼭 숨어 버렸으면 좋겠다. 이 책에 나는 무한한 애정을 느끼며 내 모든 힘을 다했건만 그 애정만큼의 아쉬움과 미흡함이 아프도록 부끄럽기 때문이다. 주님께로 꼭꼭 숨어 버리고 싶을 만큼.

변명을 덧붙이자면 나는 별로 성인전을 좋아하지 않기 때문에 맨 처음에는 그냥 애정 소설로 기획했었고, 순교 소설로 방향을 바꾼 후에도 순교자들을 우리와 같은 보통 사람으로 숨쉬게 하려고 애썼다. 과장도 기교도 되도록 절제하였다.

다만 뼈대 외에는 자료가 없어서 문학성보다 종교성에 비중을 두었음에도 인물들의 이름 외에는 거의 창작임을 밝혀 둔다.

그리고 이 글을 쓰는 동안 내내 도움을 아끼지 않으신 김진소 신부님, 조광 교수님, 심용섭 신부님, 조군호 신부님, 권이복 신부님, 전세실리아 수녀님, 또 구상 선생님과 박완서 선생님, 구혜영 선생님께 깊은 애정과 감사를 드리며 이순이 루갈다님 영혼과 감히 이마를 맞대는 심정으로 우리 주님께 나의 오죽잖은 사랑을 바친다. 주님은 영원히 찬미받으소서 아멘.

1991년 2월 1일　지은이

■ 저자 연보

1945 서울 출생.
1967 서라벌예대 문예창작과 졸업.
1974 여성동아 7회 장편소설 공모에 『타인(他人)의 목소리』 당선.
1975 현대문학(3월)에 단편 「실명(失明)」으로 추천완료. 일본 월간지 「親和」 8월 호에 「실명」이 번역 소개됨. 단편 「밥줄」(『여성동아』) 발표. 단편 「위대한 노예」(『현대문학』) 발표.
1976 단편 「죽음의 준비」(『한국문학』) 발표. 단편 「개팔자」(『새가정』) 「나는 효자로소이다」(『현대문학』) 「울지않는 아이」(『신동아』) 발표.
1977 단편 「새알」(『새가정』) 「뜨거운 재회」(『월간문학』) 발표. 단편 「신비로운 절망」이 발표 거부 및 원고에 대한 소유권 포기서를 강요당하는 수모를 겪음.
1978 단편 「밥벌레」(『현대문학』) 「뻐꾸기와 타자기」(『신동아』) 「풀각시」(『여성동아』) 「가을 개나리」(『한국문학』) 발표.
1979 단편 「검은 풍경화」(『월간문학』) 「원하시는 대로」(『현대문학』) 「하늘에서 오는 것들」(『한국문학』) 발표. 장편 소설집 「타인(他人)의 목소리」(문예창작사) 간행.
1980 「아녀(阿女)의 꼬뚜레」(『여성동아』 연재. 16회 끝냄)가 연재 도중 1회분 1백장 중 40장, 20장 등으로 여러 차례 삭제당함. 삭제분 원고를 찾지 못해 작품이 상처투성이가 됨. 단편 「몽유병동」(동아일보 8월) 발표. 이때도 여러 차례 삭제당함. 단편 「갈바람」(『한국문학』) 발표.
1981 청소년 소설 「사춘기」(월간 『중학생』 연재. 14회 끝냄) 발표.
1982 단편 「칡꽃」(『현대문학』) 「고초당초」(『월간문학』) 「풀잎 위의 이슬」(『한국문학』) 발표.
1983 단편 「겨울 바람」(『레이디경향』) 「빛의 희롱」(『현대문학』) 「꽃의 시절」(『전통문화』) 「선생님 얼굴」(『상업교육』) 발표. 창작집 「몽유병동」(도서출판 보람) 간행.
1984 단편 「노을빛」(『한국문학』) 「빡빡산의 반지꽃」(『월간문학』) 중편

「바닷가의 새」(『여성문학』) 단편「소녀의 꿈」(월간『수정』)「나무도 아닌 것이 풀도 아닌 것이」(『소설문학』) 발표.
「한국천주교회사」(『여성동아』). 교황 방한 특집 다큐멘터리『순교자』(KBS. R.I.) 집필.

1985 단편「저녁 안개」(『현대문학』) 발표. 가톨릭 교리서「자습 교리」(가톨릭 대학 신학부 간행) 집필.

1986 단편「타는 불 속의 한방울 물」(『소설문학』)「오월 꽃잎」(주간조선)「자기 십자가」(『문학사상』)「산울림」(『월간문학』) 발표.「산울림」은 작품 내용에 문제가 있다고 고료 지급 정지(문예진흥기금 보조분) 징계(?)를 당함.

1987 중편「분노의 메아리」(여성동아문우회 신작집) 발표. 이 작품 역시 4월 중순 판매 금지당함. 단편「낯선 햇빛」(『소설문학』)「복사꽃과 도화살」(『자전소설집』 청람)「산에 언덕에」(『불교문학』 창간호).

1988 연작「산에 언덕에」(『동서문학』) 단편「아침안개」(『홈토피아』)「어제의 빛」(『샘이 깊은 물』)등 발표.

1989 중편「진혼미사」(『월간문학』) 발표.
장편「누이여 천국에서 만나자」집필 창작집 <산울림>(전예원) 간행. 청소년 소설집(사춘기) (세명서관) 간행.

1990 중편「진달래 산천」(현대문학) 발표. 장편「오얏나무 숲사이로」(여성신문) 연재「진달래 산천」으로 16회 '한국소설문학상' 수상.

1991 「오얏나무 숲사이로」 연재.

누이여 천국에서 만나자
― 동정 부부 유 요한과 이 루갈다의 순교 소설 ―

지은이 : 노순자
펴낸이 : 백기태
펴낸곳 : 성바오로
주소 : 서울 강북구 송중동 103-36
등록 : 7-93호 1992. 10. 6
교회인가 : 1991. 2. 19
1판 1쇄 : 1991. 9. 15
2판 1쇄 : 1993. 12. 15
2판 8쇄 : 2010. 8. 31
SSP 340

취급처 : 성바오로보급소
전화 : 9448--300, 986--1361
팩스 : 986--1365
통신판매 : 945--2972
E-mail : bookclub@paolo.net
http://www.paolo.net

값 9,500원
ISBN 978-89-8015-092-2